lonely planet

NEW YORK

EN QUELQUES JOURS

Ali Lemer, Regis St Louis,
Robert Balkovich, Ray Bartlett

Sommaire

L'essentiel

Grand Central Terminal (p. 156)

Explorer New York 37

Vaut le détour

Carnet pratique 237

Coups de projecsteur

Bienvenue à New York

Épicentre artistique, capitale de la gastronomie et du shopping, lanceuse de tendances, New York possède de multiples atouts parmi lesquels chacun trouvera son bonheur. Pour découvrir les nombreuses facettes de cette ville qui ne dort jamais, plongez dans la foule et partez au hasard des rues, de jour comme de nuit.

ALREDOSAZ/GETTY IMAGES ©

Les incontournables

Empire State Building

Une vue époustouflante. p. 150

PAWEL GAUL/GETTY IMAGES ©

ARTYOORAN/SHUTTERSTOCK ©

Metropolitan Museum of Art

Une collection artistique de premier ordre.
p. 176

STU99/GETTY IMAGES ©

Central Park

Le parc le plus apprécié des New-Yorkais.
p. 198

TSTUDIO/SHUTTERSTOCK ©

Brooklyn Bridge

Une merveille esthétique et technique. **p. 42**

Times Square

Le cœur étincelant de la ville. **p. 148**

Statue de la Liberté

Le symbole éternel de l'Amérique. **p. 40**

MoMA PS1

Le musée d'avant-garde du Queens. **p. 218**

Museum of Modern Art

Le paradis des amateurs d'art moderne. **p. 152**

National September 11 Memorial & Museum

Hommage aux disparus. **p. 44**

Guggenheim Museum

Art moderne et architecture singulière. **p. 180**

La High Line

Un modèle de renouveau urbain. **p. 104**

Coney Island

Le parc d'attractions rétro, au pied de l'eau. **p. 234**

Cuisine

Puisant son inspiration dans les cuisines du monde entier ou, au contraire, 100% locale, l'offre de restauration à New York semble infinie. Elle reflète la mosaïque culturelle de la ville et les origines de ses habitants. Même sans être en quête des moindres enclaves ethniques ou des derniers restaurants à la mode, vous trouverez de quoi vous régaler à chaque coin de rue.

Tous au marché

En haut de la liste : le Chelsea Market (p. 112), riche en adresses gourmandes, magasins (pour préparer un pique-nique) et stands de restauration sur place. Non loin se trouvent le nouveau Gansevoort Market (p. 116) et ses multiples tentations. Pour pique-niquer, faites le plein à l'Union Square Greenmarket (p. 143), ouvert 4 jours par semaine. La liste des quelque cinquante marchés de la ville est disponible sur le site de Grow NYC (www.grownyc.org/greenmarket).

Food Trucks et vendeurs ambulants

Oubliez les vendeurs de bagels et de hot dogs ! Désormais, un nouveau genre de restauration sur roues propose des plats de qualité et une cuisine fusion unique. Les *food trucks*, qui empruntent divers itinéraires, s'arrêtent à des emplacements réservés à travers la ville, notamment vers Union Sq, et dans Midtown et le Financial District. Pour localiser un camion, suivez ses pérégrinations sur Twitter. Parmi nos préférés figurent Mad Sq Eats (p. 136), Kimchi Taco (www.twitter.com/kimchitruck), MysttikMasaala (www.facebook.com/MysttikMasaala), King David Taco (p. 227) et Cool Haus (www.cool.haus/foodtrucks).

Haute gastronomie

Eleven Madison Park Cuisine pointue et avant-gardiste truffée de délicieuses surprises. (p. 135)

Le Bernardin L'une des meilleures tables de Midtown, avec des plats d'une complexité exquise. (p. 160)

ALREDOSAZ/SHUTTERSTOCK ©

Ukiyo Petit établissement de l'East Village où on crée des œuvres d'art culinaires sous vos yeux. (p. 90)

Bâtard Ce restaurant étoilé de Lower Manhattan sert une cuisine parfaitement équilibrée. (p. 52)

Végans et végétariens

Nix Spécialités végétariennes étoilées, parmi les meilleures de la ville. (p. 114)

Hangawi Restaurant coréen de Koreatown sans viande (ni chaussures). (p. 163)

Candle Cafe West Carte très variée et éclairage aux chandelles dans l'Upper West Side. (p. 206)

New York à l'ancienne

Barney Greengrass Saumon fumé et esturgeon servis à la perfection depuis plus de 100 ans dans l'Upper West Side. (p. 207)

Russ & Daughters Célèbre traiteur juif du Lower East Side. (p. 99)

Zabar's Dans l'Upper West Side, on y vend des produits gourmands casher depuis les années 1930. (p. 206)

Margon Snack-bar cubain à Midtown, simple et indémodable. (p. 149)

Papaya King Hot-dogs à bas prix et jus de papaye : une institution depuis 1932. (p. 188)

Vaut le détour

Dans un entrepôt hyper-branché, **Roberta's** (718-417-1118 ; www.robertaspizza.com ; 261 Moore St, près de Bogart St, East Williamsburg ; pizzas 12-19 $; 11h-minuit lun-ven, 10h-minuit sam et dim ; ; S L jusqu'à Morgan Ave) sert des pizzas parmi les meilleures de la ville : Margherita d'une simplicité exquise, ou succès saisonniers comme la Speckenwolf (mozzarella, speck, champignons et oignons).

New York sur une assiette

La meilleure pizza

La pâte fine et croustillante est préparée à la main.

Une part de pizza new-yorkaise se tient pliée dans le sens de la longueur.

La sauce tomate doit offrir l'équilibre parfait entre acidité et douceur.

Les garnitures classiques : oignon, pepperoni, poivron vert et champignons (jamais d'ananas !)

Le fromage : de la mozzarella (pour une white pie, ou "pizza blanche", on ajoute de la ricotta).

ADIDAS4747/SHUTTERSTOCK ©

♥ Les meilleures adresses

Roberta's (p. 11)

Prince Street Pizza (p. 71)

Totonno's (p. 235)

Juliana's (☎718-596-6700 ; www.julianaspizza.com ; 19 Old Fulton St, entre Water St et Front St, Brooklyn Height ; pizzas 18-32 $; 🕑11h30-22h, fermé 15h15-16h ; ; S A/C jusqu'à High St)

Une tranche de paradis

Que ce soit sous forme de part à emporter ou de pizza entière servie à table, la pizza est l'un des plats les plus appréciés et les plus courants de la ville. L'alliance d'une pâte fine, légère et croustillante, d'une sauce tomate légèrement sucrée et d'une couche de mozzarella fondue compose une véritable symphonie culinaire. Avec de la viande ou des légumes en garniture, c'est le repas new-yorkais par excellence.

File d'attente devant la pizzéria Juliana's

Bars et vie nocturne

Vous pourrez étancher votre soif dans les établissements les plus divers, du bar à cocktails au troquet de quartier en passant par les bars spécialisés et les cafés haut de gamme. Et n'oublions pas les légendaires discothèques new-yorkaises, repaires de célébrités ou petits clubs indé sans fioritures. Les noctambules se retrouvent à Downtown ou Brooklyn.

Culture café

Avec le boom des torréfacteurs, les habitants se familiarisent avec des cafés uniques et les techniques d'infusion. De nombreux professionnels originaires de villes possédant une vraie culture du café, comme Stumptown (Portland) et Bay Area's Bluebottle, proposent des cours.

Bières artisanales

Le secteur de la bière artisanale se distingue par son dynamisme. Un nombre croissant de brasseries, de bars et de boutiques proposent des marques locales. Brooklyn Brewery, Sixpoint, Coney Island Brewing Company et SingleCut Beersmiths comptent parmi les meilleurs.

Prohibition chic

Sur le territoire où est né le "cocktail", ces breuvages sont toujours préparés avec solennité. Le contenu des verres traduit souvent l'obsession new-yorkaise pour les vieilles recettes, l'époque de la Prohibition et le panache des

Vaut le détour

Dans une ambiance débridée, **House of Yes** (photo ci-dessus ; www.houseofyes.org ; 2 Wyckoff Ave, au niveau de Jefferson St, Bushwick ; entrée gratuite-40 $; horaires variables, mar-sam ; S L jusqu'à Jefferson St) propose des spectacles et soirées parmi les plus étonnants de Brooklyn. Déguisements ou tenues glam conseillés.

GUILLAUME GAUDET/LONELY PLANET ©

années 1920 – un goût qui ne s'émousse pas.

Cafés

Bluestone Lane Excellents cafés australiens dans l'ombre de Wall St. (p. 56)

Kaffe 1668 Cafés exquis (et de la place pour s'asseoir) à Tribeca. (p. 57)

Irving Farm Roasters De bons cafés, torréfiés juste au nord de la ville ; implanté notamment dans l'Upper East Side. (p. 190)

Stumptown Coffee Roasters Le célèbre torréfacteur de Portland est implanté dans le West Village. (p. 120)

Spiritueux

Ghost Donkey Un lieu éclectique spécialisé dans le mezcal et la tequila. (p. 74)

Brandy Library Cognacs nobles et brandies, à Tribeca. (p. 55)

Rum House Rhums réputés et piano en fond sonore, à Midtown. (p. 165)

Dead Rabbit La plus belle sélection de whiskys rares de la ville, dans le Financial District. (p. 55)

Cocktails

Apothéke Pittoresque bar à cocktails dans un ancien repaire d'opiomanes, à Chinatown. (p. 74)

Bar Goto Une institution du Lower East Side, dirigée par le roi new-yorkais du cocktail. (p. 93)

Employees Only Barmen experts en cocktails et boissons incroyables dans l'intemporel West Village. (p. 117)

Lantern's Keep Élégants cocktails classiques dans un hôtel historique de Midtown. (p. 165)

Rue B Charmant club de jazz de l'East Village à la clientèle sympathique. (p. 93)

Vins

Terroir Tribeca Carte très bien fournie, dans le quartier tendance de Tribeca. (p. 56)

La Compagnie des Vins Surnaturels Un hymne aux vins français, à quelques pas de Little Italy. (p. 76)

Buvette Bar à vins absolument charmant niché dans West Village. (p. 116)

Immigrant Petit bar de l'East Village servant d'excellents vins avec expertise. (p. 95)

New York dans un verre

Le meilleur Bloody Mary

ETORRES/SHUTTERSTOCK ©

♥ Les meilleures adresses

Cookshop (☎ 212-924-4440 ; 156 10th Ave, entre W 19th St et 20th St, Chelsea ; ⌚8h-23h lun-ven, 10h-23h sam, 10h-22h dim ; S 1, C/E jusqu'à 23rd St)

Buttermilk Channel (☎ 718-852-8490 ; www.buttermilkchannelnyc.com ; 524 Court St, au niveau de Huntington St, Carroll Gardens ; ⌚déj 11h30-15h lun-ven, brunch 10h-15h sam et dim, dîner 17h-22h dim-jeu, 17h-23h30 ven et sam ; S F, G jusqu'à Smith St-9th St)

Pine Box Rock Shop (☎ 718-366-6311 ; www.pineboxrockshop.com ; 12 Grattan St, entre Morgan Ave et Bogart St, East Williamsburg ; ⌚16h-2h lun et mar, 16h-4h mer-ven, 14h-4h sam, 12h-2h dim ; S L jusqu'à Morgan Ave)

Prune (☎ 212-677-6221 ; www.prunerestaurant.com ; 54 E 1st St, entre First Ave et Second Ave, East Village ; ⌚17h30-23h tlj, plus 10h-15h30 sam et dim ; S F jusqu'à 2nd Ave)

Un cocktail classique

Souvent considéré comme un remède contre la gueule de bois, le Bloody Mary classique est un élément incontournable du brunch new-yorkais. Sa version moderne a été inventée au King Cole Bar du St Regis Hotel en 1934 (dont elle reste le cocktail phare). Les garnitures vont du plus simple (pickles, olive, piment, citron ou céleri) au plus compliqué (improbables "sculptures" à base de bacon, de saucisson ou même de crevettes).

Un Bloody Mary garni d'un piment rouge

MARIA BOCHAROVA/SHUTTERSTOCK ©

Shopping

Capitale du commerce, de la créativité et de la mode, New York est l'un des meilleurs endroits au monde pour faire ses emplettes. Les possibilités sont légion : petites boutiques de vêtements, centres commerciaux réputés, magasins d'occasion, enseignes haute couture, magasins de disques, boutiques Apple, cuisine de rue, épiceries fines... ici, il est facile de dépenser une fortune.

Marché aux puces et friperies vintage

Même si les New-Yorkais sont attirés par tout ce qui brille, il peut être amusant de fouiller dans les rayons des friperies et des dépôts-ventes. Le marché aux puces le plus couru est le **Brooklyn Flea** (www.brooklynflea.com ; 80 Pearl St, Manhattan Bridge Archway, Anchorage Pl au niveau de Water St, Dumbo ; 10h-18h dim avr-oct ; ; B67 jusqu'à York St/Jay St, S F jusqu'à York St), ouvert différents jours à différents endroits, d'avril à octobre. L'East Village concentre les magasins de vêtements d'occasion et vintage branchés.

Les sample sales

Si les soldes classiques ont habituellement lieu aux changements de saisons, des *sample sales* (soldes de modèles) se déroulent régulièrement, principalement dans les grands entrepôts du Fashion District (quartier de la mode) de Midtown ou de Soho. Conçus à l'origine pour que les couturiers se débarrassent de prototypes jugés insatisfaisants, les *sample sales* sont l'occasion pour les grandes marques d'écouler leurs invendus à prix cassés.

Grands magasins

Barneys Les marques parfaitement bien présentées attirent les vraies fashionistas new-yorkaises. (p. 172)

Bergdorf Goodman Marques de luxe et superbes vitrines de Noël. Les dames s'y retrouvent pour le déjeuner. (p. 172)

Century 21 Le royaume des vêtements et des baskets à prix cassés – entre autres trésors. (photo ci-dessus ; p. 60)

KRISTI BLOKHIN/SHUTTERSTOCK ©

Mode et accessoires

Rag & Bone Habits parfaitement coupés pour hommes et femmes, notamment à SoHo. (p. 77)

Opening Ceremony Superbes vêtements et chaussures avant-gardistes, à SoHo. (p. 78)

Shinola Dans Tribeca, accessoires originaux créés par une marque de Detroit. (p. 60)

Librairies

Strand Book Store De loin la meilleure librairie indépendante de la ville. (p. 98)

McNally Jackson Une adresse agréable dans SoHo pour chiner et assister à des lectures. (p. 65)

Idlewild Books Un lieu stimulant pour voyageurs, dont l'offre (romans et essais) couvre le monde entier. (p. 126)

Vintage

Beacon's Closet Un magasin épatant pour refaire sa garde-robe sans se ruiner. (p. 125)

Housing Works Thrift Shop Un endroit sympathique, avec plusieurs adresses en ville. (p. 127)

Screaming Mimi's Beaux vêtements rétro à foison. (p. 125)

Boutiques de musées

Lower East Side Tenement Museum Livres, bijoux, sacs, foulards, etc. (p. 86)

MoMA Design & Book Store Superbes ouvrages sur l'art et l'architecture. (p. 172)

Museum of the City of New York Belle boutique et cadeaux de qualité sur le thème new-yorkais. (p. 185)

À savoir

Les vêtements et chaussures à un prix inférieur à 110 $ sont exempts de taxes. Au-dessus, une taxe de 8,875% s'applique sur chaque article.

Les meilleurs souvenirs de New York

DROP OF LIGHT/SHUTTERSTOCK ©

Sacs et T-shirts du Strand Book Store

La plus grande librairie new-yorkaise indépendante (p. 98) vend des sacs et T-shirts ornés de son logo emblématique.

Affiches et photographies anciennes

À encadrer : la reproduction d'une lithographie ou d'une photographie du New York d'antan, chez Bowne & Co Stationers (p. 60).

IMAGE COURTESTY OF BOWNE & CO STATIONERS, GABRIEL ELLISON-SCOWCROFT ©

COURTESY OF MOMA DESIGN STORE ©

Mug MoMA

Joli et fonctionnel, ce mug vendu au MoMA Design & Book Store (p. 172) représente certains des monuments les plus emblématiques de New York.

ROMAN TIRAQBLAKI/SHUTTERSTOCK ©

Articles de sport

Les casquettes de baseball ou les maillots de No Relation Vintage (p. 230) vous permettront d'afficher votre amour pour les équipes de la ville.

ROB KIM/GETTY IMAGES ©

Tenue locale

Ajoutez à votre garde-robe un article local, comme les solides vêtements d'extérieur signés By Robert James (p. 101).

Musées

Le Met, le MoMA et le Guggenheim ne sont que le début d'une liste vertigineuse de lieux artistiques emblématiques. Vous trouverez des musées consacrés à toutes sortes de choses : Vienne durant la Belle Époque, vie des immigrants dans le Lower East Side, sculpture japonaise, peinture américaine postmoderne, textiles himalayens ou encore coutumes new-yorkaises.

S'organiser

La plupart des musées ferment au moins un jour par semaine, souvent le lundi (le Guggenheim est fermé le jeudi). Beaucoup ouvrent tard au moins un soir par semaine – généralement le jeudi ou le vendredi. Achetez vos billets en ligne pour les musées les plus populaires.

Galeries d'art

Chelsea accueille la plus forte concentration de galeries d'art de la ville (voir p. 106). La plupart sont regroupées autour de W 20th St. Procurez-vous le *Gallery Guide* (gratuit) du magazine *Art Info*, disponible dans nombre de galeries, ou consultez le site www.chelseagallerymap.com. Les vernissages ont généralement lieu le jeudi soir, et les galeries ferment le dimanche et le lundi.

Gratuité

De nombreux musées sont gratuits ou moins chers une fois par semaine, consultez les dates sur Internet. Outre les vernissages des galeries, des

Vaut le détour

Surplombant l'Hudson, le **Cloisters Museum & Gardens** (☎212-923-3700 ; www.metmuseum.org/cloisters ; 99 Margaret Corbin Dr, Fort Tryon Park ; adulte/senior/enfant 25/17 $/gratuit ; ⏲10h-17h15 mars-oct, 10h-16h45 nov-fév ; Ⓢ A jusqu'à 190th St), curieux mélange architectural bâti dans les années 1930, abrite les trésors médiévaux du Met, telle *La Chasse à la licorne*, une tapisserie du XVIe siècle.

SPATULETAIL/SHUTTERSTOCK ©

manifestations en libre accès ont lieu toute la semaine.

Musées d'art

Museum of Modern Art (MoMA) Le chouchou de la ville, dont les allées foisonnent d'œuvres marquantes de l'art moderne. (photo ci-dessus ; p. 152)

Metropolitan Museum of Art Musée phare du continent américain, le "Met" possède notamment de remarquables collections d'antiquités égyptiennes. (p. 176)

Whitney Museum of American Art Excellentes expositions d'art contemporain dans un nouveau bâtiment majestueux conçu par Renzo Piano. (p. 110)

Guggenheim Museum On vient aussi pour l'écrin des expositions, un magnifique édifice conçu par F. L. Wright. (p. 180)

New Museum of Contemporary Art Un temple de l'art contemporain. (p. 86)

Histoire de New York

Lower East Side Tenement Museum Excellent aperçu de la vie d'un immigrant au XIXe siècle et au début du XXe siècle. (p. 86)

Merchant's House Museum Remontez le temps dans cette demeure de style fédéral parfaitement conservée. (p. 68)

New-York Historical Society Le plus ancien musée de la ville regorge d'objets historiques. (p. 205)

Museum of the City of New York Le passé reprend vie dans cette demeure géorgienne rénovée. (p. 185)

Trésors méconnus

MoMA PS1 Dans le Queens, une collection parmi les plus avant-gardistes de la ville. (p. 218)

Frick Collection Une demeure de la fin du XIXe siècle avec des œuvres de Vermeer, du Greco et de Goya. (p. 183)

Morgan Library & Museum Manuscrits, livres, dessins et peintures rares, dans la luxueuse demeure d'un magnat de l'acier. (p. 159)

Neue Galerie Une collection exquise, dans une ancienne résidence des Rockefeller. (p. 183)

New York avec des enfants

New York ne manque pas d'attraits pour les plus jeunes, à commencer par les aires de jeux originales et les parcs, sans compter les musées et les monuments adaptés aux enfants, les manèges, les spectacles de marionnettes et les marchés de rue.

Au restaurant

Les restaurants des endroits les plus touristiques sont prêts à sortir une chaise haute et un menu enfant à tout moment. Les établissements sont cependant souvent petits et dîner avec des enfants dans un restaurant très couru peut vite tourner à l'aventure effrayante. Les New-Yorkais dînent généralement entre 19h30 et 21h30 – manger plus tôt peut vous épargner un peu de stress. Par beau temps, nous vous recommandons d'acheter de quoi pique-niquer dans l'une des excellentes épiceries de la ville et de vous offrir un déjeuner sur l'herbe à Central Park ou dans tout autre espace vert.

Ressources utiles

Consultez le programme sur les sites **Time Out New York Kids** (www.timeout.com/new-york-kids) et **Mommy Poppins** (www.mommypoppins.com). Pour une plongée dans New York, procurez-vous *Interdit aux parents : New York* de Lonely Planet, spécialement conçu pour les enfants à partir de 8 ans.

Sorties en famille

American Museum of Natural History Des dinosaures, des papillons, un planétarium et des films IMAX. (p. 204)

Metropolitan Museum of Art Un amusant voyage dans le temps. N'oubliez pas sa fabuleuse aile égyptienne. (p. 176)

Coney Island Toutes sortes de manèges sur des promenades en bois au bord de l'eau. (photo ci-dessus ; p. 234)

Shopping

Flying Tiger Copenhagen Objets rigolos à moins de 5 $: la sortie shopping idéale. (p. 192)

CHRISTIAN MUELLER/SHUTTERSTOCK ©

Books of Wonder Livres d'histoires, romans pour adolescents, cadeaux à l'effigie de New York et lectures de contes sur place en font une destination idéale les jours de pluie. (p. 145)

Mary Arnold Toys Un magasin de jouets organisant des animations mensuelles. (p. 192)

Parcs

Central Park Prenez une barque, visitez le zoo, puis rejoignez l'aire de jeux de Heckscher, la meilleure des 21 aires que compte le parc. (p. 198)

Hudson River Park Un mini-golf, une belle aire de jeux, un manège, des activités nautiques et des animations scientifiques. (p. 110)

Prospect Park Ce parc de 236 ha possède un zoo et une patinoire qui se transforme en pataugeoire l'été. (p. 224)

Petites faims

Smorgasburg Idéal pour s'acheter un en-cas, dans Prospect Park. (p. 226)

Chelsea Market Composez votre pique-nique et allez le déguster à l'Hudson River Park ou sur la High Line. (p. 112)

Ample Hills Creamery Glaces aux parfums inhabituels fabriquées sous vos yeux. (p. 226)

Vaut le détour

New York compte plusieurs zoos mais le meilleur est sans conteste le **zoo du Bronx** (☎718-220-5100 ; www.bronxzoo.com ; 2300 Southern Blvd ; adulte/enfant 37/27 $, entrée sur don mer ; ⏲10h-17h lun-ven, 10h-17h30 sam et dim avr-oct, jusqu'à 16h30 nov-mars ; **S** 2, 5 jusqu'à West Farms Sq-E Tremont Ave), le plus ancien et le plus vaste du pays (107 ha), où plus de 6 000 animaux vivent dans des habitats recréés allant des plaines africaines aux jungles d'Asie.

Festivals

SONGQUAN DENG/SHUTTERSTOCK ©

Nouvel an chinois (www.betterchinatown.com ; fin jan/début fév). L'un des plus importants de son genre dans le pays, avec feux d'artifice et dragons dansants.

Défilé de la St Patrick (718-231-4400 ; www.nycstpatricksparade.org ; 17 mars). On se presse sur Fifth Ave pour voir défiler les joueurs de cornemuses et les chars.

Tribeca Film Festival (212-941-2400 ; www.tribecafilm.com ; avr). Le grand rendez-vous du cinéma indé.

Fête des cerisiers en fleurs (718-623-7200 ; www.bbg.org ; Brooklyn Botanic Garden, Prospect Park ; avr ou mai). Célèbre la floraison des cerisiers, à Brooklyn.

NYC Pride (www.nycpride.org ; juin). La Gay Pride se termine par un immense défilé sur Fifth Ave le dernier dimanche de juin.

HBO Bryant Park Summer Film Festival (www.bryantpark.org ; mi-juin à août). Projections en plein air de classiques hollywoodiens dans Bryant Park.

Celebrate Brooklyn! (718-683-5600 ; www.bricartsmedia.org ; près de Prospect Park W et 11th St, Prospect Park Bandshell, Park Slope ; juin-août). Concerts et événements en plein air.

Feux d'artifice du 4 juillet (photo ci-dessus ; www.macys.com ; 4 juil). Pour la fête nationale, feux d'artifice sur l'East River à partir de 21h.

SummerStage (www.cityparksfoundation.org/summerstage ; Rumsey Playfield, Central Park, entrée par Fifth Ave et 69th St; juin-sept ; ; S 6 jusqu'à 68th St-Hunter College). Concerts en plein air dans Central Park et manifestations culturelles diverses.

Village Halloween Parade (www.halloween-nyc.com ; Sixth Ave, de Spring St à 16th St ; 19h-23h le 31 oct). Le plus grand défilé d'Halloween du pays, mi-carnaval mi-happening artistique.

Défilé de Thanksgiving (www.macys.com ; 4e jeudi de nov). D'énormes ballons gonflés à l'hélium s'élèvent dans le ciel.

Marathon de New York (www.nycmarathon.org ; nov). Des milliers d'athlètes du monde entier parcourent 42 km à travers les cinq *boroughs* le premier dimanche de novembre.

Sapin de Noël du Rockefeller Center (www.rockefellercenter.com ; déc). Illumination du gigantesque sapin, paré de plus de 25 000 lumières.

Réveillon du nouvel an (www.timessquarenyc.org). Une foule bruyante se masse à Times Square pour voir descendre le fameux globe en cristal.

Activités gratuites

F11PHOTO/SHUTTERSTOCK ©

Bien que la Big Apple n'ait rien d'une destination bon marché il est possible de profiter de ses trésors sans se ruiner : pièces, projections de films et concerts, nocturnes à prix libres dans les musées, festivals organisés par la ville, tours en ferry ou en kayak, sans compter sa profusion d'espaces verts.

Ferry de Staten Island Le ferry gratuit pour Staten Island offre un magnifique panorama sur la pointe sud de Manhattan. (p. 243)

Galeries de Chelsea Plus de 300 galeries sont ouvertes au public autour de W 20th St à Manhattan. (p. 106)

New Museum Son architecture d'un blanc immaculé héberge une vaste collection d'art contemporain en libre accès le jeudi après 19h ; don suggéré 2 $. (p. 86)

Central Park Merveille de plusieurs hectares bordée d'arbres, le jardin géant de New York s'offre à vous : jogging, détente sur la pelouse ou observation des écureuils… (photo ci-dessus ; p. 198)

High Line Bel exemple de rénovation urbaine, cette coulée verte est idéale pour se balader et observer l'horizon. (p. 104)

New York Public Library Ce chef-d'œuvre de style Beaux-Arts mérite la visite pour son architecture et ses expositions gratuites. (p. 157)

MoMA Entrée libre le vendredi de 16h à 20h au formidable Museum of Modern Art (longue file d'attente). (p. 152)

National September 11 Memorial Inauguré en 2014, le mémorial rend hommage aux victimes des attentats de 2001, dont les noms figurent sur le rebord des bassins-miroirs. (p. 44)

SummerStage Concerts et spectacles de danse gratuits pendant l'été à Central Park. (p. 26)

Neue Galerie Cet endroit discret est gratuit de 18h à 20h le premier vendredi du mois. (p. 183)

National Museum of the American Indian Dans ce joyau en accès libre de Lower Manhattan, les textiles, objets et œuvres d'art livrent un témoignage poignant sur les cultures amérindiennes. (p. 50)

African Burial Ground National Monument Émouvant hommage aux esclaves africains de l'ère coloniale. (p. 50)

Frick Collection Admirez les œuvres des maîtres européens en payant ce que vous voulez le dimanche de 11h à 13h. (p. 183)

Green-Wood Cemetery Vue sur le port, sites d'anciennes batailles et parc magnifique. (p. 224)

Scène gay et lesbienne

ANDREI ORLOV/SHUTTERSTOCK ©

Des soirées en semaine

À New York, n'importe quel soir est prétexte pour faire la fête – en particulier pour la communauté homosexuelle. Les mercredis et jeudis résonnent aux rythmes des soirées et les habitants se reposent le dimanche (surtout l'été).

Ne rien rater

De nombreux sites Internet sont consacrés à la communauté gay new-yorkaise. Consultez **Get Out!** (www.getoutmag.com) et suivez l'actualité de votre programmateur préféré.

Organisateurs de soirées

BoiParty (www.boiparty.com). Impressionnantes et récurrentes soirées dansantes.

Hot Rabbit (www.hotrabbit.com). Soirées gays ouvertes aux femmes, tous les week-ends à Manhattan et Brooklyn.

The Saint at Large (www.saintatlarge.com). Les organisateurs de la Black Party, immense soirée qui a lieu chaque année en mars.

Daniel Nardicio (www.danielnardicio.com). Réputé notamment pour ses soirées hédonistes.

Josh Wood (www.joshwoodproductions.com). Organisateur bien établi et de plus en plus connu pour ses galas, ses invités de marque et ses causes philanthropiques.

Lieux mythiques

Marie's Crisis Dans le West Village, un piano-bar versé dans les chansons cultes. (p. 118)

Duplex Humour, crooners et drag-queens hilarantes caractérisent ce pilier du Village. (p. 124)

Pour les Dancing Queens

Eagle NYC On danse, on boit et on voit beaucoup de cuir dans ce club sur deux niveaux avec terrasse sur le toit. (p. 118)

Industry Au fil de la soirée, ce chouchou de Hell's Kitchen passe d'un espace lounge animé à un immense club. (p. 165)

Bars lesbiens

Henrietta Hudson Les soirées à thème avec DJ attirent des femmes de toute la ville. Dans le Village. (p. 119)

Cubbyhole Barmaids sympathiques et excellent juke-box dans ce bar décontracté du West Village. (p118)

Sports et activités

ALEX GOODLETT/STRINGER/GETTY IMAGES ©

Outre la course aux taxis, un sport en soi, et l'attente sur les quais du métro, qui peut s'apparenter au sauna en été, les New Yorkais aiment se dépenser pendant leur temps libre.

Course à pied et vélo

Dans Central Park, la piste de 2,5 km autour du réservoir Jacqueline Kennedy Onassis est dédiée aux coureurs et aux marcheurs. D'autres itinéraires bordent l'Hudson, dans Lower Manhattan, ou FDR Dr et l'East River, dans l'Upper East Side. Prospect Park (p. 224), à Brooklyn, possède de nombreux sentiers. La ville a créé plus de 320 km de voies cyclables depuis 2009, mais les débutants devraient se limiter aux sentiers peu fréquentés.

Sports d'intérieur

Les studios de yoga et de pilates sont nombreux. Les grandes salles de fitness offrent parfois une entrée gratuite.

Assister à un match

NY Yankees (☎718-293-4300 ; www.mlb.com/yankees ; Ⓢ B/D, 4 jusqu'à 161st St-Yankee Stadium). Équipe de Major League Baseball (MLB).

NY Mets (www.mlb.com/mets ; 120-01 Roosevelt Ave, Flushing ; Ⓢ 7 jusqu'à Mets-Willets Point). Joue en MLB.

NY Knicks (voir Madison Square Garden, p. 169). Basket (NBA).

Brooklyn Nets (Barclays Center ; ☎917-618-6100 ; www.barclayscenter.com ; Ⓢ B/D, N/Q/R, 2/3, 4/5 jusqu'à Atlantic Ave-Barclays Ctr). Basket (NBA).

NY Rangers (voir Madison Square Garden, p. 169). Hockey sur glace (NHL).

À savoir

Outre **Ticketmaster** (www.ticketmaster.com), l'autre grande billetterie est **StubHub** (www.stubhub.com).

New York en 4 jours

1er jour

MICHAEL URMANN/SHUTTERSTOCK ©

Commencez par flâner dans **Central Park** (p. 198), en passant par **Columbus Circle**, le **zoo** (p. 201), le **Mall**, la **fontaine Bethesda** et les **Strawberry Fields**, puis le **Loeb Boathouse** (photo ci-dessus ; p. 199) pour un tour en canot.

Ensuite, découvrez le **Grand Central Terminal** (p. 156), le **Chrysler Building** (p. 159) et la **New York Public Library** (p. 157). Finissez par la visite du **MoMA** (p. 152).

Le soir, savourez l'atmosphère de **Times Square** (p. 148) depuis le **kiosque TKTS** (p. 170). Allez voir un succès de **Broadway** (p. 167) ou un spectacle d'avant-garde au **Playwrights Horizon** (p. 170) ou au **Second Stage Theatre** (p. 167), sirotez un cocktail au **Rum House** (p. 165), puis dites bonsoir à la ville depuis le **Top of the Rock** (p. 156).

2e jour

LITTLENYSTOCK/SHUTTERSTOCK ©

Commencez par les collections égyptiennes et romaines et les maîtres européens du **Metropolitan Museum of Art** (p. 176). Montez sur le toit pour contempler Central Park, puis visitez la **Neue Galerie** (p. 183).

Cap sur Soho pour du shopping dans les enseignes de **Prince Street** et **Spring Street**.

Rejoignez **Mulberry Street**, dans Chinatown, admirez les temples bouddhiques et dégustez une glace à l'amande.

Dînez au **Cafe Luxembourg** (p. 206) et descendez Broadway jusqu'au **Lincoln Center** (p. 204) pour voir un opéra au **Metropolitan Opera House** (photo ci-dessus ; p. 210) ou écouter le **New York Philharmonic** (p. 212). Enfin, prenez un verre (pensez à réserver) au fabuleux **Manhattan Cricket Club** (p. 209).

3e jour

DROP OF LIGHT/SHUTTERSTOCK ©

Tôt le matin, prenez le ferry de Staten Island (p. 243) pour voir le soleil se lever sur Lower Manhattan. Allez admirer la vue qui se déploie depuis le **One World Observatory** (photo ci-dessus ; p. 48). Visitez ensuite l'émouvant **National September 11 Memorial & Museum** (p. 44).

Rejoignez le Meatpacking District et visitez le nouveau **Whitney Museum of American Art** (p. 110). Parcourez la **High Line** (p. 104) en faisant des pauses pour grignoter, boire un café et contempler les rues en contrebas.

Flânez dans les charmantes rues de Greenwich Village et retrouvez ses racines soul en écoutant du jazz au **Smalls** (p. 121) ou au **Village Vanguard** (p. 122). Ensuite, prenez un verre de vin et des en-cas à la **Buvette** (p. 116), puis allez danser au **Cielo** (p. 118).

4e jour

KRISTI BLOKHIN/SHUTTERSTOCK ©

Petit-déjeunez d'un burrito à **Grand Army Plaza** (p. 225) et rejoignez **Prospect Park** (p. 224), à Brooklyn : les enfants adoreront le petit **zoo** (p. 225) ou la **Lefferts Historic House** (p. 225).

Partez à l'ouest pour explorer **Park Slope** (p. 221) et poussez jusqu'au quartier en plein essor de **Gowanus** (p. 228), où vous trouverez de quoi renouveler votre garde-robe à **No Relation Vintage** (p. 230). Savourez une part de tarte à **Four & Twenty Blackbirds** (p. 227).

Prenez un "Boro Taxi" vert pour **Williamsburg** (p. 232). Chinez à **Artists & Fleas** (p. 233) et **Buffalo Exchange** (p. 233) et dînez devant un cocktail à **Maison Premiere** (p. 233). Rejoignez l'**East River State Park** (p. 233), admirez la vue sur Manhattan et rentrez par le **NYC Ferry** (photo ci-dessus ; p. 243).

Les basiques

Pour plus d'informations, voir *Carnet pratique* (p. 236)

Monnaie
Dollar américain ($US)

Langue
Anglais

Visas
Les ressortissants de 38 pays n'ont pas besoin de visa mais doivent remplir une demande ESTA.

Téléphones portables
Les cartes SIM locales peuvent être utilisées dans un téléphone déverrouillé (sinon, achetez un portable à charger avec des cartes prépayées).

Heure locale
Eastern Standard Time (GMT -5 heures).

Prises et adaptateurs
L'électricité fonctionne en 110 V/115 V et en 60 Hz. Les prises ont 2 fiches plates (et parfois une 3e fiche ronde). Prévoyez un adaptateur.

Pourboires
Laissez 18 à 20% de la note dans les restaurants, 10 à 15% dans les taxis, 1 à 2 $ dans les bars, et 3 à 5 $ par jour aux femmes de chambre dans les hôtels.

Budget quotidien

Moins de 100 $

Dortoir en auberge de jeunesse : 40-70 $

Snacks dans la rue : à partir de 3 $

Part de pizza : environ 4 $

Trajet en bus ou en métro : 3 $

De 100 à 350 $

Chambre double : à partir de 200 $

Dîner pour deux dans un restaurant de catégorie moyenne : 130 $

Cocktail dans un bar lounge : 14-19 $

Billet réduit pour Broadway : 80 $

Plus de 350 $

Chambre au NoMad Hotel: 325-850 $

Menu dégustation chez un grand chef : 90-325 $

Massage de 1 heure 30 au Great Jones Spa : 200 $

Fauteuil d'orchestre au Metropolitan Opera : 100-390 $

Sites Web

Lonely Planet (www.lonelyplanet.fr). Informations sur la ville, forum, etc.

NYC: the Official Guide (www.nycgo.com). Portail touristique officiel de New York.

New York Magazine (www.nymag.com). Liste complète des bars, restaurants, spectacles et magasins.

À prévoir

Deux mois avant Réservez votre hôtel et achetez vos billets pour Broadway.

Trois semaines avant Réservez une table dans un grand restaurant.

Une semaine avant Surfez sur le Net pour vous informer sur les dernières nouveautés et les événements à venir.

Arriver à New York

John F Kennedy International Airport (JFK)

L'AirTrain (5 $) vous dépose au métro (2,75 $), qui rejoint Manhattan en une heure. Le bus express vers Grand Central ou Port Authority revient à 18 $, et un taxi à 52 $, hors péage, pourboire et majoration pour heures de pointe.

LaGuardia Airport (LGA)

C'est l'aéroport le plus proche de Manhattan, mais le moins bien desservi : prenez le bus express Q70 jusqu'à la station de métro 74th St-Broadway. Le bus express vers Midtown coûte 15 $, et un taxi 34-53 $ (hors pourboire et péage).

Newark Liberty International Airport (EWR)

Prenez l'AirTrain jusqu'à la gare de Newark Airport et changez pour n'importe quel train à destination de Penn Station à New York (13 $). Depuis Midtown, vous pourrez ensuite rejoindre votre destination en métro. Des navettes collectives et des bus sont également disponibles. Un taxi revient à 60-80 $ (sans les 15 $ de péage et le pourboire).

Comment circuler

Métro

Le célèbre métro de New York (www.mta.info) est bon marché (2,75 $ par trajet) et fonctionne 24h/24. Il est plus sûr et (un peu) plus propre qu'autrefois. Téléchargez une application mobile, comme Citymapper, avec plan du métro, horaires en temps réel et notifications d'incidents.

Bus

Pratique pour traverser Manhattan d'est en ouest (et vice versa) et circuler entre certains secteurs de Brooklyn. Fonctionne avec la MetroCard (2,75 $ par trajet incluant une correspondance gratuite avec le métro ou un autre bus).

Taxi

En dehors des heures de pointe, c'est parfois le mode de transport le plus rapide et le plus pratique. Arrêter un taxi par mauvais temps peut s'avérer difficile. Pensez aux services de VTC : Uber, Lyft, Via...

Vélo

L'excellent système de vélos en libre-service **Citi Bike** (www.citibikenyc.com ; 24 heures/3 jours 12/24 $) compte des centaines de stations à Manhattan et dans certains secteurs de Brooklyn et du Queens. L'appli Citi Bike vous indiquera les stations les plus proches.

Ferry

Le ferry de Staten Island est gratuit, et le nouveau **NYC Ferry** (www.ferry.nyc ; 2,75 $/trajet) relie Manhattan, Brooklyn et le Queens pour le prix d'un billet de métro. Plus cher, le **New York Water Taxi** (☎ 212-742-1969 ; www.nywatertaxi.com ; pass journée adulte 37 $) permet de monter et de descendre à volonté.

Les quartiers de New York

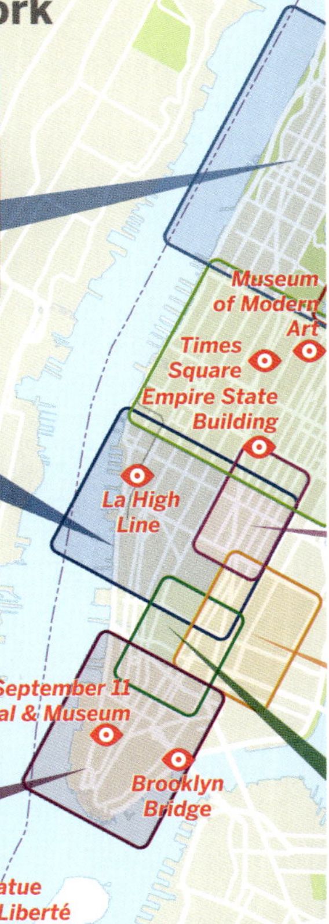

Upper West Side et Central Park (p. 197)

Quartier du Lincoln Center et de Central Park, antidote aux interminables étendues de béton.

West Village, Chelsea et Meatpacking District (p. 103)

Cafés de quartier et lieux de sortie tendance ponctuent des rues pittoresques aux belles maisons de brique.

Lower Manhattan et Financial District (p. 39)

Ce secteur englobe le mémorial et musée du 11-septembre, le Brooklyn Bridge et la statue de la Liberté.

Brooklyn : Park Slope, Gowanus et Green-Wood Cemetery (p. 221)

Une des zones résidentielles les plus appréciées de la ville, avec l'un de ses plus beaux parcs et le charmant Green-Wood Cemetery.

Central Park
Guggenheim Museum
Metropolitan Museum of Art
MoMA PS1

Upper East Side (p. 175)
Boutiques de luxe, hôtels particuliers et le Museum Mile en point d'orgue architectural.

Midtown (p. 147)
New York tel qu'on l'imagine : Times Square, Broadway, forêts de gratte-ciel et foule affairée.

Union Square, Flatiron District et Gramercy (p. 131)
Secteur regroupant plusieurs quartiers disparates et hauts en couleur. Peu de monuments mais excellents restaurants.

East Village et Lower East Side (p. 81)
L'ancien côtoie le moderne dans ces deux quartiers très courus pour manger à petits prix et sortir.

SoHo et Chinatown (p. 63)
Temples cachés et restaurants de raviolis émaillent Chinatown. À côté, les rues léchées de SoHo sont bordées de boutiques chics.

TICKET MACHINES

Explorer New York

Vaut le détour

Les plus belles balades

Grand Central Terminal (p. 156) MACH PHOTOS/SHUTTERSTOCK ©

Explorer

Lower Manhattan et Financial District

Doté de bâtiments emblématiques, de restaurants et d'une population résidentielle croissante, le sud de Manhattan n'est plus uniquement un quartier d'affaires. Il abrite aussi le mémorial du 11-Septembre, le One World Observatory et Wall Street, avec Ellis Island et la statue de la Liberté à quelques encablures au large. Au nord s'étend le dynamique quartier de Tribeca avec ses restaurants, bars intimes, boutiques et galeries.

Démarrez tôt pour traverser le Brooklyn Bridge (p. 42) depuis Brooklyn. Achetez des en-cas pour plus tard et prenez le ferry pour visiter la statue de la Liberté (p. 40) avant de vous immerger dans le passé sur Ellis Island. De retour à Manhattan, offrez-vous une pâtisserie française et un excellent expresso au District (p. 53), puis grimpez au One World Observatory (p. 48). Non loin, l'émouvant National September 11 Memorial and Museum (p. 44) retrace les tragiques événements qui se sont déroulés à cet endroit. En soirée, dînez tôt au restaurant étoilé Bâtard (p. 52), puis enchaînez sur un spectacle off-Broadway au vénérable Soho Rep (p. 58). Finissez la journée par une dégustation de single malts au Brandy Library (p. 55).

Comment y aller

S Le Financial District est bien desservi par le métro ; les lignes A/C, J/Z, 2/3 et 4/5 transitent par la station Fulton St. Prenez la 1 jusqu'à South Ferry, d'où partent les ferries vers Staten Island, la statue de la Liberté et Ellis Island.

Plan du quartier p. 46

Les incontournables

Statue de la Liberté

Depuis 1886, Lady Liberty, également surnommée la "Mère des exilés", tourne un regard sévère vers la vieille Europe aux structures sociales rigides. "Donne-moi tes pauvres, tes exténués / Qui en rangs serrés aspirent à vivre libres / Le rebut de tes rivages surpeuplés", clame-t-elle dans Le Nouveau Colosse, le célèbre poème d'Emma Lazarus publié en 1883.

PLAN P. 46, C8

www.nps.gov/stli

adulte/enfant avec Ellis Island 18,50/9 $

8h30-17h30 (horaires variables selon la saison)

S 1 jusqu'à South Ferry ou 4/5 jusqu'à Bowling Green, puis jusqu'à Liberty Island

De Suez à New York

Le sculpteur Frédéric-Auguste Bartholdi voulait construire une immense statue qui garderait l'entrée du canal de Suez en Égypte, une des plus grandes prouesses techniques de la France du XIXe siècle, mais dut abandonner faute de financement. L'écrivain français Édouard de Laboulaye ayant proposé d'offrir un cadeau à l'Amérique pour symboliser les valeurs démocratiques communes aux deux pays, Bartholdi modifia son projet pour transformer son fiasco du canal de Suez en "Liberté éclairant le monde".

Création de la statue

L'artiste mit près de 20 ans à réaliser son rêve. Malgré de sérieux problèmes financiers, le projet fut mené à bien grâce au patron de presse Joseph Pulitzer et à la poétesse Emma Lazarus, dont l'ode à Lady Liberty est gravée sur le socle de la statue. Achevée en 1884, l'œuvre fut expédiée à New York en 350 morceaux emballés dans 214 caisses ; il fallut quatre mois pour l'assembler et l'ériger sur un piédestal de granit. Son inauguration en octobre 1886 s'accompagna de la première *ticker-tape parade* (défilé avec lâcher de papiers dans les airs) et d'une flottille de près de 300 bateaux.

Visite

Les personnes ayant réservé leur billet pour la statue, cadeau de la France au peuple américain, pourront gravir les 393 marches menant à la couronne, d'où le panorama est époustouflant. La réservation est impérative, car l'accès à la couronne est limité. Le plus tôt est le mieux (inscription jusqu'à six mois à l'avance). À défaut, réservez pour le piédestal, d'où la vue est également remarquable.

Tous les billets de ferry pour Liberty Island donnent accès au parc, ce qui inclut des visites avec guides ou audioguides.

★ À savoir

- Pour visiter à la fois la Statue de la Liberté et Ellis Island, prenez le ferry avant 14h.
- Très stricts (laissez votre canif chez vous), les contrôles de sécurité au terminal des ferries peuvent prendre 90 minutes en haute saison.
- La réservation, fortement conseillée, vous garantit un horaire de visite et vous évite des files d'attente interminables.

Une petite faim ?

Apportez un pique-nique, car la nourriture sur place est médiocre. Sinon, venez tôt le matin et repartez à Lower Manhattan pour savourer les délices gastronomiques de l'espace de restauration français Le District (p. 53).

Les incontournables

Brooklyn Bridge

L'un des chefs-d'œuvre architecturaux de New York, le Brooklyn Bridge fut inauguré en 1883. Avec sa travée d'une longueur record (486 m), il devint la première liaison routière entre Brooklyn et Manhattan et le premier pont suspendu en acier au monde. Ce superbe exemple d'ouvrage urbain, source d'inspiration pour les poètes, les écrivains et les peintres, continue aujourd'hui encore de fasciner.

PLAN P. 46, F4

S 4/5/6 jusqu'à Brooklyn Bridge-City Hall, J/Z jusqu'à Chambers St, R/W jusqu'à City Hall

Une histoire émaillée de tragédies

Le pont fut conçu par l'ingénieur d'origine allemande John Roebling, qui contracta le tétanos en 1869 et mourut avant que le chantier ne démarre. Son fils Washington Roebling supervisa la construction, qui dura 14 ans. Victime d'un accident de décompression après avoir participé à l'excavation du lit du fleuve pour l'érection de la pile ouest, il resta alité pendant la majeure partie des travaux. Sa femme Emily Warren Roebling, qui avait étudié les mathématiques et l'ingénierie civile, prit le relais, affrontant les dépassements de budgets et les griefs des responsables politiques. Entre 20 et 30 ouvriers moururent lors de la construction. Une dernière tragédie survint en 1883, six jours après l'inauguration officielle, quand un engorgement dans un escalier, dû à un afflux de visiteurs, provoqua la chute d'une jeune femme – les cris suscitèrent un mouvement de panique (on crut que le pont s'effondrait), au cours duquel 12 personnes périrent piétinées.

Traversée du pont

La traversée du Brooklyn Bridge compte parmi les points forts d'un séjour à New York. La promenade piétonnière offre une très belle vue sur Lower Manhattan et les points de vue situés sous les piles sont dotés de panneaux en cuivre retraçant l'histoire du panorama. La balade d'environ 1,5 km vous prendra de 20 à 40 minutes en fonction du nombre d'arrêts que vous ferez pour admirer le paysage.

L'entrée du pont côté Manhattan se trouve à l'extrémité est du City Hall Park ; arrivé de l'autre côté, vous serez à la frontière de deux quartiers : Brooklyn Heights, résidentiel et verdoyant, et Dumbo, apprécié pour ses boutiques et restaurants.

★ À savoir

- Sur le pont, restez du côté réservé aux piétons. L'autre est conçu pour les cyclistes, qui peuvent se montrer désagréables avec les touristes insouciants qui se mettent sur leur chemin.
- Pour fuir la foule et jouir du panorama en solo, venez tôt le matin.

✕ Une petite faim ?

Pour reprendre des forces, dégustez une pizza chez Juliana's (www.julianaspizza.com) ou Grimaldi's (www.grimaldis-pizza.com), deux pizzérias installées juste sous le pont à Brooklyn Heights.

Côté Manhattan, la merveilleuse Arcade Bakery (p. 53) n'est qu'à environ 10 minutes de marche ; rejoignez Church St en coupant par City Hall Park et prenez au nord.

Les incontournables

National September 11 Memorial & Museum

Empreint de dignité, le mémorial du 11-Septembre commémore le pire attentat terroriste jamais perpétré sur le sol américain. Ses deux bassins sont un symbole d'espoir et de renouveau, mais surtout un monument à la mémoire des milliers de victimes. À côté, dans une atmosphère solennelle, le musée du mémorial relate les événements de ce terrible jour de 2001.

PLAN P. 46, C5

www.911memorial.org/museum

mémorial entrée libre, musée ad/enf 24/15 $

9h-20h dim-jeu, 9h-21h ven et sam, dernière entrée 2 heures avant fermeture

S E jusqu'à World Trade Center, R/W jusqu'à Cortlandt St, 2/3 jusqu'à Park Pl

Bassins-miroirs

Baptisés *Reflecting Absence* (le reflet de l'absence), les bassins-miroirs du mémorial du 11-Septembre sont entourés d'une esplanade plantée de 400 chênes blancs d'Amérique, et reposent sur les anciennes fondations des tours jumelles. De l'eau ruisselle en permanence le long ces parois, recueillie dans une fosse centrale de 9 m de profondeur. Autour des bassins, des plaques de bronze portent les noms des victimes des attentats du 11 septembre 2001 et de celui à la voiture piégée du 26 février 1993.

Musée du Mémorial

Le National September 11 Memorial Museum accentue encore la force contemplative du monument. Logé entre les bassins réfléchissants, le pavillon d'entrée vitré évoque une tour effondrée. À l'intérieur, un escalator conduit au principal hall souterrain du musée. Les visiteurs descendent à l'ombre de deux tridents d'acier initialement scellés dans les fondations de la tour nord. Les murs de l'émouvante galerie In Memoriam sont tapissés des photos et des noms des victimes, dont les vies sont retracées sur des écrans tactiles.

Un camion de pompier détruit témoigne de la violence du brasier auquel firent face les soldats du feu. La principale exposition du musée, une collection de vidéos, d'enregistrements audio, d'images, d'objets et de témoignages, donne à réfléchir sur la tragédie et les histoires de deuil, de résilience et d'espoir qui l'ont suivie. On peut aussi voir la dernière poutre d'acier retirée du site, couverte de messages et de témoignages en hommage aux personnes tuées.

★ À savoir

- Dans le musée, ne manquez pas l'"Ange du 11-Septembre", le visage angoissé d'une femme visible sur une poutre métallique tordue.
- À l'extérieur, admirez l'immense Oculus blanc de Santiago Calatrava, inspiré des ailes d'une colombe.
- L'accès au musée est gratuit le mardi de 17h à 20h.

Une petite faim ?

Échappez à la foule de Wall Street à l'heure du déjeuner en rejoignant Tribeca, où vous trouverez tout un choix de restaurants prisés, comme Locanda Verde (p. 52). Sinon, Two Hands (p. 54) est une bonne adresse à prix plus doux.

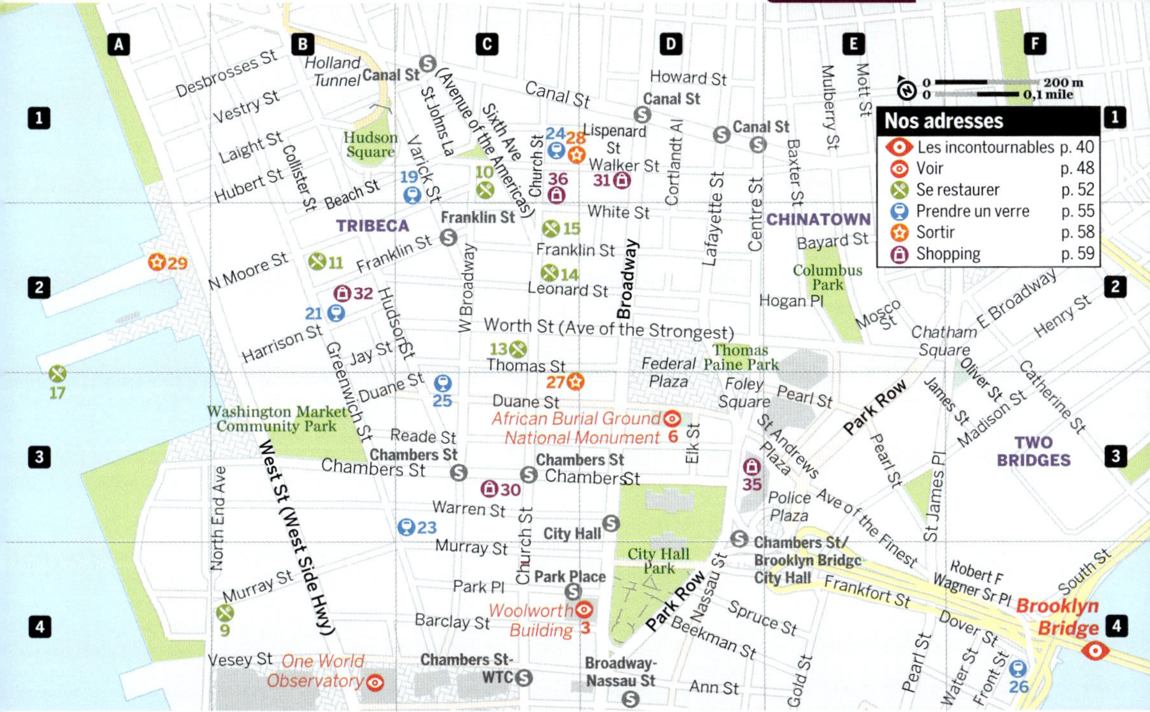
Nos adresses
Les incontournables p. 40
Voir p. 48
Se restaurer p. 52
Prendre un verre p. 55
Sortir p. 58
Shopping p. 59
0 200 m
0 0,1 mile
A
B
C
D
E
F
1
2
3
4
TRIBECA
CHINATOWN
TWO BRIDGES
Desbrosses St
Vestry St
Laight St
Hubert St
Collister St
Beach St
Holland Tunnel
Canal St
Hudson Square
Varick St
St Johns La
(Avenue of the Americas)
Sixth Ave
Church St
Lispenard St
Walker St
White St
Cortlandt Al
Lafayette St
Centre St
Baxter St
Mulberry St
Mott St
Howard St
Franklin St
N Moore St
Harrison St
Hudson St
Jay St
Greenwich St
Duane St
Reade St
Chambers St
W Broadway
Leonard St
Broadway
Worth St (Ave of the Strongest)
Thomas St
Federal Plaza
Thomas Paine Park
Foley Square
Pearl St
Bayard St
Columbus Park
Hogan Pl
Mosco St
Chatham Square
E Broadway
Henry St
Oliver St
James St
Madison St
Catherine St
Park Row
St Andrews Plaza
Police Plaza
Ave of the Finest
St James Pl
Elk St
Washington Market Community Park
African Burial Ground National Monument 6
West St (West Side Hwy)
North End Ave
Warren St
Murray St
City Hall
City Hall Park
Park Place
Park Pl
Barclay St
Woolworth Building 3
Vesey St
One World Observatory
Chambers St-WTC
Broadway-Nassau St
Nassau St
Ann St
Beekman St
Spruce St
Gold St
Chambers St/Brooklyn Bridge City Hall
Frankfort St
Robert F Wagner Sr Pl
Dover St
Pearl St
Water St
Front St
South St
Brooklyn Bridge
9
10
11
13
14
15
17
19
21
23
24
25
26
27
28
29
30
31
32
35
36

A
B
C
D
E
F
5
6
7
8
World Trade Center Transportation Hub
16 Memorial Pool
12
National September 11 Memorial & Museum
Memorial Pool
North Cove
Dey St
Fulton St
Dutch St
Century 21
Cortlandt St
Cortlandt St
LOWER MANHATTAN
John St
Fulton St
Cliff St
Fulton St
Guilbert Park
Beekman St
33
34
Fulton St
South St
TKTS Booth
John St
Water St
Pearl St
Platt St
Louise Nevelson Plaza
Maiden La
Fletcher St
Liberty St
Broadway
Zuccotti Park
Cedar St
Thames St
Liberty St
BATTERY PARK CITY
Battery Park City Esplanade
Albany St
South End Ave
Carlisle St
Trinity Church 5
Wall St
Federal Hall 8
Nassau St
William St
Cedar St
Pine St
Front St
Pier 15
Pier 16
Franklin D Roosevelt Dr
Rector St
Rector St
Rector Pl
Washington St
Greenwich St
Rector St
Wall St
Wall St
Broad St
Exchange Al
20
New St
Trinity Pl
Edgar St
West Side Hwy
W Thames St
Morris St
FINANCIAL DISTRICT
Battery Pl
2nd Pl
Beaver St
S William St
Stone St
Water St
Old Slip
Gouverneur La
Pier 11
Bowling Green
Whitehall St
Stone St
Broad St
18
Vietnam Veterans Plaza
South St
Pier 6
East River
Battery Pl
4 National Museum of the American Indian
Bridge St
Pearl St
Whitehall St
State St
Museum of Jewish Heritage 2
Robert F Wagner Jr Park
22
Pier A
Castle Clinton
7 Battery Park
Peter Minuit Plaza
South St Viaduct
South Ferry
Hugh L Carey Tunnel
1 Staten Island Ferry
Statue de la Liberté
Ellis Island
Upper New York Bay
Hudson River
Ferry pour Governors Island
Ferry pour Hoboken (NJ)

Voir

Ferry de Staten Island FERRY

1 PLAN P. 46, D8

Les habitants de Staten Island considèrent ces imposants ferries orange comme un moyen de transport ; ceux de Manhattan préfèrent voir en eux l'instrument de leurs escapades romantiques printanières. Les touristes (2 millions par an) ont eux aussi découvert les charmes de ce ferry, dont le parcours de 8,3 km (25 minutes) entre Lower Manhattan et St George, à Staten Island, offre une des plus belles aventures (gratuites) de New York. (www.siferry.com ; Whitehall Terminal, 4 South St, au niveau de Whitehall ; entrée libre ; 24h/24 ; b1 jusqu'à South Ferry ; R/W jusqu'à Whitehall St, 4/5 jusqu'à Bowling Green)

Museum of Jewish Heritage MUSÉE

2 PLAN P. 46, B7

Construit au bord de l'eau, ce musée explore la question

One World Trade Center

Comblant le trou béant qui marquait la skyline de Lower Manhattan, le One World Trade Center incarne la renaissance, la détermination et la résilience de la ville. Cette immense tour empreinte de symbolisme, ancrée dans le passé mais résolument tournée vers l'avenir, offre par ailleurs une vue époustouflante sur New York.

Se dressant à l'angle nord-ouest du site du World Trade Center, le bâtiment de 104 étages est la nouvelle version, signée David M. Childs, du concept mis au point par Daniel Libeskind en 2002. Ce gratte-ciel fuselé est actuellement le plus haut building de l'hémisphère Ouest, et le quatrième du monde si on tient compte de son antenne. Ses angles biseautés forment plusieurs triangles isocèles qui, vus du sol, semblent s'élever à l'infini. La structure est couronnée d'une antenne à haubans de 124 m de haut qui porte la hauteur totale à 1 776 pieds (541 m), référence symbolique à l'année de l'indépendance américaine.

L'édifice abrite le **One World Observatory** (voir plan p. 46, B4 ; 844-696-1776 ; www.oneworldobservatory.com ; angle West St et Vesey St ; adulte/enfant 34/28 $; 9h-20h, dernière entrée à 19h15 ; bE jusqu'à World Trade Center, 2/3 jusqu'à Park Pl, A/C, J/Z, 4/5 jusqu'à Fulton St, R/W jusqu'à Cortlandt St), la plus haute terrasse panoramique de la ville, qui occupe les niveaux 100 à 102. Par beau temps, la vue s'étend sur les cinq boroughs et les États voisins. La visite est extrêmement prisée : achetez vos billets à l'avance sur Internet en choisissant une date et une heure.

Woolworth Building

de l'identité et de la culture juives modernes à travers la religion et l'art. L'exposition phare comprend une présentation émouvante de l'Holocauste, par le biais d'objets personnels, de photographies et de films documentaires. Dédié à ceux qui ont perdu un être cher lors de la Shoah, le **Garden of Stones** de l'artiste Andy Goldsworthy forme une étroite allée de 18 rochers qui invite à méditer sur la fragilité de la vie. (☎646-437-4202 ; www.mjhnyc.org ; 36 Battery Pl ; adulte/enfant 12 $/gratuit, 16h-20h mer gratuit ; ⏱10h-18h dim-mar, 10h-20h mer-jeu, 10h-17h ven mi-mars à mi-nov, 10h-15h ven le reste de l'année, fermé sam ; 4/5 jusqu'à Bowling Green, R/W jusqu'à Whitehall St)

Woolworth Building

ÉDIFICE REMARQUABLE

3 PLAN P. 46, D4

Revêtu de maçonnerie et de terre cuite, ce joyau néogothique signé Cass Gilbert était, avec 59 étages pour 241 m, le plus haut gratte-ciel du monde en 1913, avant d'être supplanté par le Chrysler Building en 1930. Son hall classé, dont les mosaïques évoquent les splendeurs byzantines, est accessible dans le cadre d'une visite guidée (sur réservation) qui offre des surprises, comme la découverte d'une entrée de métro dédiée et d'une piscine secrète. (☎203-966-9663 ; www.woolworthtours.com ; 233 Broadway, au niveau de Park Pl ; visites 30/60/90 min 20/30/45 $; S R/W jusqu'à City Hall, 2/3 jusqu'à Park Pl, 4/5/6 jusqu'à Brooklyn Bridge-City Hall)

National Museum of the American Indian MUSÉE

4 PLAN P. 46, D7

Ce musée géré par la Smithsonian Institution occupe l'ancienne **Maison des Douanes**, l'un des plus beaux édifices new-yorkais de style Beaux-Arts, conçu par Cass Gilbert en 1907. Derrière la vaste rotonde, les galeries accueillent des expositions consacrées à la vie quotidienne, à la culture et aux croyances des Amérindiens. Les œuvres d'art décoratif, tissus et objets rituels de la collection permanente illustrent la diversité de ces communautés. (212-514-3700 ; www.nmai.si.edu ; 1 Bowling Green ; entrée libre ; 10h-17h lun-mer, 10h-20h jeu ; S 4/5 jusqu'à Bowling Green, R/W jusqu'à Whitehall St)

Trinity Church ÉGLISE

5 PLAN P. 46, C6

Lorsqu'elle fut achevée, en 1846, Trinity Church dominait le ciel de New York, avec son clocher haut de 85 m. Remarquez le vitrail vivement coloré au-dessus de l'autel. Le cimetière abrite de grandes figures, dont le père fondateur Alexander Hamilton, premier ministre des Finances du pays (et aujourd'hui héros d'un grand succès de Broadway). La programmation musicale inclut les excellents Concerts at One (à 13h le jeudi) et les très belles prestations de la chorale, dont une interprétation annuelle du Messie de Haendel, en décembre. (212-602-0800 ; www.trinitywallstreet.org ; 75 Broadway, au niveau de Wall St ; 7h-18h ; S 1, R/W jusqu'à Rector St, 2/3, 4/5 jusqu'à Wall St)

African Burial Ground National Monument MÉMORIAL

6 PLAN P. 46, D3

En 1991, des ouvriers découvrirent ici plus de 400 cercueils, entre 4 et 8 m sous le niveau du sol. Ils contenaient les ossements d'esclaves et d'Afro-Américains affranchis des XVIIe et XVIIIe siècles (le cimetière voisin de Trinity Church leur était interdit). Aujourd'hui, le site compte un **centre d'information** et un émouvant **mémorial** aux 15 000 Africains qui auraient été enterrés ici. (212-637-2019 ; www.nps.gov/afbg ; 290 Broadway, entre Duane St et Elk St ; entrée libre ; mémorial 10h-16h mar-sam avr-oct, centre d'information 10h-16h mar-sam tte l'année ; S J/Z jusqu'à Chambers St, R/W jusqu'à City Hall, 4/5/6 jusqu'à Brooklyn Bridge-City Hall)

Battery Park PARC

7 PLAN P. 46, C8

À l'extrémité sud de Manhattan, cette oasis de 4,8 ha comporte des œuvres d'art, des allées sinueuses et des plantes vivaces, ainsi que des monuments à l'Holocauste et à la Grande Famine irlandaise. C'est ici que s'installèrent les Néerlandais en 1623 et que fut érigée la première "batterie" de canons destinée à défendre la

Ellis Island

Plus célèbre porte d'entrée de l'Amérique, point de rencontre entre le désespoir de la vieille Europe et les promesses du Nouveau Monde, **Ellis Island** (voir plan p. 46, C8 ; 212-363-3200, billets 877-523-9849 ; www.nps.gov/elis ; Ellis Island ; ferry avec statue de la Liberté adulte/enfant 18,50/9 $; 8h30-17h, horaires variables selon la saison ; S 1 jusqu'à South Ferry ou 4/5 jusqu'à Bowling Green, puis jusqu'à Ellis Island) a vu transiter entre 1892 et 1924 plus de 12 millions de personnes en quête d'un avenir meilleur ; 40% des Américains d'aujourd'hui auraient au moins un ancêtre qui serait passé par cette île. D'ici, les nouveaux arrivants allaient directement dans le Lower East Side, dont les boutiques et leurs enseignes en yiddish, italien, allemand et chinois reflètent les multiples origines.

Une Irlandaise à New York

La première personne à débarquer à Ellis Island fut Anna Moore, dite "Annie", 17 ans. Après une traversée de 12 jours depuis le comté irlandais de Cork, elle arriva le 1er janvier 1892, accompagnée de ses frères Philip et Anthony, pour rejoindre ses parents arrivés 4 ans plus tôt. Elle épousa l'immigrant allemand Joseph Augustus Schayer et donna naissance à au moins 10 enfants dont seuls 5 survécurent. Morte le 6 décembre 1924, elle repose au Calvary Cemetery, dans le Queens.

Bâtiment principal

Après l'incendie de l'édifice en bois originel en 1897, les architectes Edward Lippincott Tilton et William A. Boring conçurent ce bâtiment Art nouveau, digne "prélude" à l'aventure américaine, avec sa grande entrée dotée d'une triple arcade, ses briques rouges et ses pierres angulaires et belvédères en granit. Les candidats à l'immigration faisaient la queue sous le magnifique plafond voûté de la Registry Room de 103 m de long pour présenter leurs papiers (polygames, indigents, criminels et anarchistes étaient refoulés).

Restauration

En 1990, après des travaux de rénovation de 160 millions de dollars, le bâtiment principal est devenu l'Ellis Island Immigration Museum, qui offre au public une version expurgée et moderne de ce que vivaient les immigrants. Les expositions interactives retracent l'espoir, l'allégresse et parfois l'amère déception des millions de personnes venues chercher un nouveau départ. Achetez votre billet sur Internet (www.statuecruises.com) pour éviter l'attente interminable aux guichets.

toute jeune colonie de la Nouvelle-Amsterdam. On y trouve aussi le Castle Clinton et le départ des ferries pour Ellis Island et la statue de la Liberté. (www.nycgovparks.org ; Broadway, au niveau de Battery Pl ; lever du soleil-1h ; S 4/5 jusqu'à Bowling Green, R/W jusqu'à Whitehall St, 1 jusqu'à South Ferry)

Federal Hall

MUSÉE

8 PLAN P. 46, D6

Ce chef-d'œuvre de style néogrec abrite un musée consacré au New York postcolonial. Les expositions évoquent l'investiture de George Washington, les liens d'Alexander Hamilton avec la ville ou encore les combats de l'imprimeur John Peter Zenger qui, en 1734, fut emprisonné, jugé en diffamation puis relaxé pour avoir révélé dans son journal la corruption du gouvernement. Un centre d'information fournit des plans de la ville et des brochures. (212-825-6990 ; www.nps.gov/feha ; 26 Wall St, entrée libre ; 9h-17h lun-ven tte l'année, plus 9h-17h sam juil-oct ; S J/Z jusqu'à Broad St, 2/3, 4/5 jusqu'à Wall St)

Se restaurer

North End Grill

AMÉRICAIN $$$

9 PLAN P. 46, B4

Joli, chic et accueillant : le chef Danny Meyer revisite le grill américain en utilisant des produits de premier choix (dont des fines herbes et légumes cultivés sur le toit) pour élaborer des mets aux touches modernes, prisés d'une clientèle élégante et de quelques convives plus décontractés. (646-747-1600 ; www.northendgrillnyc.com ; 104 North End Ave, au niveau de Murray St ; plats déj 27-45 $, dîner 28-52 $; 11h30-22h lun-jeu, 11h30-22h30 ven, 11h-22h30 sam, fermé dim ; ; S 1/2/3, A/C jusqu'à Chambers St, E jusqu'à World Trade Center)

Bâtard

AMÉRICAIN MODERNE $$$

10 PLAN P. 46, C1

Le chef autrichien Markus Glocker dirige ce chaleureux restaurant étoilé, où la sobriété du décor fait porter l'attention sur la cuisine. Les saveurs et les textures s'équilibrent à la perfection dans le *branzino* (bar) croustillant aux tomates cerises, basilic et asperges, le risotto avec saucisse de lapin, brocoli *spigarello* et citron confit, ou encore le carpaccio de Saint-Jacques à la mousse d'avocat, citron vert, radis et sésame noir. (212-219-2777 ; www.batardtribeca.com ; 239 W Broadway, entre Walker St et White St ; 2/3/4 plats 58/75/85 $; 17h30-22h00 lun-mer, plus 17h30-22h30 jeu-sam ; S 1 jusqu'à Franklin St, A/C/E jusqu'à Canal St)

Locanda Verde

ITALIEN $$$

11 PLAN P. 46, B2

Derrière le rideau de velours, des clients élégants, en robe noire ou chemise habillée, et des barmans stylés, officiant derrière un long comptoir bondé. Cette brasserie prisée sert une cuisine moderne d'inspiration italienne : rigatoni maison et lapin *genovese* ou espadon grillé et *caponata* d'aubergine. Le brunch du week-end, non moins créatif, comporte notamment des scampis au gruau de maïs et des crêpes ricotta, citron et myrtilles. (☎212-925-3797 ; www.locandaverdenyc.com ; 377 Greenwich St, au niveau de Moore St ; plats déj 23-34 $, dîner 27-68 $; ⏰7h-23h lun-jeu, 7h-23h30 ven, 8h-23h30 sam, 8h-23h dim ; S A/C/E jusqu'à Canal St, 1 jusqu'à Franklin St)

Le District

FRANÇAIS $$$

12 PLAN P. 46, B5

La France est à l'honneur dans ce vaste espace restaurat on servant des pâtisseries, des tartines, du fromage ou des steaks-frites. Le restaurant **Beaubourg** propose une cuisine de brasserie. Pour manger sur le pouce, préférez le comptoir **Market District** pour un burger ou **Cafe District** pour une crêpe. (☎212-981-8588 ; www.ledistrict.com ; Brookfield Place, 225 Liberty St, au niveau de West St ; Market District plats 12-30 $, Beaubourg plats dîner 25-37 $; ⏰Beaubourg 7h30-23h lun-ven, 8h-23h sam et dim, comptoirs horaires variables ; 📶 ; S E jusqu'à World Trade Center, 2/3 jusqu'à Park Place, R/W jusqu'à Cortlandt St, 4/5 jusqu'à Fulton St, A/C jusqu'à Chambers St)

Arcade Bakery

BOULANGERIE $

13 PLAN P. 46, C2

Cette discrète adresse occupe le hall voûté d'un immeuble de bureaux des années 1920. Bons produits fraîchement préparés,

Le District

sandwichs originaux et, de 12h à 16h, petit choix de pizzas à pâte feuilletée garnies d'ingrédients tels que champignons, oignons caramélisés et fromage de chèvre. Les croissants aux amandes sont succulents. (☎212-227-7895 ; www.arcadebakery.com ; 220 Church St, entre Worth St et Thomas St ; pâtisseries à partir de 3 $, sandwichs 9 $, pizzas 9-13 $; ⌚8h-15h lun-mer ; S 1 jusqu'à Franklin St)

Two Hands AUSTRALIEN $$

14 PLAN P. 46, C2

Le mobilier bleu pâle et les briques blanchies donnent un look aéré et lumineux à ce café-restaurant moderne. La carte comprend des plats légers, comme du muesli, des toasts à l'avocat ou aux champignons, et un hamburger de style australien (avec fromage, œuf frit et betterave marinée). Délicieux café. (www.twohandsnyc.com ; 251 Church St, entre Franklin St et Leonard St ; déj et brunch plats 14-19 $; S 8h-17h tlj ; 🍸; S 1 jusqu'à Franklin St, N/Q/R/W, 6 jusqu'à Canal St)

Da Mikele PIZZAS $$

15 PLAN P. 46, C2

Dans un décor à mi-chemin entre l'Italie et Tribeca (métal gaufré, bois recyclé et Vespa rétro), succombez à la *dolce vita*, l'art de vivre à l'italienne, lors de l'*aperitivo* (17h-19h du lundi au vendredi) : un assortiment de mets à grignoter vous sera gracieusement servi avec votre verre. Quant aux pizzas, légères, cuites à la perfection, à la fois croustillantes et moelleuses, elles feraient pleurer de bonheur n'importe quel Napolitain. (☎212-925-8800 ; www.luzzosgroup.com/about-us-damikele ; 275 Church St, entre White St et Franklin St ; pizzas 17-21 $; ⌚12h-22h30 dim-mer, 12h-23h30 jeu-sam ; S 1 jusqu'à Franklin St, A/C/E, N/Q/R, J/Z, 6 jusqu'à Canal St)

Hudson Eats RESTAURATION RAPIDE $

16 PLAN P. 46, B5

Dans **Brookfield Place**, un ensemble de bureaux et de commerces rénové, voici un *food-court* chic et élégant : sol en granito, comptoir en marbre et baies vitrées avec vue sur Jersey City et l'Hudson. Plusieurs stands de restauration de qualité, comme Blue Ribbon Sushi, Umami Burger et Dos Toros Taqueria. (☎212-417-2445 ; www.brookfieldplaceny.com/directory/food ; Brookfield Place, 230 Vesey St, au niveau de West St ; plats à partir de 7 $; ⌚10h-21h lun-sam, 12h-19h dim ; 📶; S E jusqu'à World Trade Center, 2/3 jusqu'à Park Place, R/W jusqu'à Cortlandt St, 4/5 juqu'à Fulton St, A/C jusqu'à Chambers St)

Grand Banks PRODUITS DE LA MER $$

17 PLAN P. 46, A3

À bord du **Sherman Zwicker**, une goélette de 1942 ancrée dans l'Hudson, le chef Kerry Heffernan prépare des produits de la mer issus de pratiques durables, notamment des huîtres de l'Atlantique (essayez aussi le ceviche, les sandwichs au homard ou le crabe en mue). Une clientèle

South Street Seaport

Situé à l'est du Financ al District le long de l'Hudson, le South Street Seaport semble appartenir à un autre univers. Tirant grande fierté de son passé et de ses traditions maritimes, ce quartier aux rues pavées et aux bâtiments historiques offre des bars et restaurants sympathiques et décontractés et de nombreuses boutiques qui font le bonheur des amateurs de shopping.

Avant que l'ouragan Sandy ne frappe le secteur en 2012, les New-Yorkais ne s'y promenaient guère, préférant laisser aux touristes son ambiance commerçante artificielle, ses artistes de rue et ses restaurants médiocres et souvent bondés. Les travaux de rénovation et de réaménagement ont pris du temps, mais ont récemment connu un coup d'accélérateur. Au moment où nous préparons ce guide, l'ouverture d'un centre commercial de 4 niveaux sur le Pier 17, avec un vaste espace restauration et une salle de spectacle sur le toit, était annoncée pour 2019.

chic s'y retrouve après le travail ou le week-end ; un dîner tardif procure une vue imprenable sur le coucher du soleil. (☎212-660-6312 ; www.grandbanks.org ; Pier 25, près de N Moore St ; huîtres 3-4 $, plats 20-27 $; ⏲16h-minuit lun-ven, 10h-00H30 sam-dim avr-mai, 11h-00H30 lun-ven, 10h-00h30 sam-dim juin-oct ; Ⓢ1 jusqu'à Franklin St, A/C/E jusqu'à Canal St)

Prendre un verre

Dead Rabbit — BAR À COCKTAILS

18 PLAN P. 46, D7

Portant le nom d'un redoutable gang irlando-américain, ce bar est régulièrement classé parmi les meilleurs du monde. On savoure des bières spéciales, des punchs à l'ancienne et des *pop-inns* (bières aromatisées et légèrement houblonnées – différents parfums). Le soir, le confortable Parlor (salon), à l'étage, sert des cocktails très recherchés. Les employés de Wall Street viennent ici après le travail. (☎646-422-7906 ; www.deadrabbitnyc.com ; 30 Water St, entre Broad St et Coenties Slip ; ⏲bar 11h-4h, salon 17h-2h lun-sam, 17h-minuit dim ; ⓈR/W jusqu'à Whitehall St, 1 jusqu'à South Ferry)

Brandy Library — BAR À COCKTAILS

19 PLAN P. 46, C1

Les amateurs éclairés s'installeront dans l'un des fauteuils clubs de cette "bibliothèque" ultra-luxueuse face à des étagères garnies de bouteilles du sol au plafond : cognac, whisky pur malt ou vieux brandy. Excellent choix d'amuse-gueules tels que des gougères ou un délicieux tartare préparé à la demande. Pour un tête-à-tête, le samedi soir est plus calme que les soirs de semaine. (☎212-226-5545 ; www.brandylibrary.com ; 25 N Moore St, près de Varick St ; 🕑17h-1h dim-mer, 16h-2h jeu, 16h-4h ven et sam ; S 1 to Franklin St)

Bluestone Lane

CAFÉ

20 PLAN P. 46, D6

Pendant que le NYSE s'occupe de transactions boursières, son petit voisin australien sert un excellent café. Deuxième adresse d'une chaîne qui monte, ce petit établissement bourré d'objets rétro en provenance de Melbourne, dans l'angle d'un immeuble Art déco, attire des employés en costume-cravate et des Australiens nostalgiques en quête d'un bon **flat white** (sorte de latte). (☎646-684-3771 ; www.bluestonelaneny.com ; 30 Broad St, entrée dans New St ; 🕑7h-17h30 lun-ven, 8h-17h sam et dim ; S J/Z jusqu'à Broad St, 2/3, 4/5 jusqu'à Wall St)

Terroir Tribeca

BAR À VINS

21 PLAN P. 46, B2

Ce bar primé ravit les amateurs avec sa sélection soignée de crus à prix corrects couvrant aussi bien le Nouveau Monde que l'Europe, notamment des vins bio ou de petits producteurs. Rédigée d'une plume espiègle, la carte ne manquera pas d'amuser les anglophones. Le vaste choix de vins au verre permet de se lancer dans un tour du monde œnologique. Happy hour en début et en fin de soirée. (☎212-625-9463 ; www.wineisterroir.com ; 24 Harrison St,

Pier A Harbor House

au niveau de Greenwich St ; 16h-minuit lun et mar, 16h-1h mer-sam, 16-23h dim ; S 1 jusqu'à Franklin St)

Pier A Harbor House BAR

22 PLAN P. 46, C8

Après une importante rénovation, ce bar-restaurant spacieux, en plein sur le New York Harbor, a fière allure. Si le temps le permet, optez pour la terrasse au bord de l'eau, idéale pour boire une bière ou un cocktail maison avec ses bancs, ses parasols et sa vue sur la *skyline*. (212-785-0153 ; www.piera.com ; 22 Battery Pl, Battery Park ; 11h-minuit lun-mer, 11h-2h jeu-sam, 11h-minuit dim ; ; S 4/5 jusqu'à Bowling Green, R/W jusqu'à Whitehall St, 1 jusqu'à South Ferry)

Kaffe 1668 South CAFÉ

23 PLAN P. 46, C3

Un paradis pour amateurs de café, avec doubles cafetières Synesso produisant un merveilleux breuvage pure origine. Grande table collective où se côtoient employés de bureau et créatifs pianotant sur leurs ordinateurs portables. On peut aussi s'asseoir au sous-sol. (212-693-3750 ; www.kaffe1668.com ; 275 Greenwich St, entre Warren St et Murray St ; 6h30-21h lun-ven, 6h30-7h-21h sam et dim ; ; S A/C, 1/2/3 jusqu'à Chambers St)

Macao Trading Co BAR À COCKTAILS

24 PLAN P. 46, C1

Oubliez le bar/restaurant/tripot années 1940 (même si nous l'adorons !) pour rejoindre au rez-de-chaussée le "repaire d'opiomanes" (jeudi-samedi). La fusion sino-portugaise (tant dans les assiettes que dans les verres) en fait un endroit de choix pour prendre un verre ou grignoter en fin de soirée. (212-431-8642 ; www.macaonyc.com ; 311 Church St, entre Lispenard St et Walker St ; bar 17h-2h dim-mer, 17h-4h jeu-sam ; S A/C/E jusqu'à Canal St)

Weather Up BAR À COCKTAILS

25 PLAN P. 46, C3

À la fois chic et décontracté. Carrelage style métro faiblement éclairé, personnel aimable et cocktails séduisants forment un trio ensorceleur. Demandez un Fancy Free (bourbon, maraschino, orange et bitter Angostura) ou optez pour un plat, comme les huîtres ou le steak tartare. Il existe une annexe à Brooklyn, dans **Prospect Heights** (www.weatherupnyc.com ; 589 Vanderbilt Ave, au niveau de Dean St, Prospect Heights ; 17h30-2h tlj). (212-766-3202 ; www.weatherupnyc.com ; 159 Duane St, entre Hudson St et W Broadway ; 17h-1h lun-sam, 17h-22h dim ; S 1/2/3 jusqu'à Chambers St)

Cowgirl SeaHorse BAR

26 PLAN P. 46, F4

Au milieu d'un océan de bars et restaurants sérieux, le Cowgirl SeaHorse séduit par sa fantaisie, sa déco nautique et son excellente cuisine de bistro (gigantesques assiettes de nachos surmontés de viande, margaritas à l'irrésistible saveur sucrée et acidulée). Idéal pour une pause détente. (212-608-7873 ; www.cowgirlseahorse.com ; 259 Front St, au niveau de Dover St ; 11h-23h lun-jeu, 11h-tard ven, 10h-tard sam, 10h-23h dim ; S A/C, J/Z, 2/3, 4/5 jusqu'à Fulton St)

Sortir

Flea Theater

THÉÂTRE

27 PLAN P. 46, C3

Parmi les meilleures compagnies du Broadway alternatif (*off-off-Broadway*), le Flea propose un théâtre innovant et actuel. Ses nouveaux locaux comptent trois scènes, dont l'une porte le nom de Sigourney Weaver, qui a fréquenté ces planches. On peut aussi voir des spectacles de musique et de danse et des productions pour enfants (à partir de 5 ans). En fin de soirée, des comédiens s'affrontent par équipes dans de courtes pièces de 10 minutes. (billets 212-226-0051 ; www.theflea.org ; 20 Thomas St, entre Church St et Broadway ; ; S A/C, 1/2/3 jusqu'à Chambers St, R/W jusqu'à City Hall)

Soho Rep

THÉÂTRE

28 PLAN P. 46, C1

L'une des meilleures compagnies off-Broadway de New York séduit le public et la critique avec sa production annuelle de pièces novatrices et inspirées. Allison Janney, Ed O'Neill et John C. Reilly y ont fait leurs débuts et les productions ont reçu plus de douze Obie (off-Broadway) Awards. Pour connaître la programmation, voyez le site Internet. (Soho Repertory Theatre ; 212-941-8632 ; www.sohorep.org ; 46 Walker St, entre Church St et Broadway ; S A/C/E, 1 jusqu'à Canal St)

Billets à prix réduits

Vous cherchez des billets à prix réduits pour Broadway ? Optez pour le **kiosque TKTS** (plan p. 46, E5 ; www.tdf.org ; angle Front St et John St ; 11h-18h lun-sam, 11h-16h dim ; S A/C, 2/3, 4/5, J/Z jusqu'à Fulton St, R/W jusqu'à Cortlandt St) de South Street Seaport plutôt que pour celui de Times Square. Il y a un peu moins de monde et on peut acheter des places pour le spectacle en matinée du lendemain (chose impossible à Times Sq). L'application TKTS pour smartphone indique les disponibilités en temps réel.

City Vineyard

MUSIQUE LIVE

29 PLAN P. 46, A2

Ce bar-restaurant au bord de l'eau possède une petite salle de 233 places qui accueille des concerts tous les soirs. Au programme : jeunes chanteurs-interprètes, superstars du folk et parfois groupes de rock indé. Suzanne Vega, Squirrel Nut Zippers, Shawn Colvin, Robyn Hitchcock, Los Lobos, Aimee Mann, Billy Bragg et Yo La Tengo se sont produits ici. (www.citywinery.com ; Pier 26, près de N Moore St ; S 1 jusqu'à Franklin St, A/C/E jusqu'à Canal St)

Shopping

Philip Williams Posters VINTAGE

30 PLAN P. 46, C3

Vous trouverez plus d'un demi-million d'affiches dans cette caverne d'Ali Baba, des publicités pour des parfums et du cognac français ou pour des compagnies aériennes américaines aux affiches de films soviétiques. Les prix vont de 15 $ pour une petite reproduction à plusieurs milliers de dollars pour un original rare, comme un A. M. Cassandre. Une seconde entrée se trouve au 52 Warren St. (212-513-0313 ; www.postermuseum.com ; 122 Chambers St, entre Church St et W Broadway ; 10h-19h lun-sam ; S A/C, 1/2/3 jusqu'à Chambers St)

Pearl River Mart GRAND MAGASIN

31 PLAN P. 46, D1

Ouvert depuis 40 ans, Pearl River regorge d'un incroyable mélange de babioles, objets ménagers, vêtements et accessoires : pyjamas en soie pour hommes, robes *cheongsam*, vaisselle japonaise bleu et blanc, gadgets pour la cuisine, lanternes en papier, coffrets origami et calligraphie, bambous en pot et innombrables figurines de chats porte-bonheur. Parfait pour des cadeaux. (212-431-4770 ; www.pearlriver.com ; 395 Broadway, au niveau de Walker St ; 10h-19h20 ; S N/Q/R/W, J/M/Z, 6 jusqu'à Canal St)

Cowgirl SeaHorse (p. 57)

ROBERT BALKOVICH/LONELY PLANET ©

Shinola — MODE ET ACCESSOIRES

32 PLAN P. 46, B2

Cette marque de Detroit, bien connue pour ses montres, propose ici une formidable sélection d'articles *made in USA* : housses pour iPad, couvertures de carnet et trousses en cuir, bijoux ou encore vélos en édition limitée avec sacoches personnalisées. Les objets en cuir sont marqués gratuitement de vos initiales. Le lieu abrite aussi un bar à expressos. (917-728-3000 ; www.shinola.com ; 177 Franklin St, entre Greenwich St et Hudson St ; 11h-19h lun-sam, 12h-18h dim ; S 1 jusqu'à Franklin St)

Shopping à la new-yorkaise

Pour les fashionistas au budget serré, l'immense magasin à prix cassés **Century 21** (plan p. 46, C5 ; 212-227-9092 ; www.c21stores.com ; 22 Cortlandt St, entre Church St et Broadway ; 7h45-21h lun-mer, 7h45-21h30 jeu et ven, 10h-21h sam, 11h-20h dim ; S A/C, J/Z, 2/3, 4/5 jusqu'à Fulton St, R/W jusqu'à Cortlandt St) est hautement addictif. Il faut parfois affronter la mêlée pour pouvoir s'approcher des présentoirs. Tout n'est pas forcément intéressant, mais la patience finit par payer. On trouve aussi des accessoires, des chaussures, des produits de beauté et des articles pour la maison.

Pasanella & Son — VINS

33 PLAN P. 46, F5

Ce caviste compétent dispose de 400 vins aussi inspirés qu'abordables, essentiellement de petits producteurs, dont quelques viticulteurs biodynamiques et biologiques. Dégustation gratuite le dimanche, et dégustations thématiques de vins et fromages toute l'année. Vaste choix de whiskys américains. (212-233-8383 ; www.pasanellaandson.com ; 115 South St, entre Peck Slip et Beekman St ; 12h-21h lun-sam, 12h-19h dim ; S A/C, J/Z, 2/3, 4/5 jusqu'à Fulton St, R/W jusqu'à Cortlandt St)

Bowne & Co Stationers — CADEAUX ET SOUVENIRS

34 PLAN P. 46, E5

À South Street Seaport (p. 55), ce magasin fondé au XVIIIe siècle vend des reproductions d'affiches anciennes de New York, des carnets, des trousses, des timbres, etc. Son **imprimerie** fabrique des cartes de visite personnalisées ; des ateliers sont organisés chaque mois pour s'initier au métier. Plus de détails sur la page "Events" du site Web du **South Street Seaport Museum**. (646-628-2707 ; www.southstreetseaportmuseum.org ; 211 Water St, entre Beekman St et Fulton St ; 11h-19h ; b2/3, 4/5, A/C, J/Z jusqu'à Fulton St)

Bowne & Co Stationers

CityStore

CADEAUX ET SOUVENIRS

35 PLAN P. 46, D3

Vous trouverez ici toutes sortes de souvenirs de New York : des plaques de taxis, des dessous de verre façon plaques d'égout, des T-shirts bien sûr, des casquettes NYPD, des panneaux de métro, des livres… et, plus insolites, des ouvrages sur les normes locales d'urbanisme et autres réglementations. (212-386-0007 ; www.nyc.gov/citystore ; North Plaza, Municipal Bldg, 1 Centre St, au niveau de Chambers St ; 10h-17h lun-ven ; S 4/5/6 jusqu'à Brooklyn Bridge-City Hall, R/W jusqu'à City Hall, J/Z jusqu'à Chambers St)

Best Made Company

MODE ET ACCESSOIRES

36 PLAN P. 46, C1

Cette boutique/atelier de design vend de quoi préparer votre prochaine sortie camping : hachettes fabriquées à la main, sacs de voyage en cuir, lunettes de soleil, tasses en émail, jeux de fléchettes et trousses de premier secours, souvent marqués d'un "X", le logo maison. Quelques beaux vêtements pour hommes, comme des chemises en flanelle, des sweat-shirts ou encore des lainages Dehen Knitting Mills, faits à Portland. (646-478-7092 ; www.bestmadeco.com ; 36 White St, au niveau de Church St ; 12h-19h lun-sam, 11h-19h sam, 11h-18h dim ; S A/C/E jusqu'à Canal St, 1 jusqu'à Franklin St)

福華傢俬
60號怡豐商場
怡丰商場

Explorer
SoHo et Chinatown

Leurs boutiques, bars et restaurants font de SoHo (South of Houston), NoHo (North of Houston) et Nolita (North of Little Italy) des quartiers parmi les plus en vue de Manhattan. Au sud s'étendent la trépidante Chinatown et ce qui reste de Little Italy. Entre les bâtiments à façade en fonte, les accros du shopping arpentant les rues et les vitrines où se balancent canards rôtis et salamis, cette partie de la ville est délicieusement hétéroclite.

Le matin, flânez dans les rues commerçantes de Chinatown (p. 68) et arrêtez-vous à Columbus Park (p. 69) pour observer les habitants. Remontez le temps au Merchant's House Museum (p. 68) ou respirez l'odeur grisante de la New York Earth Room (p. 69). Déjeunez à Nom Wah Tea Parlor (p. 73) ou à Prince Street Pizza (p. 71) et dégustez une glace crémeuse à M'O (p. 73). Fouillez dans les vêtements vintage de Resurrection (p. 79) ou découvrez de nouveaux talents de la mode chez Opening Ceremony (p. 78). Pour le dîner, optez pour des saveurs locales à Il Buco (p. 72) ou à Xi'an Famous Foods (p. 72) ; sinon, essayez la cuisine fusion de Chefs Club (p. 72). Sirotez un cocktail au Pegu Club (p. 75) ou à Apothéke (p. 74) et finissez la soirée au Joe's Pub (p. 77) devant un concert ou un spectacle de cabaret ou d'humour.

Comment y aller

S Des lignes J/Z, N/Q/R/W et 6 desservent Canal St ; de là, le mieux est d'explorer le quartier à pied.

Évitez de prendre le taxi, surtout à Chinatown, car la circulation y est très dense. Pour SoHo, demandez au taxi de vous déposer dans Broadway.

Plan du quartier p. 66

Promenade à pied

Les artisans de SoHo

Les amateurs de shopping du monde entier rêvent de Soho, de ses nombreux flagship stores *(magasin amiral) où se pavanent les fashionistas, attirées par les marques en vue. Mais le quartier dévoile aussi une autre facette, incarnée par de talentueux artisans et des entreprises indépendantes, à l'origine de boutiques du quartier, uniques et inspirantes. Alors, cap sur le meilleur du made in Soho !*

Itinéraire

Départ Café Integral ; **S** N/Q/R, J/Z, 6 jusqu'à Canal St

Arrivée McNally Jackson ; **S** N/R jusqu'à Prince St, 6 jusqu'à Spring St

Distance et durée 2 km ; 2 ou 3 heures en fonction des arrêts

❶ Une boutique pure origine

Commencez par un café au **Café Integral** (☎646-801-5747 ; www.cafeintegral.com ; 149 Elizabeth St, entre Broome St et Kenmare St ; ⌚7h-17h lun-ven, 8h-18h sam et dim). Ajoutez un croissant et vous voilà prêt pour la balade.

❷ Un tiramisu à se damner

Le **Ferrara Cafe & Bakery** (☎212-226-6150 ; www.ferraranyc.com ; 195 Grand St, entre Mulberry St et Mott St ; pâtisseries 7-9 $; ⌚8h-minuit, 8h-1h ven et sam) propose un vaste choix de douceurs, ne manquez surtout pas son extraordinaire tiramisu (à manger sur place).

❸ Le jean parfait

Trouvez le jean de vos rêves chez **3x1** (☎212-391-6969 ; www.3x1.us ; 15 Mercer St, entre Howard St et Grand St ; ⌚11h-19h lun-sam, 12h-18h dim). Choisissez la longueur et le tissu, personnalisez la coupe... ou créez votre pantalon de A à Z !

❹ Art moderne

Cette annexe du très prisé **MoMA Design Store** (☎646-613-1367 ; http://store.moma.org ; 81 Spring St, au niveau de Crosby St ; ⌚10h-20h lun-sam, 11h-19h dim) vend des cadeaux, des souvenirs et des vêtements originaux. Skate-boards, mah-jong ou couverts : faites votre choix.

❺ Culture à l'angle de la rue

On doit l'œuvre sur le trottoir à l'angle nord-ouest de Prince St et de Broadway à Ken Hiratsuka, artiste d'origine japonaise qui en a réalisé près de quarante similaires depuis son installation à New York en 1982. Si l'œuvre ne lui a demandé que 5 heures effectives de travail, il lui a fallu 2 ans pour la réaliser (1983-1984), la police étant souvent venue le déranger au cours de son activité nocturne.

❻ Délices gourmands

New York adore les épiceries fines et **Dean & DeLuca** (☎212-226-6800 ; www.deananddeluca.com ; 560 Broadway, au niveau de Prince St ; pâtisseries à partir de 3 $, sandwichs 11 $; ⌚7h-21h lun-ven, 8h-21h sam et dim) est l'une des meilleures. Un petit creux ? Craquez pour les *quesadillas* ou les croissants aux amandes.

❼ Fragrance Flights

Pénétrez dans cette drôle de boutique d'apothicaire qu'est **MiN New York** (☎212-206-6366 ; www.min.com ; 117 Crosby St, entre Jersey St et Prince St ; ⌚11h-19h mar-sam, 12h-18h lun et dim) et demandez un *fragrance flight* ("vol des fragrances"). On vous fera découvrir gratuitement l'extraordinaire collection de parfums du lieu.

❽ Halte culturelle

McNally Jackson (plan p. 66, E4 ; ☎212-274-1160 ; www.mcnallyjackson.com ; 52 Prince St, entre Lafayette St et Mulberry St ; ⌚10h-22h lun-sam, 10h-21h dim), l'une des librairies indépendantes les plus appréciées de la ville, propose des revues savantes et des livres, et son café est parfait pour se requinquer après la promenade.

A
B
C
D
E
F
1
2
3
4
W 4th St-Washington Sq
W 4th St
W 3rd St
Great Jones St
Bond St
Bleecker St
E 4th St
E 3rd St
E 2nd St
E 1st St
2nd Ave
Second Ave
Fourth Ave
Bowery
NOHO
EAST VILLAGE
GREENWICH VILLAGE
New York University
Carmine St
Downing St
Sixth Ave (Avenue of the Americas)
MacDougal St
Sullivan St
Thompson St
LaGuardia Pl
Mercer St
Broadway
Lafayette St
26
25
2 Merchant's House Museum
32
12
18
W Houston St
Film Forum
King St
Charlton St
Vandam St
Varick St
Spring St
22
5 New York Earth Room
Prince St
24
27
16
W Broadway
3 Broken Kilometer
SOHO
Crosby St
Broadway-Lafayette St
E Houston St
Jersey St
Mulberry St
Mott St
Elizabeth St
11
10
33
NOLITA
21
International Center of Photography Museum
7
Stanton St
Chrystie St
Rivington St
Sara D Roosevelt Park
17

Nos adresses
Voir p. 68
Se restaurer p. 71
Prendre un verre p. 74
Sortir p. 77
Shopping p. 77
0 200 m
0 0,1 mile
Dominick St
Broome St
Watts St
Wooster St
Greene St
Mercer St
Grand St
Canal St
Vestry St
Hudson St
Laight St
St Johns La
Sixth Ave (Ave of the Americas)
Hudson Square
Hubert St
Franklin St
W Broadway
Church St
Lispenard St
Walker St
White St
Leonard St
Broadway
Cortlandt Al
Lafayette St
Howard St
Centre St
Baxter St
Mulberry St
Hester St
Cleveland Pl
Center Market Pl
Kenmare St
Bowery
E izabeth St
Mott St
Bayard St
Pell St
Doyers St
Mosco St
Hogan Pl
Columbus Park
Confucius Plaza
8 Drawing Center
4 Leslie-Lohman Museum of Gay & Lesbian Art
Old Police Headquarters
Italian American Museum
6 Museum of Chinese in America
Chinatown 1
LITTLE ITALY
CHINATOWN
31
23
14
30
29
28
19
13
9
15
20
A
B
C
D
E
F
5
6
7
8

Voir

Chinatown

QUARTIER

1 PLAN P. 66, F8

Parcourir les rues du quartier le plus dense et le plus coloré de Manhattan est toujours une expérience unique. Observez les temples et les boutiques, humez le parfum des kakis, écoutez les tuiles de mah-jong claquer sur des tables de fortune, regardez les canards rôtis suspendus dans les vitrines et achetez tous les articles imaginables, lanternes en papier de riz, montres de contrefaçon, démonte-pneus ou encore noix de muscade. Bienvenue dans la plus grande communauté chinoise du pays ! (www.explorechinatown.com ; au sud de Broome St et à l'est de Broadway ; S N/Q/R/W, J/Z, 6 jusqu'à Canal St, B/D jusqu'à Grand St, F jusqu'à East Broadway)

Merchant's House Museum

MUSÉE

2 PLAN P. 66, E1

Bâtie en 1832 et acquise en 1835 par le négociant Seabury Tredwell, cette maison en brique rouge reste la demeure de style fédéral la plus authentique de la ville. On y découvre autant le passé marchand de la ville que l'ameublement typique du XIXe siècle, dans sa version la plus luxueuse : lustres en bronze, cheminées en marbre et élégantes chaises de salon attribuées au célèbre ébéniste Duncan Phyfe. Le système de sonnettes pour appeler les domestiques

Parade du nouvel an à Chinatown

PHOTO SPIRIT/SHUTTERSTOCK ©

fonctionne encore. (☎212-777-1089 ; www.merchantshouse.org ; 29 E 4th St, entre Lafayette St et Bowery, NoHo ; adulte/enfant 15 $/gratuit ; ⌚12h-17h ven-lun, 12h-20h jeu, visite guidée 14h jeu-lun et 18h30 jeu ; S 6 jusqu'à Bleecker St ; B/D/F/M jusqu'à Broadway-Lafayette St)

Broken Kilometer GALERIE

3 PLAN P. 66, B4

Cette installation de 1979 créée par feu l'artiste américain Walter De Maria occupe une vaste salle au rez-de-chaussée d'une galerie de SoHo. Elle se compose de 500 tiges de laiton disposées au sol sur 5 rangées parallèles, l'espace entre deux tiges augmentant à chaque fois de 5 mm. Le résultat brouille notre perception de l'espace : les tiges semblent espacées de manière égale, alors que les dernières sont à 60 centimètres les unes des autres. Photos interdites. (☎212-989-5566 ; www.diaart.org ; 393 W Broadway, entre Spring St et Broome St, SoHo ; entrée libre ; ⌚12h-15h et 15h30-18h mer-dim, fermé mi-juin à mi-sept ; S N/R jusqu'à Prince St, C/E jusqu'à Spring St)

Leslie-Lohman Museum of Gay & Lesbian Art MUSÉE

4 PLAN P. 66, C6

Le premier musée LGBT du monde, agrandi en 2017, présente chaque année 6 à 8 expositions consacrées à des artistes américains ou étrangers. Il a ainsi accueilli des rétrospectives d'artistes et des programmes prenant par exemple pour thème l'art et le sexe sur le front de mer new-yorkais. La plupart des œuvres présentées proviennent du fonds de l'institution (qui en compte plus de 24 000). Également : lectures, projections et spectacles *queer*. Consultez le site pour les dernières infos. (☎212-431-2609 ; www.leslielohman.org ; 26 Wooster St, entre Grand St et Canal St, Little Italy ; don suggéré 9 $; ⌚12h-18h mer et ven-dim, 12h-20h jeu ; S A/C/E, N/Q/R, 1 jusqu'à Canal St)

Columbus Park

Joueurs de mah-jong, pratiquants de tai-chi et vieilles dames papotant autour de raviolis chinois... si cette oasis de verdure évoque Shanghai, **Columbus Park** (plan p. 66, E8 ; Mulberry St et Bayard St, Chinatown ; S J/Z, N/Q/R, 6 to Canal St) constitue pourtant le cœur historique de New York. Au XIXe siècle, le parc faisait partie de Five Points, un quartier mal famé qui abritait les premiers logements collectifs de la ville et a inspiré le film *Gangs of New York*, de Martin Scorsese.

New York Earth Room GALERIE

5 PLAN P. 66, C3

Depuis 1980, cette œuvre de l'artiste Walter De Maria séduit les curieux avec quelque chose qu'on trouve difficilement en ville : de la terre ! 191 m³, soit 127 tonnes de terre pour être précis. Circuler dans ce petit espace est une expérience grisante, l'odeur donnant l'impression d'entrer dans une forêt humide. La vue d'une terre aussi belle et pure au milieu de la frénésie urbaine est particulièrement émouvante. (☎212-989-5566 ; www.earthroom.org ; 141 Wooster St, entre Prince St et W Houston St, SoHo ; entrée libre ; ⏲12h-15h et 15h30-18h mer-dim ; S N/R jusqu'à Prince St)

Museum of Chinese in America

MUSÉE

6 ◉ PLAN P. 66, E6

Dans un espace conçu par l'architecte Maya Lin, qui a aussi créé le fameux Vietnam Veterans Memorial à Washington, des expositions permanentes et temporaires présentent la vie passée et actuelle des Sino-Américains à travers de multiples bornes interactives, cartes, tableaux chronologiques, photos, lettres, films et objets. La principale exposition permanente, *With a Single Step: Stories in the Making of America*, traite de l'immigration, de l'identité culturelle et des stéréotypes raciaux. (MOCA ; ☎212-619-4785 ; www.mocanyc.org ; 215 Centre St, entre Grand St et Howard St, Chinatown ; adulte/enfant 10/7 $, 1er jeudi du mois gratuit ; ⏲11h-18h mar-mer et ven-dim, 11h-21h jeu ; S N/Q/R/W, J/Z, 6 jusqu'à Canal St)

International Center of Photography Museum

MUSÉE

7 ◉ PLAN P. 66, F3

Haut lieu de la photographie à New York, l'ICP met l'accent sur le photojournalisme, avec des expositions temporaires sur des thèmes variés. On a ainsi pu voir des œuvres de Sebastião Salgado, Henri Cartier-Bresson, Man Ray et Robert Capa. Ses nouveaux locaux de 1 000 m² dans le Bowery, inaugurés en 2016 (le musée se trouvait auparavant à Midtown), le rapprochent du cœur de la scène artistique new-yorkaise. (ICP ; ☎212-857-0003 ; www.icp.org ; 250 Bowery, entre Houston St et Prince St, Nolita ; adulte/enfant 14 $/gratuit, don libre jeu 18h-21h ; ⏲10h-18h mar-dim, 10h-21h jeu ; S F jusqu'à 2nd Ave, J/Z jusqu'à Bowery)

Drawing Center

MUSÉE

8 ◉ PLAN P. 66, C5

Le Drawing Center est le seul institut du pays à but non lucratif exclusivement consacré au dessin. Des œuvres d'artistes célèbres ou inconnus illustrent les différents styles. On a ainsi pu découvrir le travail de Michel-Ange, James Ensor, Marcel Duchamp ou, plus contemporain, Richard Serra, Ellsworth Kelly et Richard Tuttle. Les pièces exposées vont du dessin d'humour à l'œuvre engagée. (☎212-219-2166 ; www.drawingcenter.org ; 35 Wooster St, entre Grand St et Broome St, SoHo; adulte/enfant 5 $/gratuit ; ⏲12h-18h mer et ven-dim, 10h-20h jeu S A/C/E, 1, N/Q/R jusqu'à Canal St)

Se restaurer

Peking Duck House CHINOIS $$$

9 PLAN P. 66, F8

Ce restaurant, extrêmement réputé pour son canard laqué, propose plusieurs menus incluant cette spécialité maison. Plus chic que certains établissements chinois, il est parfait pour un dîner en amoureux. Goûtez donc sans faute le fameux canard laqué, moelleux à souhait et à la peau croustillante, servi avec des crêpes, des oignons blancs et de la sauce. (212-227-1810 ; www.pekingduckhousenyc.com ; 28a Mott St, Chinatown ; canard laqué 45 $/pers ; 11h30-22h30 dim-jeu, 11h45-23h ven et sam ; S J/Z jusqu'à Chambers St, 6 jusqu'à Canal St)

Prince Street Pizza PIZZAS $

10 PLAN P. 66, E3

Le four fonctionne à plein régime et les murs de briques sont tapissés de photos de vedettes venues manger ici. Oubliez la classique part triangulaire au fromage et choisissez-en une carrée (celle aux *pepperoni* est à tomber). Les sauces, la mozzarella et la ricotta sont maison. La file d'attente est parfois longue mais elle avance vite. (212-966-4100 ; 27 Prince St, entre Mott St et Elizabeth St, Nolita ; parts de pizza à partir de 2,95 $; 11h45-23h dim-jeu, 11h45-2h ven et sam ; S N/R jusqu'à Prince St, 6 jusqu'à Spring St)

Manger à Chinatown

Le mieux pour les néophytes est de découvrir Chinatown à travers sa cuisine. Plus que partout ailleurs à Manhattan, on trouve ici des restaurants incroyablement bon marché où le cadre, la réputation et le renom n'ont pas d'influence sur les prix et où l'on sert des recettes de famille transmises au fil des générations et des continents. L'Amérique n'a rien changé à la présentation des produits ni à leur préparation ; on voit souvent dans les devantures diverses viandes laquées – en particulier poulet, lapin et canard – qui attendent d'être servies lors d'un banquet familial. Sur les trottoirs, des étals fumants vendent de petites brioches fourrées au porc et d'autres gourmandises à grignoter. Entrez dans un restaurant avec quelques amis, commandez plusieurs plats et piochez dans chacun d'eux ; au moment de l'addition, vous vous demanderez s'il ne manque pas un zéro sur la note... Enfin, n'oubliez pas de flâner dans les petites rues pour trouver l'assortiment coloré d'épices et d'herbes qui donneront du peps à vos recettes.

Chefs Club

FUSION $$$

11 PLAN P. 66, E3

Dans un bâtiment qui sert de cadre à la série télé *Will & Grace*, le Chefs Club est un établissement d'exception : aux fourneaux se succèdent des chefs invités qui, pendant 3 semaines à 3 mois, préparent leurs meilleures spécialités en composant une carte qui couvre toutes les saveurs du globe. (212-941-1100 ; www.chefsclub.com ; 275 Mulberry St, Nolita ; plats 15-68 $; 18h-22h30 lun-jeu, 18h-23h30 ven et sam)

Il Buco

ITALIEN $$$

12 PLAN P. 66, E2

Difficile de résister au charme de ce restaurant décoré de casseroles en cuivre, de lampes à pétrole et de meubles anciens, où on sert des plats de saison raffinés, comme la *burrata* (fromage italien) du Vermont à l'essence de céleri, piment serrano, aubergine japonaise croustillante et *bottarga di muggine* (poutargue de mulet), ou le contrefilet de bœuf rôti lentement aux choux de Bruxelles, marmelade d'oignons et copeaux de gorgonzola. (212-533-1932 ; www.ilbuco.com ; 47 Bond St, entre Bowery et Lafayette St, Nolita ; plats 24-40 $; 12h-23h lun-jeu, 12h-minuit ven et sam, 17h-22h30 dim ; S B/D/F/M jusqu'à Broadway-Lafayette St, 6 jusqu'à Bleecker St)

Xi'an Famous Foods

CHINOIS $

13 PLAN P. 66, F8

Les blogueurs passionnés de cuisine salivent à la seule mention

Dominique Ansel Bakery

des nouilles maison de cette petite chaîne de restaurants. L'autre star du lieu est le burger à l'agneau et au cumin (de tendres morceaux d'agneau sautés avec du cumin, des graines de piment grillées, des poivrons longs et des oignons rouges et blancs). (www.xianfoods.com ; 45 Bayard St, entre Elizabeth St et Bowery, Chinatown ; plats 3-12 $; 11h30-21h dim-jeu, 11h30-21h30 ven et sam ; S N/Q/R/W, J/Z, 6 jusqu'à Canal St, B/D jusqu'à Grand St)

M'O

GLACES $

14 PLAN P. 66, E5

Les glaces onctueuses de ce petit établissement régalent les papilles. Certains parfums conviennent aux végans, comme la mangue fraîche et le chocolat noir. Si vous avez plutôt besoin de vous réchauffer, prenez des *cannoli* siciliens crémeux, des *biscotti* et une *tazza* de café. (212-226-6758 ; www.mogelato.com ; 178 Mulberry St, au niveau de Broome St ; glaces à partir de 4,75 $; 12h-00h30 ; S B/D jusqu'à Grand St, J/Z jusqu'à Bowery)

Nom Wah Tea Parlor

CHINOIS $

15 PLAN P. 66, F8

Dans une petite allée, cet établissement aux allures de *diner* est le plus vieux restaurant de *dim sum* de New York. Installez-vous à une table, sur une banquette rouge ou sur un tabouret au comptoir et choisissez parmi les mets alléchants (et souvent gras) présentés sur des chariots roulants. (212-962-6047 ; www.nomwah.com ; 13 Doyers St, Chinatown ; dim sum à partir de 3,75 $; 10h30-21h dim-jeu, 10h30-22h ven et sam ; S J/Z jusqu'à Chambers St, 4/5/6 jusqu'à Brooklyn Bridge-City Hall)

Dominique Ansel Bakery

BOULANGERIE $

16 PLAN P. 66, B4

L'une des meilleures pâtisseries de New York, célèbre pour son *cronut* (croisement entre le croissant et le donut), vaut aussi le détour pour son kouign-amann, ses tartes aux fruits et son Paris-New York, sorte de Paris-Brest au chocolat, caramel et beurre de cacahuète. Pour goûter un *cronut*, venez bien avant l'ouverture, car on se les arrache. (212-219-2773 ; www.dominiqueansel.com ; 189 Spring St, entre Sullivan St et Thompson St, SoHo ; desserts 6-7 $; 8h-19h lun-jeu, 8h-20h ven-sam, 9h-19h dim ; S C/E jusqu'à Spring St)

Uncle Boons

THAÏLANDAIS $$

17 PLAN P. 66, F4

Uncle Boons sert une cuisine étoilée dans un décor décalé fait de panneaux de bois rétro, d'affiches de films thaïlandais et de vieilles photos de famille. Plats pleins de caractère, classiques ou plus modernes, comme le croustillant *mieng kum* (feuille de bétel fourrée au gingembre, citron vert, noix de coco grillée, crevette séchée, cacahuètes et piment), le *kao pat puu* (riz frit au crabe) et la salade aux fleurs de bananier. (646-370-6650 ; www.uncleboons.com ; 7 Spring St, entre Elizabeth St et Bowery, Nolita ; petites assiettes 12-16 $, grandes assiettes 21-29 $; 17h30-23h dim-jeu, 17h30-minuit ven et sam ; ; S J/Z jusqu'à Bowery, 6 jusqu'à Spring St)

Prendre un verre

Ghost Donkey
BAR

18 PLAN P. 66, E2

Décontracté, hippy et bohème, ce bar élégant baigne dans une ambiance façon mille et une nuits matinée de Mexique et de Far West : lumières tamisées, décor aux tons roses et canapés garnis de coussins disposés autour de tables basses. On sert ici d'excellents cocktails (essayez la margarita glacée maison). (212-254-0350 ; www.ghostdonkey.com ; 4 Bleecker St, NoHo ; 17h-2h ; S 6 jusqu'à Bleecker St, B/D/F/M jusqu'à Broadway-Lafayette St)

Genuine Liquorette
BAR À COCKTAILS

19 PLAN P. 66, E6

Comment ne pas aimer ce bar en sous-sol, son animation, ses cocktails en cannette et ses toilettes tapissées de photos de Farrah Fawcett ? On peut même choisir ses bouteilles et jouer du shaker pour préparer soi-même sa boisson. La patronne, Ashlee, invite régulièrement les meilleurs barmen de New York à créer des mélanges à base d'alcools peu connus. (212-726-4633 ; www.genuineliquorette.com ; 191 Grand St, au niveau de Mulberry St, Little Italy ; 18h-minuit mar et mer, 18h-2h jeu-sam ; S J/Z, N/Q/R/W, 6 jusqu'à Canal St, B/D jusqu'à Grand St)

Apothéke
BAR À COCKTAILS

20 PLAN P. 66, F8

Cet ancien repaire d'opiomanes de Doyers St transformé en "bar-pharmacie" n'est pas des plus faciles à trouver. Ses barmen habiles, tels de méticuleux chimistes, concoctent des remèdes savoureux, à base de produits locaux et bio de saison. Les proportions sont parfaites, tel le mélange ananas-coriandre du Sitting Buddha, l'un des succès de la maison. (212-406-0400 ; www.apothekenyc.com ; 9 Doyers St, Chinatown ; 18h30-2h lun-sam, 20h-2h dim ; S J/Z jusqu'à Chambers St, 4/5/6 jusqu'à Brooklyn Bridge-City Hall)

Spring Lounge
BAR

21 PLAN P. 66, E4

Rebelle, le Spring Lounge l'a toujours été. Pendant la Prohibition, il débitait la bière au seau. Dans les années 1960, son sous-sol servait de tripot. Aujourd'hui, ce bar d'habitués est surtout connu pour ses requins empaillés et ses fêtes ouvertes à tous, qui durent jusqu'au bout de la nuit. Les boissons bon marché et les en-cas gratuits (hot dogs le mercredi dès 17h, bagels le dimanche dès 12h) garantissent l'ambiance. (212-965-1774 ; www.thespringlounge.com ; 48 Spring St, au niveau de Mulberry St, Nolita ; 8h-4h lun-ven, à partir de 12h dim ; S 6 jusqu'à Spring St, R/W jusqu'à Prince St)

Little Italy

Ces 50 dernières années, Little Italy a beaucoup perdu de sa superficie et de son caractère. Dans les années 1950, l'exode vers les faubourgs de Brooklyn et au-delà a vu cet ancien bastion italien se muer en micro-caricature de lui-même. Aujourd'hui, les restaurants italiens les plus authentiques se trouvent le long d'Arthur Ave, dans le Bronx. Néanmoins, il vaut encore la peine de se balader dans Little Italy pour découvrir des immeubles d'habitation typiques du XIXe siècle et s'offrir une part de pizza fraîchement cuite, un cornet de glace ou un délicieux tiramisu.

Mulberry Street

Aujourd'hui, le quartier se concentre principalement autour de **Mulberry Street** (Little Italy ; S N/Q/R, J/Z, 6 jusqu'à Canal St, B/D jusqu'à Grand St), charmante artère kitsch où dominent les nappes vichy, les airs de mandoline et la nostalgie du vieux pays. Dans cette rue, le minuscule **Italian American Museum** (plan p. 66, E6 ; ☎ 212-965-9000 ; www.italianamericanmuseum.org ; 155 Mulberry St, au niveau de Grand St, Little Italy ; don suggéré 7 $; ⏲ 12h-18h ven-dim ; S J/Z, N/Q/R/W, 6 jusqu'à Canal St, B/D jusqu'à Grand St) présente tout un bric-à-brac d'objets historiques, depuis les marionnettes siciliennes jusqu'aux vieilles bandes dessinées mettant en scène le policier Giuseppe "Joe" Petrosino, ennemi juré des mafieux new-yorkais. Entre 1885 et 1932, le bâtiment abritait la Banca Stabile, qui aidait les immigrés italiens dans le besoin et maintenait un lien vital avec la mère patrie.

Fête de San Gennaro

Fin septembre, Mulberry St accueille durant 11 jours la **fête de San Gennaro** (www.sangennaro.org ; ⏲ sep), saint patron de Naples. Dans une ambiance bruyante et conviviale, Italo-Américains et touristes se pressent autour des étals de nourriture et des stands de fête. foraine et des divertissements gratuits. Mêlez-vous à la foule pour savourer ce vestige de l'âge d'or du quartier.

Pegu Club

BAR À COCKTAILS

22 PLAN P. 66, C3

Lumières tamisées, intérieur chic, le Pegu Club tient son nom d'un *gentleman's club* de Rangoon célèbre à l'époque coloniale. Enfoncez-vous dans un fauteuil en velours et savourez un "Earl Grey MarTEAni" (gin infusé au thé, jus de citron et blanc d'œuf cru). Plats d'inspiration asiatique, comme les raviolis au canard et les crevettes Mandalay. (☎ 212-473-7348 ; www.

peguclub.com ; 77 W Houston St, entre W Broadway et Wooster St, SoHo ; 17h-2h dim-mer, 17h-4h jeu-sam ; S B/D/F/M jusqu'à Broadway-Lafayette St, C/E jusqu'à Spring St)

La Compagnie des Vins Surnaturels BAR À VINS

23 PLAN P. 66, E5

Dans un décor au mélange douillet de papier peint de style français, de fauteuils élégants et de photophores, cette adresse est une succursale du bar parisien du même nom. Le sommelier en chef, Theo Lieberman, propose une incroyable carte de quelque 600 vins, essentiellement français, ainsi qu'un grand nombre de vins au verre allant de 11 à 76 $ le verre. Accompagnez le tout d'une sélection de petits plats, par exemple des charcuteries maison, un tartare à la menthe et au concombre, ou des rillettes de poulet façon Buffalo. (212-343-3660 ; www.compagnienyc.com ; 249 Centre St, entre Broome St et Grand St, Nolita ; 17h-1h lun-mer, 17h-2h jeu et ven, 15h-2h sam, 15h-1h dim ; S 6 jusqu'à Spring St, R/W jusqu'à Prince St)

Fanelli's Cafe BAR

24 PLAN P. 66, C4

Ouvert depuis 1847, ce bar chaleureux et convivial n'a plus rien à prouver. SoHo a changé mais Fanelli's reste fidèle à ses racines, à ses nappes à carreaux rouges et blancs, et aux miroirs teintés et photos de boxeurs qui ornent fièrement ses murs. Vcus pouvez

Joe's Pub

faire l'impasse sur la cuisine, tant que vous sirotez une boisson en pensant au bon vieux temps. (☎ 212-226-9412 ; 94 Prince St, au niveau Mercer St, SoHo ; ⏰ 10h-1h lun-jeu, 10h-2h ven et sam, 10h-minuit dim ; Ⓢ N/R jusqu'à Prince St)

Sortir

Joe's Pub

MUSIQUE LIVE

25 ✪ PLAN P. 66, E1

Mi-bar, mi-cabaret et salle de spectacle, cet établissement intime accueille aussi bien des jeunes talents que des artistes célèbres. On y a vu Patti LuPone, Amy Schumer, feu Leonard Cohen et la chanteuse anglaise Adele (qui a donné ici son premier concert américain en 2008). (☎ 212-539-8778, billets 212-967-7555 ; www.joespub.com ; Public Theater, 425 Lafayette St, entre Astor Pl et 4th St, NoHo ; Ⓢ 6 jusqu'à Astor Pl, R/W jusqu'à 8th St-NYU)

Public Theater

THÉÂTRE

26 ✪ PLAN P. 66, D1

Fondé sous le nom de Shakespeare Workshop en 1954, ce théâtre légendaire a monté certains des plus gros succès de New York, comme *Hamilton* en 2015. Il programme aussi bien des productions novatrices que des classiques revisités, parmi lesquels Shakespeare figure en bonne place – celui-ci fait en outre l'objet du festival Shakespeare in the Park en été. (☎ 212-539-8500 ; www.publictheater.org ; 425 Lafayette St, entre Astor Pl et 4th St, NoHo ; Ⓢ 6 jusqu'à Astor Pl, R/W jusqu'à 8th St-NYU)

Film Forum

Le cinéma à but non lucratif **Film Forum** (plan p. 66, A3 ; ☎ 212-727-8110 ; www.filmforum.com ; 209 W Houston St, entre Varick St et 6th Ave, Soho ; ticket 15 $ ⏰ midi-minuit ; Ⓢ 1 jusqu'à Houston St) propose dans ses trois salles des films indépendants, des reprises et des rétrospectives de grands noms comme Orson Welles. Les salles sont petites : arrivez tôt pour être bien placé. Pour les cinéphiles invétérés, les séances sont souvent suivies de rencontres avec les réalisateurs ou de débats. En bonus, certains restaurants du quartier vous feront des prix sur présentation de votre ticket (voir site Internet).

Shopping

Rag & Bone

MODE ET ACCESSOIRES

27 🔒 PLAN P. 66, C4

Cette marque mixte fait un tabac à New York. Les chemises et blazers aux coupes franches, les T-shirts imprimés, les pulls de couleur uni, les robes à bretelles légères, les articles en cuir et les jeans (très prisés) séduisent une clientèle branchée et exigeante. La coupe est généralement impeccable. Chaussures, chapeaux, sacs, portefeuilles et autres accessoires. (212-219-2204 ; www.rag-bone.com ; 117-119 Mercer St, entre Prince St et Spring St, SoHo ; 11h-21h lun-sam, 11h-19h dim ; N/R jusqu'à Prince St)

Opening Ceremony

MODE ET ACCESSOIRES

28 PLAN P. 66, D6

Ce magasin présente une sélection sans cesse renouvelée de marques du monde entier, connues ou moins connues, auxquelles viennent s'ajouter ses propres créations. À chaque visite, on trouve ici des vêtements pas comme les autres, citadins, audacieux et délicieusement inattendus. (212-219-2688 ; www.openingceremony.us ; 35 Howard St, entre Broadway et Lafayette St, SoHo ; 11h-20h lun-sam, 12h-19h dim ; N/Q/R/W, J/Z, 6 jusqu'à Canal St)

De Vera

ANTIQUITÉS

29 PLAN P. 66, D6

Dans cette sublime boutique, Federico de Vera vend bijoux, sculptures et autres objets d'art glanés à travers le monde. Les vitrines renferment ces bouddhas vieux de 200 ans, des verreries vénitiennes et des boîtes dorées de l'ère Meiji, tandis que peintures à l'huile et gravures couvrent les murs. Un vrai musée ! (212-625-0838 ; www.deveraobjects.com ; 1 Crosby St, au niveau de Howard St, SoHo ; 11h-19h mar-sam ; N/Q/R/W, J/Z, 6 jusqu'à Canal St)

Odin

MODE ET ACCESSOIRES

30 PLAN P. 66, E6

Le magasin phare de cette enseigne pour hommes propose des marques locales branchées

Shopping à SoHo et Chinatown

SoHo regorge de boutiques branchées, grandes ou petites. Gagnez Broadway pour les chaînes de prêt-à-porter, de chaussures et de jeans, ou les rues à l'ouest de ce secteur pour des vêtements et accessoires plus haut de gamme. Lafayette St attire les DJ et les skaters avec des labels indé et des articles vintage. SoHo est un aimant pour les fashionistas ; avant une virée shopping, consultez les blogs spécialisés pour tout savoir sur les promotions, les offres spéciales et les ouvertures de nouveaux magasins. Voyez notamment www.racked.com, www.thecut.com et www.the12ishstyle.com.

Si vous aimez le style bohème chic, continuez vers l'est jusqu'à Nolita, où de charmantes petites boutiques vendent vêtements, chaussures et accessoires uniques : les meilleures rues sont Mott St, Mulberry St et Elizabeth St.

Pour les herbes médicinales, les fruits exotiques, les woks et les théières chinoises, arpentez les rues bondées de Chinatown.

Opening Ceremony

et quelques griffes importées, comme le label scandinave Acne. Signalons aussi les bijoux Naval Yard et Uhuru, créés à Brooklyn, et les chaussures Common Projects, entre autres. (☎212-966-0026 ; www.odinnewyork.com ; 161 Grand St, entre Lafayette St et Centre St, Nolita ; 🕐11h-20h lun-sam, 12h-19h dim ; Ⓢ6 jusqu'à Spring St, N/R jusqu'à Prince St)

Joe's Jeans

MODE ET ACCESSOIRES

31 PLAN P. 66, C5

Habillez vos jambes d'un jean de cette célèbre marque de L.A., par exemple le "flawless", au tissu en stretch sublimant les formes, ou le "skinny", adapté à d'autres morphologies que celles des top models. Également chemises, sweat-shirts, pulls et les incontournables vestes en jeans. (☎212-925-5727 ; www.joesjeans.com ; 77 Mercer St, entre Spring St et Broome St, SoHo ; 🕐11h-19h lun-sam, 12h-18h dim ; Ⓢ N/R jusqu'à Prince St, 6 jusqu'à Spring St)

Resurrection

VINTAGE

32 PLAN P. 66, E1

Cette belle boutique donne une nouvelle vie aux plus beaux modèles des dernières décennies. En excellent état, les articles reflètent des tendances oubliées et inspirent des stylistes réputés, tel Marc Jacobs. Les robes Halston et les manteaux et vestes Courrèges comptent parmi les pièces les plus recherchées. (☎212-625-1374 ; www.resurrectionvintage.com ; 45 Great Jones St, entre Lafayette St et Bowery, NoHo ; 🕐11h-19h lun-ven ; Ⓢ6 jusqu'à Spring St, N/R jusqu'à Prince St)

KATZ'S
Z'S
DELICATESSEN
KATZ'S That's all!
KATZ'S FAMOUS DELICATESSEN KNOWN as the Best SINCE 1888
Ludlow St
E Houston St
KATZ'S
ONE WAY
ONE WAY

Explorer
East Village et Lower East Side

L'East Village et le Lower East Side ont le vent en poupe grâce à leurs bars intimes, leurs discothèques et leurs restaurants bon marché qui attirent aussi bien les étudiants que les banquiers ou les esprits rebelles. Les résidences luxueuses et les hôtels branchés côtoient des immeubles de logements bon marché. Ce quartier intéressant et animé est parfait pour prendre un coup de jeune.

Commencez par un petit-déjeuner à base de bagel et de lox (saumon fumé) au Russ & Daughters Cafe (p. 91), puis filez au fascinant Tenement Museum (p. 86). Faites les boutiques du Lower East Side, comme Tictail Market (p. 98) et Reformation (p. 100). Déjeunez à Katz's Delicatessen (p. 89). Découvrez les artistes d'aujourd'hui au New Museum of Contemporary Art (p. 86) ou explorez les magasins de l'East Village, en particulier Trash & Vaudeville (p. 83) et A-1 Records (p. 100). Offrez-vous un bon dîner à Prune (p. 90) ou Motorino (p. 89), puis entrez dans un bar caché comme Angel's Share (p. 93) ou Berlin (p. 93). Écoutez un concert au Rockwood Music Hall (p. 96) ou donnez de la voix au Sing Sing Karaoke (p. 98). Enfin, allez grignoter un pierogi à Veselka (p. 90), ouvert 24h/24.

Comment y aller

S Dans l'East Village, la ligne L suit 14th St en s'arrêtant à 1st Ave et 3rd Ave, et la F mène à Houston St au niveau de Second Ave. Pour St Marks Pl, descendez à Astor Pl (ligne 6). Pour le Lower East Side, prenez B/D jusqu'à Grand St ou F/M et J/Z jusqu'à Delancey St-Essex St.

Plan du quartier p. 84

Katz's Delicatessen (p. 89) TOMMY LIGGETT/SHUTTERSTOCK ©

Promenade à pied

L'East Village nostalgique

Bien qu'en voie de gentrification, l'East Village reste imprégné de l'atmosphère du New York d'antan. Pendant des décennies, ce quartier a été synonyme de contre-culture, de drogue, de drag-queens et de punk rock. D'innombrables musiciens y ont fait leurs débuts, parmi lesquels Patti Smith, les Ramones, Blondie et Madonna. Les choses ont changé, mais des vestiges de cet âge d'or continuent de survivre çà et là.

Itinéraire

Départ CBGB ; S F/M jusqu'à 2nd Ave, 6 jusqu'à Bleecker St

Arrivée Tompkins Square Park ; S 6 jusqu'à Astor Pl

Distance et durée 2,4km ; 2 ou 3 heures en fonction des arrêts

❶ Adieu au CBGB

La boutique John Varvatos à l'angle de Bleecker St et de Bowery était autrefois le fameux **CBGB**. Il ne reste de ce club mythique que les vieilles affiches et les graffitis, mais les rockers s'y rendent en pèlerinage

❷ Joey Ramone Place

Juste au nord s'étend la **Joey Ramone Place**. Feu le chanteur des Ramones, originaire du Queens, joua avec son groupe pour la première fois au CBGB en 1974.

❸ Cooper Union

Plus au nord dans Bowery St – jadis l'une des rues les plus sordides de Manhattan, bordée de bouges et d'hôtels borgnes –, **Cooper Union** est une université publique fondée par le millionnaire Peter Cooper en 1859. En 1860, le candidat à la présidence Abraham Lincoln y prononça un discours contre l'esclavage qui conquit les New-Yorkais.

❹ St Marks Place

À l'est, salons de tatouage, boutiques de cigarettes électroniques et restaurants bon marché se succèdent le long de **St Marks Place** (St Marks Pl, de Ave A à Third Ave ; Ⓢ N/R/W jusqu'à 8th St-NYU, 6 jusqu'à Astor Pl). La hausse des loyers a fait disparaître beaucoup des lieux qui faisaient la renommée de cette rue, mais il flotte encore un peu de son esprit rebelle.

❺ Fillmore East

La banque qui occupe le 105 Second Ave était une salle de concert de 2 000 places, **Fillmore East**, gérée par le producteur Bill Graham de 1968 à 1971. Dans les années 1980, elle fit place au Saint, club légendaire qui donna le coup d'envoi de la culture disco-gay.

❻ Art musical

Non loin du croisement entre First Ave et E 8th St, une rangée de logements collectifs (*tenements*) a été immortalisée par Led Zeppelin sur la couverture de son album **Physical Graffiti** (96-98 St Marks Pl). Mick Jagger et Keith Richards ont tourné ici leur clip *Waiting on a Friend* (1981).

❼ Trash & Vaudeville

Un peu plus loin, la boutique punk rock **Trash & Vaudeville** (☎ 212-982-3590 ; www.trashandvaudeville.com ; 96 East 7th St, entre First Ave et Ave A ; ⏲ 12h-20h lun-sam, 13h-19h30 dim ; Ⓢ 6 jusqu'à Astor Pl) a quitté St Marks Pl, devenue trop chère, pour venir ici. On y croise des drag-queens et des fêtards en tout genre.

❽ Tompkins Square Park

Terminez au **Tompkins Square Park** (www.nycgovparks.org ; E 7th St et 10th St, entre Ave A et Ave B ; ⏲ 6h-minuit ; Ⓢ 6 jusqu'à Astor Pl), 4 ha fréquentés par les gens du quartier. Dans les années 1980, des drag-queens lancèrent le festival Wigstock au kiosque à musique, qui avait vu jouer Jimi Hendrix 20 ans plus tôt.

A
B
C
D
E
F
1
2
3
4
14th St-Union Sq
3rd Ave
E 14th St
1st Ave
E 13th St
E 12th St
E 11th St
E 10th St
E 9th St
St Marks Pl
E 8th St
E 7th St
E 6th St
E 5th St
E 4th St
E 3rd St
Great Jones St
Lafayette St
Fourth Ave
Third Ave
Second Ave
First Ave
Ave A
Ave B
Ave C
Stuyvesant St
Astor Pl
8th St-NYU
Cooper Square
St Mark's Church in the Bowery
EAST VILLAGE
Tompkins Square Park
La Plaza Cultural
ALPHABET CITY

Nos adresses
Voir p. 86
Se restaurer p. 89
Prendre un verre p. 93
Sortir p. 96
Shopping p. 98
0 200 m
0 0,1 mile
A
B
C
D
E
F
5
6
7
8
NOHO
SOHO
NOLITA
LITTLE ITALY
LOWER EAST SIDE
New York City Marble Cemetery
Sara D Roosevelt Park
Williamsburg Bridge
E Houston St
E 2nd St
E 1st St
Bowery
Bond St
Bleecker St
Elizabeth St
Mott St
Mulberry St
Prince St
Spring St
Kenmare St
Broome St
Grand St
Centre St
Lafayette St
Jersey St
Broadway-Lafayette St
Stanton St
Rivington St
Delancey St
Delancey-Essex Sts
Chrystie St
Forsyth St
Eldridge St
Allen St
Orchard St
Ludlow St
Essex St
Norfolk St
Suffolk St
Clinton St
Attorney St
Ave A
Ave B
Ave C
First Ave
Second Ave
2nd Ave
Le Petit Versailles 11
Hole 6
Sperone Westwater 10
Salon 94 Bowery 4
New Museum of Contemporary Art 2
Salon 94 Freemans 5
Sara D Roosevelt Park 12
Anastasia Photo 3
Lower East Side Tenement Museum 1
7
15
19
22
23
26
28
30
33
38
40
42
43
44
48
50
52
53
55
56

Voir

Lower East Side Tenement Museum

MUSÉE

1 PLAN P. 84, D7

Ce musée présente l'émouvant passé du quartier à travers la reconstitution de trois logements du début du siècle, dont la maison/atelier de tailleur des Levine, une famille polonaise de la fin du XIXe siècle, ainsi que deux logis d'immigrés datant des Grandes Dépressions de 1873 et 1929, qu'on ne peut découvrir qu'en suivant l'une des nombreuses visites guidées quotidiennes. (877-975-3786 ; www.tenement.org ; 103 Orchard St, entre Broome St et Delancey St, Lower East Side ; adulte/étudiant et senior à partir de 25/20 $; 10h-18h30 ven-mer, 10h-20h30 jeu ; S B/D jusqu'à Grand St, J/M/Z jusqu'à Essex St, F jusqu'à Delancey St)

New Museum of Contemporary Art

MUSÉE

2 PLAN P. 84, C6

Dominant le quartier, ce saisissant musée est formé d'un empilement de boîtes blanches en équilibre sur sept étages, conçu par les architectes tokyoïtes Kazuyo Sejima et Ryue Nishizawa du cabinet SANAA, en association avec la firme new-yorkaise Gensler. Ouvert en 2007, il a apporté une bouffée d'oxygène au Bowery alors en pleine décrépitude, revitalisant le quartier par la construction de nombreux autres bâtiments. (212-219-1222 ; www.newmuseum.org ; 235 Bowery, entre Stanton St et Rivington St, Lower East Side ; adulte/enfant 18 $/gratuit, 19h-21h jeu don bienvenu ; 11h-18h mar, mer et ven-dim, 11h-21h jeu ; S R/W jusqu'à Prince St, F jusqu'à 2nd Ave, J/Z jusqu'à Bowery, 6 jusqu'à Spring St)

Anastasia Photo

GALERIE

3 PLAN P. 84, D6

Cette petite galerie spécialisée dans la photo documentaire et le photojournalisme présente des œuvres évocatrices sur la pauvreté dans l'Amérique rurale, les ravages de la guerre et la disparition de certaines cultures africaines. Les employés vous aideront à replacer ces superbes clichés dans leur contexte. (www.anastasia-photo.com ; 143 Ludlow St, entre Stanton St et Rivington St, Lower East Side ; 11h-19h mar-dim ; S F jusqu'à Delancey St, J/M/Z jusqu'à Essex St)

Salon 94 Bowery

GALERIE

4 PLAN P. 84, C6

Annexe d'une galerie de l'Upper East Side, ce lieu proche du New Museum est un acteur clé de la scène artistique locale. Ne manquez pas le mur vidéo de 6 m de long qui projette des œuvres d'art dans la rue. (212-979-0001 ; www.salon94.com ; 243 Bowery, angle Stanton St, Lower East Side ; 11h-18h mar-sam ; S F jusqu'à 2nd Ave, J/Z/M jusqu'à Bowery)

Salon 94 Freemans

GALERIE

5 PLAN P. 84, C6

Dans une allée, cette petite galerie discrète présente des œuvres insolites et non conformistes réalisées par des artistes prometteurs. Sur rendez-vous uniquement. (www.salon94.com ; 1 Freeman Alley, près de Rivington, Lower East Side ; S F jusqu'à 2nd Ave, J/Z/M jusqu'à Bowery)

Hole

GALERIE

6 PLAN P. 84, B5

Connue pour ses installations, cette galerie de 370 m² est un pilier de la scène artistique du sud de Manhattan, avec des expositions individuelles et collectives mensuelles. (☎212-466-1100 ; www.theholenyc.com ; 312 Bowery, au niveau de Bleecker St, East Village ; ⏲12h-19h mer-dim ; S 6 jusqu'à Bleeker St, B/D/F/M jusqu'à Broadway-Lafayette St)

Musée de la synagogue d'Eldridge Street

MUSÉE

7 PLAN P. 84, D8

Cet important lieu de culte, bâti en 1887, était jadis l'épicentre de la communauté hébraïque, avant de tomber en déshérence dans les années 1920. Au terme de 20 ans de travaux, d'un coût de 20 millions de dollars, achevés en 2007, il a retrouvé sa splendeur d'origine. L'entrée au musée inclut la visite guidée du bâtiment (toutes les heures jusqu'à 16h). (☎212-219-0302 ; www.eldridgestreet.org ; 12 Eldridge St, entre Canal St et Division St, Lower East Side ;

Lower East Side Tenement Museum

Les galeries du Lower East Side

Si Chelsea tient le haut du pavé en matière de galeries d'art, le Lower East Side compte aussi quantité de lieux de qualité. Parmi les pionniers, **Sperone Westwater** (p. 88), ouvert en 1975, représente de grands noms comme William Wegman et Richard Long. Non loin de là, **Salon 94** possède deux adresses dans le Lower East Side : l'une se trouve dans **Freeman Alley** (p. 87) ; l'autre, dans **Bowery** (p. 86), tout près du New Museum of Contemporary Art et possède un mur vidéo de 6 m de long qui projette des œuvres d'art dans la rue. À quelques rues plus au nord, **Hole** (p. 87) est un espace de 370 m² aussi célèbre pour ses œuvres que pour ses vernissages qui attirent autant de piliers de la communauté artistique que de célébrités.

Broome St, entre Chrystie St et Bowery, est en train de devenir l'épicentre artistique du Lower East Side, avec une succession de galeries telles que **White Box**, **Canada** et **Jack Hanley**. On trouve une autre série d'adresses en vogue dans Orchard St, entre Rivington St et Canal St.

adulte/enfant 14/8 $, lun don libre ; 10h-17h dim-jeu, 10h-15h ven ; S F jusqu'à East Broadway)

St Mark's Church in the Bowery — ÉGLISE

8 PLAN P. 84, C2

Appréciée des habitants pour son offre culturelle (lectures de poésie, ballets avant-gardistes), cette église épiscopale est également un lieu historique. (212-674-6377 ; www.stmarksbowery.org ; 131 E 10th St, au niveau de 2nd Ave; 10h-18h lun-ven ; S L jusqu'à 3rd Ave, 6 jusqu'à Astor Pl)

La Plaza Cultural — JARDIN

9 PLAN P. 84, F3

L'un des plus jolis jardins publics de l'East Village abrite trois splendides saules pleureurs, une rareté à New York. À la belle saison, cet espace verdoyant et fleuri accueille des installations artistiques et des spectacles de théâtre, de danse et de musique. (www.laplazacultural.com ; E 9th St, au niveau d'Ave C, East Village ; 10h-19h sam et dim avr-oct ; S F jusqu'à 2nd Ave, L jusqu'à 1st Ave)

Sperone Westwater — GALERIE

10 PLAN P. 84, B6

Cette galerie représente de grands noms tels que William Wegman et Richard Long ; elle doit son nouveau bâtiment au célèbre architecte Norman Foster, qui a aussi conçu le Hearst Building et l'Avery Fisher Hall du Lincoln Center. (212-999-7337 ; www.speronewestwater.com ; 257 Bowery, entre E Houston St et Stanton St, Lower East Side ; 10h-18h mar-sam ; S F jusqu'à 2nd Ave)

Le Petit Versailles JARDIN

11 PLAN P. 84, F5

Ce jardin conjugue verdure et culture, avec d'étonnantes performances et des projections de films. (www.alliedproductions.org ; 346 E Houston St, au niveau d'Ave C, East Village ; 14h-19h jeu-dim ; S F jusqu'à Delancey St, J/M/Z jusqu'à Essex St)

Sara D Roosevelt Park PARC

12 PLAN P. 84, C6

Récemment réhabilité, ce parc qui s'étire sur trois pâtés de maisons fourmille d'activités le week-end, avec des terrains de basket, un petit terrain de foot synthétique et une aire de jeux très prisée (juste au nord de Hester St). Les adeptes du tai-chi, les vendeurs de légumes (dans les rues alentour) et les promeneurs de tous âges et de toutes origines contribuent à l'animation. (Houston St, au niveau de Chrystie St, Lower East Side ; S F jusqu'à Delancey St-Essex St)

Se restaurer

Momofuku Noodle Bar NOUILLES $$

13 PLAN P. 84, D2

Cette petite adresse de 30 places ne prend pas de réservation : attendez-vous à faire la queue pour déguster les *ramen* Momofuku (*ramen* maison, bouillon, œuf poché, poitrine et échine de porc) ou un autre délicieux plat de nouilles. La carte change chaque jour et comprend des petits pains (à la poitrine de bœuf et au raifort, par exemple), des en-cas (ailes de poulet fumées) et des desserts. (212-777-7773 ; noodlebar-ny.momofuku.com ; 171 1st Ave, entre E 10th St et 11th St, East Village ; plats 16 $; 12h-23h dim-jeu, 12h-1h ven et sam ; S L jusqu'à 1st Ave, 6 jusqu'à Astor Pl)

Motorino PIZZAS $$

14 PLAN P. 84, D1

Dans une rue de l'East Village bordée de restaurants, cette table intime sert d'excellentes pizzas moelleuses à souhait. (212-777-2644 ; www.motorinopizza.com ; 349 E 12th St, entre 1st Ave et 2nd Ave, East Village ; pizza 12-21 $; 11h-minuit dim-jeu, 11h-1h ven et sam ; ; S L jusqu'à 1st Ave)

Katz's Delicatessen TRAITEUR $$

15 PLAN P. 84, D5

C'est dans ce restaurant, l'un des derniers établissements juifs traditionnels du Lower East Side, que Meg Ryan simule un orgasme dans la fameuse scène du film culte *Quand Harry rencontre Sally* (1989). Les sandwichs au pastrami ou au salami sur pain de seigle pourraient vous faire le même effet... (212-254-2246 ; www.katzsdelicatessen.com ; 205 E Houston St, au niveau de Ludlow St, Lower East Side ; sandwichs 15-22 $; 8h-22h45 lun-mer et dim, 8h-2h45 jeu, 8h-minuit ven, 24h/24 sam ; S F jusqu'à 2nd Ave)

Sortir dîner

Beaucoup de restaurants dans ce secteur ne prennent pas de réservations officielles. Présentez-vous dans l'établissement de votre choix en début d'après-midi (14h devrait suffire) et laissez votre nom ; il y a de grandes chances pour qu'on vous trouve rapidement une table à l'heure du dîner.

Veselka
EUROPE DE L'EST **$**

16 PLAN P. 84, C3

Hommage aux racines ukrainiennes du quartier, Veselka sert des *pierogi* (raviolis) faits maison et du goulash de veau, entre autres classiques. On vient y manger et traîner à toute heure, et on y croise de jour comme de nuit écrivains, acteurs et autres figures de l'East Village. (212-228-9682 ; www.veselka.com ; 144 2nd Ave, au niveau de 9th St, East Village ; plats 10-19 $; 24h/24 ; S L jusqu'à 3rd Ave, 6 jusqu'à Astor Pl)

Mamoun's
MOYEN-ORIENT **$**

17 PLAN P. 84, C3

Dans St Marks Place, cet ancien comptoir à emporter de la célèbre chaîne new-yorkaise de falafels s'est agrandi pour offrir plus de places assises. Tard le week-end, les noctambules éméchés font la queue après la tournée des bars pour prendre un kebab nappé de la fameuse sauce épicée maison. (646-870-5785 ; www.mamouns.com ; 30 St Marks Pl, entre 2nd Ave et 3rd Ave, East Village ; sandwichs 4-7 $, assiettes 7-12 $; 11h-1h lun-mer, 11h-3h jeu, 11h-5h ven et sam, 11h-minuit dim ; S 6 jusqu'à Astor Pl, L jusqu'à 3rd Ave)

Ukiyo
EUROPÉEN MODERNE **$$$**

18 PLAN P. 84, C4

Mêlant des influences françaises et japonaises, ce restaurant de 18 places sert un beau choix de tapas. Derrière un long comptoir en bois, le chef Marco Prinz et son équipe préparent depuis leur cuisine ouverte des toasts d'anguille fumée à la crème fraîche et à l'avocat, du parfait de foie gras et autres plats inventifs. (212-979-1012 ; www.ukiyo-nyc.com ; 239 E 5th St, entre 2nd Ave et 3rd Ave, East Village ; petites assiettes 7-32 $, menu dégustation 95 $; 18h-22h30 mar-sam ; S 6 jusqu'à Astor Pl)

Prune
AMÉRICAIN **$$$**

19 PLAN P. 84, D5

Attendez-vous à faire la queue le week-end quand les fêtards viennent se remettre d'aplomb avec un brunch et un excellent Bloody Mary. Dans la petite salle, toujours bondée, on se régale de truite grillée à la menthe, de magret de canard et de ris de veau. N'accepte les réservations qu'au dîner. (212-677-6221 ; www.prunerestaurant.com ; 54 E 1st St, entre 1st Ave et 2nd Ave, East Village ; plats brunch 14-22 $, dîner 24-33 $; 10h-15h30 sam-dim, 17h30-23h tlj ; S F jusqu'à 2nd Ave)

Rai Rai Ken

RAMEN **$**

20 PLAN P. 84, C2

Malgré sa devanture minuscule, il est difficile de rater cet établissement car il y a souvent du monde devant la porte. À l'intérieur, des tabourets de bois sont disposés autour d'un bar à nouilles derrière lequel les cuisiniers concoctent un savoureux bouillon de porc bien chaud. (212-477-7030 ; 218 E 10th St, entre 1st Ave et 2nd Ave, East Village ; ramen 10-13 $; 11h30-23h45 ; S L jusqu'à 1st Ave, 6 jusqu'à Astor Pl)

Esperanto

BRÉSILIEN **$**

21 PLAN P. 84, F2

La façade vert vif et la grande terrasse rappellent l'âge d'or d'Alphabet City, avant l'apparition des immeubles d'appartements en verre et béton gris et des bars à cocktails chics. On peut passer toute la soirée dehors devant des *caipirinhas* et des steaks bien saignants à la sauce *chimichurri*. Excellente *feijoada* (ragoût traditionnel brésilien). (www.esperantony.com ; 145 Ave C, au niveau E 9th St, East Village ; plats 18-24 $; 10h-23h dim-jeu, 10h-minuit ven et sam ; S L jusqu'à 1st Ave)

Russ & Daughters Cafe

EUROPE DE L'EST **$$**

22 PLAN P. 84, D7

Venez vous régaler de bagels et de *lox* (saumon fumé) dans le confort d'un *diner* à l'ancienne. Sinon, essayez les *latkes* (galettes de pommes de terre), le bortsch ou les œufs Benny. (212-475-4880

Prune

Saveurs internationales

Le Lower East Side et l'East Village incarnent ce qui fait la quintessence de la cuisine new-yorkaise : son incroyable variété. Un seul pâté de maisons peut couvrir tous les continents et toute la gamme des prix. Il y a ici de quoi ravir tous les palais, des spécialités italiennes aux fondues chinoises en passant par les sandwichs, les *pierogi* (raviolis) ukrainiens, les sushis, les ramens, les pizzas et les falafels. Surnommée "Curry Row", la partie de E 6th St qui s'étend entre First Ave et Second Ave n'est plus exclusivement le domaine des restaurants indiens bon marché, mais ceux-ci y sont encore nombreux.

poste 2 ; www.russanddaughterscafe.com ; 127 Orchard St, entre Delancey St et Rivington St, Lower East Side ; plats 13-20 $; 9h-22h lun-ven, 8h-22h sam-dim ; S F jusqu'à Delancey St, J/M/Z jusqu'à Essex St)

Clinton Street Baking Company AMÉRICAIN $$

23 PLAN P. 84, E5

Cet établissement remporte la palme dans tellement de catégories – pancakes, muffins, *po'boys* (sandwichs à la mode sudiste), biscuits, etc. – que vous pouvez difficilement vous tromper en vous y arrêtant. Le soir, prenez un "petit-déjeuner" (pancakes, œufs Bénédicte), des tacos au poisson ou un excellent poulet frit au babeurre. (646-602-6263 ; www.clintonstreetbaking.com ; 4 Clinton St, entre Stanton St et Houston St, Lower East Side ; plats 12-20 $; 8h-16h et 17h30-23h lun-sam, 9h-17h dim ; S J/M/Z jusqu'à Essex St, F jusqu'à Delancey St, F jusqu'à 2nd Ave)

Crif Dogs HOT-DOGS $

24 PLAN P. 84, D3

Souvent ignoré en faveur du bar **PDT** (212-614-0386 ; www.pdtnyc.com ; 18h-2h dim-jeu, 18h-4h ven et sam) qui se cache en son sein, cet établissement vaut pourtant le détour pour ses hot-dogs et surtout ses accompagnements : ketchup, condiments divers, ananas ou encore mayonnaise piquante à la sauce sriracha. (212-614-2728 ; www.crifdogs.com ; 113 St Marks Pl, entre Ave A et 1st Ave, East Village ; hot-dogs à partir de 4 $; 12h-2h dim-jeu, 12h-4h ven et sam ; S L jusqu'à 1st Ave)

Mighty Quinn's GRILLADES $

25 PLAN P. 84, C3

Prenez un plateau et joignez-vous aux amateurs de barbecue pour déguster un festin dans cet établissement animé et très populaire : poitrine de bœuf moelleuse, travers de porc fumés, juteux porc braisé et généreux accompagnements (*coleslaw*, ragoût de patate douce, haricots blancs). (212-677-3733 ; www.mightyquinnsbbq.com ; 103 2nd Ave, au niveau de 6th St, East Village ; assiette de viande 8-10 $; 11h30-23h dim-jeu, 11h30-minuit ven et sam ; S 6 jusqu'à Astor Pl, F jusqu'à 2nd Ave)

Prendre un verre

Bar Goto

BAR

26 PLAN P. 84, C6

Dans ce lieu apprécié, le créateur de cocktails Kenta Goto fait le bonheur des amateurs en s'inspirant de ses origines nippones pour élaborer des breuvages élégants et soignés (le Sakura Martini au saké est fabuleux), à accompagner d'authentiques mets japonais comme les *okonomiyaki* (crêpes salées). (212-475-4411 ; www.bargoto.com ; 245 Eldridge St, entre E Houston et Stanton St, Lower East Side ; 17h-minuit mar-jeu et dim, 17h-2h ven-sam ; S F jusqu'à 2nd Ave)

Rue B

BAR

27 PLAN P. 84, E2

Dans une partie de l'avenue B jalonnée de bars, ce lieu tacheté de lumières accueille des musiciens de jazz (et parfois de rockabilly) tous les soirs à partir de 21h. Une clientèle jeune et joyeuse se presse dans un espace exigu : attention, vous pourriez finir avec le joueur de trombone sur les genoux ! Les photos en noir et blanc de jazzmen et autres icônes new-yorkaises ajoutent au charme. (212-358-1700 ; www.ruebnyc188.com ; 188 Ave B, entre 11th St et 12th St, East Village ; 17h-4h tlj ; S L jusqu'à 1st Ave)

Berlin

DISCOTHÈQUE

28 PLAN P. 84, D5

Dissimulée sous les rues en voie d'embourgeoisement de l'East Village, cette discothèque renoue avec l'ambiance passée du quartier, festive et canaille. Après avoir trouvé l'entrée (pas d'enseigne), descendez l'escalier jusqu'à une salle dotée d'un plafond voûté en brique, d'un long bar et d'une petite piste où danser sur du funk et du groove à plein volume. (646-827-3689 ; 25 Ave A, entre 1st Ave et 2nd Ave, East Village ; 20h-4h ; S F jusqu'à 2nd Ave)

Angel's Share

BAR

29 PLAN P. 84, B3

Arrivez de bonne heure pour trouver un siège dans ce bijou caché, niché derrière un restaurant japonais (au même étage). Calme et élégant, avec des barmen talentueux servant des cocktails originaux et un excellent choix de whiskys, à consommer impérativement assis. (212-777-5415 ; 8 Stuyvesant St, 2e ét, près de 3rd Ave et de E 9th St ; 18h-1h30 dim-mer, 18h-2h30 jeu-sam ; S 6 jusqu'à Astor Pl)

Ten Bells

BAR

30 PLAN P. 84, D8

Avec ses bougies, son plafond en étain sombre, ses murs en brique et son bar en U, cette charmante adresse aux faux airs de grotte est idéale pour faire connaissance. Tous les jours, de l'ouverture à 19h, l'Oyster Happy Hour permet de déguster des huîtres à 1 $ pièce ! (☎212-228-4450 ; www.tenbellsnyc.com ; 247 Broome St, entre Ludlow St et Orchard St, Lower East Side ; ⌚17h-2h lun-ven, à partir de 15h sam-dim ; S F jusqu'à Delancey St, J/M/Z jusqu'à Essex St)

Ten Degrees Bar

BAR À VINS

31 PLAN P. 84, D3

Ce charmant petit bar de St Marks Place, avec ses banquettes en cuir et ses barmen aux petits soins, est une bonne adresse où commencer la soirée. Commandez deux cocktails pour le prix d'un de 12h à 20h ou une bouteille de vin à moitié prix le lundi soir. (☎212-358-8600 ; www.10degreesbar.com ; 121 StMarks, entre 1st Ave et Ave A ; ⌚12h-4h ; S F jusqu'à 2nd Ave, L jusqu'à 1st Ave, L jusqu'à 3rd Avec)

Wayland

BAR

32 PLAN P. 84, F3

Murs chaulés, vieux plancher et lampes de récupération : un parfum de Mississippi qui va bien avec la musique jouée du lundi au mercredi soir (bluegrass, jazz, folk). Toutefois, on vient avant tout pour les cocktails, dont le "I hear banjos" – Apple Pie Moonshine (jus de pomme, cidre, épices, vodka et alcool Moonshine) et rye whiskey (whisky de seigle), le tout fumé au bois de pommier. (☎212-777-7022 ; www.thewaylandnyc.com ; 700 E 9th St, à l'angle de Ave C, East Village ; ⌚16h-4h lun-ven, 11h-4h sam et dim ; S L jusqu'à 1st Ave)

Mighty Quinn's (p. 92)

Barrio Chino

BAR À COCKTAILS

33 PLAN P. 84, D8

Ce petit restaurant à mi-chemin entre La Havane et Pékin se mue volontiers en un lieu de fête où la tequila est particulièrement à l'honneur. Vous pouvez aussi prendre une Margarita à l'orange sanguine ou aux prunes noires, avec du guacamole et des tacos au poulet. (212-228-6710 ; www.barriochinony.com ; 253 Broome St, entre Ludlow St et Orchard St, Lower East Side ; 9h-1h tlj ; S F, J/M/Z jusqu'à Delancey St-Essex St)

Phoenix

GAY ET LESBIEN

34 PLAN P. 84, D1

Dans cette institution gay de l'East village, des réductions sur certaines boissons, des tournois de billard et les plus beaux garçons du quartier vous attendent à toute heure. Pour vous informer sur les animations, soirées quiz ou concerts, consultez le site Web. (212-477-9979 ; www.phoenixbarnyc.com ; 447 East 13th St, entre 1st Ave et Ave A, East Village ; 15h-4h ; S L jusqu'à 1st Ave)

Immigrant

BAR

35 PLAN P. 84, C2

Ces deux bars jumeaux sans prétention, grands comme des box de voitures, pourraient bien devenir votre QG dans le quartier si vous vous attardez en ville. Entre deux tâches, le personnel, aussi gentil que compétent, se mêle à la clientèle d'habitués. (646-308-1724 ; www.theimmigrantnyc.com ;

Un peu de calme

La fameuse St Marks Place fourmille d'une multitude de visiteurs en quête de shopping et de sorties. Gagnez les rues parallèles (ou rapprochez-vous de l'Ave A, vers l'est) pour trouver des boutiques épatantes et de bons restaurants avec deux fois moins de monde.

341 E 9th St, entre 1st Ave et 2nd Ave, East Village ; 17h-2h ; S L jusqu'à 1st Ave, 6 jusqu'à Astor Pl)

Crocodile Lounge

BAR LOUNGE

36 PLAN P. 84, C1

Vous rêvez de Williamsburg, mais vous avez la flemme de traverser l'Hudson ? Cap sur le Crocodile Lounge, petit frère du célèbre Alligator Lounge de Brooklyn. Ses boissons bon marché et sa pizza gratuite servie avec chaque verre (si, si...) lui valent les faveurs des jeunes gens en quête de sorties à petits prix. *Skee-ball* (jeu de boules) le mardi, soirées quiz le mercredi et le dimanche, et bingo le jeudi. (212-477-7747 ; www.crocodileloungenyc.com ; 325 E 14th St, entre 1st Ave et 2nd Ave, East Village ; 15h-4h ; S L jusqu'à 1st Ave)

Lucy's

BAR

37 PLAN P. 84, D3

À deux pas de St Marks Pl, un bar de l'East Village 100% authentique : il porte le nom de la patronne, qu'on voit parfois au comptoir, sert des boissons à prix imbattable, offre des tables de billard et des jeux d'arcade... et surtout, n'accepte que les espèces. (212-673-3824 ; 135 Ave A, entre St Marks Pl et E 9th St, East Village ; 19h-4h ; S L jusqu'à 1st Ave)

Sortir

Metrograph

CINÉMA

38 PLAN P. 84, D8

Ce tout nouveau paradis pour cinéphiles comporte deux salles aux sièges de velours rouge où sont projetés des films d'art et d'essai et parfois des longs métrages plus grand public comme *Magic Mike*. On trouve aussi une librairie pour passionnés de cinéma, un bar élégant et un restaurant chic à l'étage. (212-660-0312 ; www.metrograph.com ; 7 Ludlow St, entre Canal St et Hester St, Lower East Side ; billets 15 $; S F jusqu'à East Broadway, B/D jusqu'à Grand St)

Performance Space New York

THÉÂTRE

39 PLAN P. 84, D2

Jadis baptisé PS 122, ce théâtre d'avant-garde a rouvert en janvier 2018 avec une nouvelle façade, des salles de spectacles dernier cri, des ateliers d'artistes, un hall d'entrée flambant neuf et une terrasse sur le toit. L'ossature de cette ancienne école est toujours là, de même que son authentique théâtre expérimental : Eric Bogosian, Meredith Monk et Elevator Repair Service se sont tous produits ici. (212-477-5829 ; www.performancespacenewyork.org ; 150 First Ave, au niveau de E 9th St, East Village ; S L jusqu'à 1st Ave, 6 jusqu'à Astor Pl)

Rockwood Music Hall

MUSIQUE LIVE

40 PLAN P. 84, D6

Lancée par le rocker Ken Rockwood, cette petite salle dotée de trois scènes invite de nombreux groupes ou compositeurs-interprètes. Si votre budget est serré, optez pour la scène 1, où les concerts, gratuits, se succèdent à une heure d'intervalle : les plus déterminés peuvent ainsi en voir cinq ou plus d'affilée. Coup d'envoi à 15h le week-end et à 18h en semaine. (212-477-4155 ; www.rockwoodmusichall.com ; 196 Allen St, entre Houston St et Stanton St, Lower East Side ; 17h30-2h lun-ven, 15h-2h sam et dim ; S F jusqu'à 2nd Ave)

New York Theatre Workshop

THÉÂTRE

41 PLAN P. 84, B4

Fleuron de l'avant-garde, ce théâtre monte des pièces contemporaines depuis plus de 30 ans. C'est là que sont nés deux grands succès de Broadway, *Rent* et *Urinetown*, et que la comédie musicale *Once* a fait ses débuts. Les pièces à l'affiche sont toujours de très haut niveau. (212-460-5475 ; www.nytw.org ;

Kiefer Sutherland en concert au Bowery Ballroom

79 E 4th St, entre 2nd Ave et 3rd Ave, East Village ; S F jusqu'à 2nd Ave)

Nuyorican Poets Café

ARTS DE LA SCÈNE

42 ✪ PLAN P. 84, F5

Toujours aussi dynamique après plus de 40 ans d'activité, le légendaire Nuyorican offre des séances de slam, des spectacles de hip-hop, des pièces de théâtre et des projections de films. Cette association artistique à but non lucratif fait partie intégrante de l'histoire de l'East Village. Voyez le site Web pour connaître la programmation et acheter des billets pour les spectacles du week-end les plus courus. (☎212-780-9386 ; www.nuyorican.org ; 236 E 3rd St, entre Ave B et Ave C, East Village ; 8-25 $; S F jusqu'à 2nd Ave)

Mercury Lounge

MUSIQUE LIVE

43 ✪ PLAN P. 84, D5

Cette salle ne manque jamais d'accueillir *le* groupe, récent ou sur le retour, que tout le monde veut voir, comme Dengue Fever ou les Slits. Bonne acoustique, quelques places assises et piste de danse. (☎212-260-4700 ; www.mercuryloungenyc.com ; 217 E Houston St, entre Essex St et Ludlow St, Lower East Side ; entrée 10-15 $; ⏲18h-3h ; S F/V jusqu'à Lower East Side-2nd Ave)

Bowery Ballroom

MUSIQUE LIVE

44 ✪ PLAN P. 84, C7

Cette superbe salle de taille moyenne possède l'acoustique et l'ambiance parfaites pour des stars du rock indé comme

The Shins, Stephen Malkmus ou Patti Smith. (☎212-533-2111, 800-745-3000 ; www.boweryballroom.com ; 6 Delancey St, au niveau de Bowery St, Lower East Side ; S J/Z jusqu'à Bowery, B/D jusqu'à Grand St)

Sing Sing Karaoke

KARAOKÉ

45 PLAN P. 84, B3

Que vous cherchiez un salon privé pour jouer les stars devant vos amis, ou un bar animé où trouver un partenaire avec qui chanter un duo, ce karaoké est une excellente adresse. Le choix des chansons est impressionnant, de même que la carte des boissons. (☎212-387-7800 ; www.karaokesingsing.com ; 9 St Marks Pl, entre 2nd Ave et 3rd Ave, East Village ; salons privés 9 $/pers, karaoké au bar 2 $/pers ; 17h-4h dim-jeu, 17h-5h ven et sam ; S W/R jusqu'à 8th St-NYU, L jusqu'à 3rd Ave, 6 jusqu'à Astor Pl)

La MaMa ETC

THÉÂTRE

46 PLAN P. 84, C4

Bastion historique de l'expérimentation théâtrale (ETC signifie Experimental Theater Club), La MaMa abrite désormais trois scènes, un café, une galerie d'art et une annexe qui accueillent des pièces d'avant-garde, des spectacles comiques et des lectures. Quelques billets à 10 $ sont proposés à chaque spectacle : réservez tôt ! (☎212-352-3101 ; www.lamama.org ; 74a E 4th St, entre Bowery et 2nd Ave, East Village ; billets à partir de 20 $; S F jusqu'à 2nd Ave)

Shopping

Strand Book Store

LIVRES

47 PLAN P. 84, A1

Cette librairie légendaire est l'épicentre de la vie intellectuelle de Lower Manhattan. Elle a attiré des générations de lecteurs heureux d'explorer ses 30 kilomètres de rayonnages en arborant les sacs en toile marqués de son logo. Ouverte depuis 1927, elle propose plus de 2,5 millions de livres neufs, rares et d'occasion dispersés sur trois étages labyrinthiques. (☎212-473-1452 ; www.strandbooks.com ; 828 Broadway, au niveau de E 12th St, East Village ; 9h30-22h30 lun-sam, 11h-22h30 dim ; S L, N/Q/R/W, 4/5/6 jusqu'à 14th St-Union Sq)

Tictail Market

MODE

48 PLAN P. 84, D7

Nichée dans un coin du Lower East Side, cette boutique vend des vêtements, accessoires et objets déco du monde entier en se fournissant directement auprès des créateurs. Chacun de vos achats contribue donc à aider une petite entreprise. La collection, éclectique, tend vers un style branché et minimaliste. (☎917-388-1556 ; www.tictail.com ; 90 Orchard St, au niveau de Broome St, Lower East Side ; 12h-21h lun-sam, 12h-18h dim ; S B/D jusqu'à Grand St, F jusqu'à Delancey St, J/M/Z jusqu'à Essex St)

Obscura Antiques ANTIQUITÉS

49 PLAN P. 84, D1

Ce cabinet de curiosités enchante aussi bien les amoureux du macabre que les passionnés d'objets anciens : têtes d'animaux empaillées, crânes de petits rongeurs, papillons sous verre, photos de défunts de l'ère victorienne, inquiétants petits instruments (dentaires ?), drapeaux allemands qui servaient à repérer les mines, vieilles bouteilles de poison et yeux de verre. (212-505-9251 ; www.obscuraantiques.com ; 207 Ave A, entre E 12th St et 13th St, East Village ; 12h-20h lun-sam, 12h-19h dim ; S L jusqu'à 1st Ave)

Russ & Daughters ALIMENTATION

50 PLAN P. 84, D5

Depuis 1914, cette célèbre maison vend des spécialités juives d'Europe de l'Est, comme du caviar, du hareng, du saumon fumé (*lox*) et des quantités de produits à tartiner. Parfait pour préparer un pique-nique ou faire le plein de délices pour le petit-déjeuner. (212-475-4800 ; www.russanddaughters.com ; 179 E Houston St, entre Orchard St et Allen St, Lower East Side ; 8h-18h ven-mer, 8h-19h jeu ; S F jusqu'à 2nd Ave)

No Relation Vintage VINTAGE

51 PLAN P. 84, D1

Parmi les nombreuses boutiques vintage de l'East Village, celle-ci se distingue par sa variété : vestes en jean et en cuir, pantalons, tennis, chemises à carreaux, T-shirts aux slogans irrévérencieux, blousons, pochettes, etc. Préparez-vous à jouer des coudes, car on se

Strand Book Store

MATTHEW DICKER/SHUTTERSTOCK ©

presse ici le week-end. (L Train Vintage ; ☎212-228-5201 ; www.norelationvintage.com ; 204 1st Ave, entre 12th St et 13th St, East Village ; 🕐12h-19h45 lun-jeu et dim, 12h-20h45 ven et sam ; S L jusqu'à 1st Ave)

Edith Machinist

VINTAGE

52 PLAN P. 84, D6

Idéal pour adopter le style savamment négligé du Lower East Side : une touche de glamour vintage avec des bottes en daim à hauteur de genoux, des robes en soie années 1930 et des sacs à main ornés de perles. (☎212-979-9992 ; www.edithmachinist.com ; 104 Rivington St, entre Ludlow St et Essex St, Lower East Side ; 🕐12h-19h mar-jeu, 12h-18h dim, lun et ven ; S F jusqu'à Delancey St, J/M/Z jusqu'à Essex St)

Reformation

VÊTEMENTS

53 PLAN P. 84, D6

Cette élégante boutique vend de beaux vêtements (hauts, chemisiers, pulls et robes) produits dans le souci de l'environnement, à des prix corrects pour le Lower East Side. (☎646-448-4925 ; www.thereformation.com ; 156 Ludlow St, entre Rivington St et Stanton St, Lower East Side ; 🕐12h-20h lun-sam, 12h-19h dim ; S F jusqu'à Delancey St or 2nd Ave, J/M/Z jusqu'à Essex St)

A-1 Records

MUSIQUE

54 PLAN P. 84, D3

Parmi les disquaires qui pullulaient autrefois dans l'East Village, voici l'un des derniers survivants, ouvert depuis plus de 20 ans. On vient

Bluestockings

ROBERT K. CHIN - STOREFRONTS/ALAMY STOCK PHOTO ©

de loin pour parcourir ses étroits rayons bourrés de disques de jazz, de funk et de soul. (☎212-473-2870 ; www.a1recordshop.com ; 439 E 6th St, entre 1st Ave et Ave A, East Village ; ⏲13h-21h tlj ; S F/M jusqu'à 2nd Ave)

Moo Shoes
CHAUSSURES

55 PLAN P. 84, D8

Cette boutique respectueuse de la Terre et des animaux vend des chaussures, sacs et portefeuilles en microfibres (faux cuir) élégants – ballerines Olsenhaus, richelieus Novacos, portefeuilles ch cs Matt & Nat... (☎212-254-6512 ; www.mooshoes.com ; 78 Orchard St, entre Broome St et Grand St, Lower East Side ; ⏲11h30-20h lun-sam, 11h-19h dim ; S F jusqu'à Delancey St, J/M/Z jusqu'à Essex St)

By Robert James
MODE ET ACCESSOIRES

56 PLAN P. 84, D8

Des costumes hommes aux belles coupes franches : tel est le credo de Robert James, qui s'approvisionne et fabrique ses modèles à New York (l'ate ier de création est à l'étage). Les rayonnages sont chargés de denims *slim*, de belles chemises et de vestes sport classiques. Lola, le labrador noir du patron, arpente parfois le magasin. Il existe une autre boutique à Williamsburg. (☎212-253-2121 ; www.byrobertjames.com ; 74 Orchard St, entre Broome St et Grand St, Lower East Side ; ⏲12h-20h lun-sam, 12h-18h dim ; S F jusqu'à Delancey St, J/M/Z jusqu'à Essex St)

Kiehl's
COSMÉTIQUES

57 PLAN P. 84, B1

Fabricant et distributeur de produits de beauté depuis 1851, Kiehl's est devenu une chaîne internationale et a doublé la taille de son magasin, tout en conservant ses petites touches personnelles. (☎212-677-3171 ; 109 3rd Ave, entre 13th St et 14th St, East Village ; ⏲10h-21h lun-sam, 11h-19h dim ; S L jusqu'à 3rd Ave)

Bluestockings
LIVRES

58 PLAN P. 84, D6

Cette librairie indépendante présente une large gamme de sujets, tels le féminisme, l'homosexualité, la transsexualité et les études afro-américaines. Elle abrite aussi un café bio, végan et équitable et organise des conférences. (☎212-777-6028 ; www.bluestockings.com ; 172 Allen St, entre Stanton St et Rivington St, Lower East Side ; ⏲11h-23h ; S F/M jusqu'à Lower East Side-2nd Ave)

Still House
DÉCORATION

59 PLAN P. 84, D3

Cette petite boutique paisible vend des articles en verre et en céramique : vases faits main, dessus de table aux décors géométriques, bols et tasses, entre autres, ainsi que des bijoux minimalistes, des carnets délicatement reliés et de petites œuvres encadrées. (☎212-539-0200 ; www.stillhousenyc.com ; 117 E 7th St, entre 1st Ave et Ave A, East Village ; ⏲12h-20h lun-sam, 11h-19h dim ; S 6 jusqu'à Astor Pl)

Explorer

West Village, Chelsea et Meatpacking District

Les rues sinueuses de West Village abritent des lieux intimes où manger et prendre un verre. Les bars branchés du Meatpacking District drainent les jeunes actifs. L'attrait de Chelsea est fondé sur ses galeries d'art, et une communauté LGBT dynamique.

Commencez par une promenade sur la High Line (p. 104) qui relie ces quartiers, en prenant au sud à partir de W 30th St. Mangez au Chelsea Market (p. 112), puis visitez le Whitney Museum of American Art (p. 110). Explorez les petites rues pavées de West Village bordées de cafés et de boutiques. Pour le dîner, choisissez parmi des dizaines de restaurants, puis écoutez du jazz au Smalls (p. 121) ou au Village Vanguard (p. 122), ou un concert au Poisson Rouge (p. 123). Allez rire au Comedy Cellar (p. 125) ou retournez à Chelsea pour le spectacle Sleep No More (p. 121), et prenez un dernier verre à Bathtub Gin (p. 119).

Comment y aller

Sixth Ave, Seventh Ave et Eighth Ave ont des stations pratiques pour Chelsea et le Meatpacking District, mais les transports en commun sont plus rares vers l'ouest et le sud.

S Prenez les lignes A/C/E ou 1/2/3 pour rejoindre ces quartiers et descendez à 14th St (sur toutes ces lignes) ou W 4th St-Washington Sq pour gagner le cœur du Village.

Plan du quartier p. 108

La High Line (p. 104) MICHAEL URMANN/SHUTTERSTOCK ©

Les incontournables

La High Line

Difficile d'imaginer que la High Line – exemple remarquable de réhabilitation paysagère – était jadis une voie ferrée vétuste qui desservait le quartier des abattoirs. Aujourd'hui, cette belle promenade verdoyante est l'un des sites les plus appréciés de New York, où l'on vient flâner, s'asseoir et pique-niquer à 9 m au-dessus des rues, tout en profitant d'une vue fabuleuse sur l'horizon urbain sans cesse changeant de Manhattan.

PLAN P. 108, C4

212-500-6035

www.thehighline.org

7h-23h juin-sept, 7h-22h avr-mai et oct-nov, 7h-19h déc-mars

M11 (Washington St), M11, M14 (9th Ave), M23, M34 (10th Ave) ; S A/C/E, L (8th Ave-14th St), C/E (23rd St)

Une ancienne voie ferrée

Au début du XXe siècle, la zone située autour du Meatpacking District et de Chelsea était le plus grand quartier industriel de Manhattan, où une voie ferrée surélevée permettait de désengorger les rues saturées. Cette ligne dédiée au transport de marchandises devint peu à peu obsolète. En 1999, on décida donc de la convertir en un espace vert public. Le 9 juin 2009, le premier tronçon de ce projet de rénovation urbaine fut inauguré et le lieu est depuis lors l'une des attractions les plus appréciées de la ville.

Une balade sur la High Line

Le premier tronçon, entre Gansevoort St et W 20th St, est jalonné de chaises longues, bancs et autres fauteuils. Couvrant dix autres pâtés de maisons, la deuxième section est plantée d'espèces végétales endémiques. La dernière partie serpente entre 30th St et 34th St en contournant le dépôt de locomotives West Side Rail Yards ; là, le chemin s'élargit et offre une vue dégagée sur l'Hudson. Les rails rouillés envahis par la végétation sont encore visibles (les urbanistes ont voulu garder l'impression de nature sauvage en pleine métropole qui caractérisait le lieu avant la création du parc). Cette section est également dotée d'une aire de jeux faite de poutres au revêtement amortissant.

De nombreux escaliers permettent d'accéder à la High Line (près de Tenth Ave), notamment au niveau de Gansevoort St, 14th St, 16th St, 18th St, 20th St, 23rd St, 26th St, 28th St, 30th St et 34th St. On trouve aussi des ascenseurs dans Gansevoort St, 14th St, 16th St, 23rd St, 30th St et 34th St.

★ À savoir

- Devancez la foule en démarrant tôt de 30th ou 34th St ; partez vers le sud et sortez sur 14th St pour un en-cas au Chelsea Market avant d'explorer West Village. Si vous avez faim, parcourez la High Line dans l'autre sens, armé d'un cornet de glace.
- La High Line est un bon moyen d'éviter le dédale des rues du Meatpacking District, surtout quand il y a des travaux.

Une petite faim ?

Des restaurants se cachent derrière les murs du Chelsea Market (p. 112), à la sortie 14th St de la High Line. Au **Top of the Standard** (☎ 212-645-7600 ; www.standardhotels.com/high-line ; 848 Washington St, entre 13th St et Little W 12th St, Meatpacking District ; 16h-minuit dim-jeu, 16h-21h mer-sam ; S A/C/E, L jusqu'à 8th Ave-14th St), la vue vous fera oublier le prix des cocktails.

Promenade à pied

Les galeries de Chelsea

Chelsea possède la plus grande concentration de galeries d'art de la ville, situées pour la plupart vers 20th St, entre 10th Ave et 11th Ave et ouvertes du mardi au dimanche (vérifiez les horaires), les vernissages ayant généralement lieu le jeudi soir. Elles distribuent souvent gratuitement le Gallery Guide (avec plan) d'Art Info ; sinon, voyez le www.westchelseaarts.com.

Itinéraire

Départ Pace Gallery ; S 1, C/E jusqu'à 23rd St

Arrivée David Zwirner ; S 1, C/E jusqu'à 23rd St

Distance et durée 1,6 km ; 3 ou 4 heures en fonction des arrêts

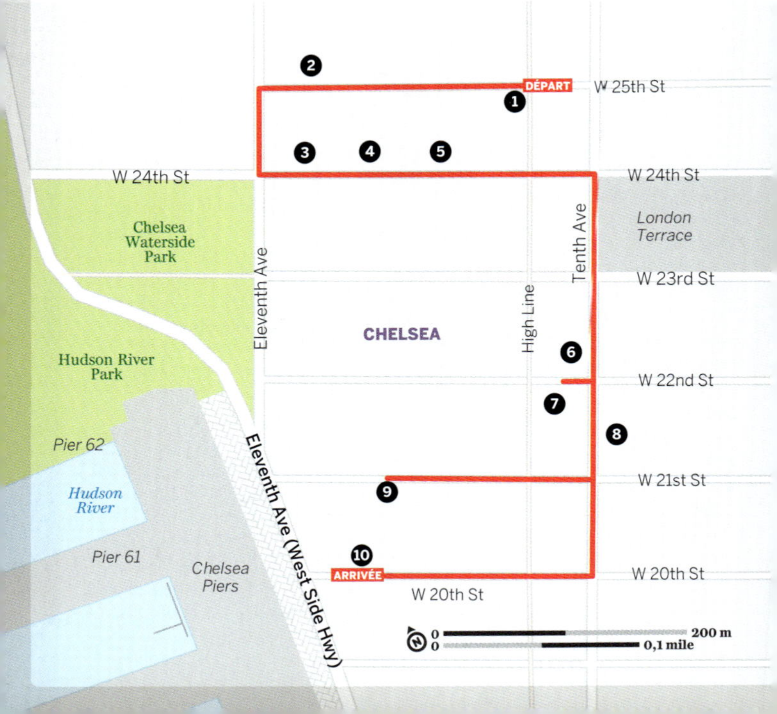

❶ Pace Gallery

Dans un garage reconverti, la **Pace Gallery** (☎212-255-4044 ; www.pacegallery.com ; 510 W 25th St, entre 10th Ave et 11th Ave ; ⌚10h-18h mar-sam ; Ⓢ1, C/E jusqu'à 23rd St) a travaillé avec des artistes de premier plan, dont David Hockney.

❷ Cheim & Read

Les sculptures abondent à **Cheim & Read** (☎212-242-7727 ; www.cheimread.com ; 547 W 25th St, entre 10th Ave et 11th Ave ; ⌚10h-18h mar-sam ; Ⓢ1, C/E jusqu'à 23rd St), avec des expositions renouvelées chaque mois.

❸ Gagosian

Gagosian (☎212-741-1111 ; www.gagosian.com ; 555 W 24th St, entre 10th Ave et 11th Ave ; ⌚10h-18h mar-sam ; Ⓢ1, C/E jusqu'à 23rd St) fait partie d'un ensemble de showrooms répartis à travers le monde.

❹ Mary Boone Gallery

La **Mary Boone Gallery** (☎212-752-2929 ; www.maryboonegallery.com ; 541 W 24th St, entre 10th Ave et 11th Ave ; ⌚10h-18h mar-sam ; Ⓢ1, C/E jusqu'à 23rd St) se visite sur rendez-vous. Elle a connu la gloire dans les années 1980 avec Jean-Michel Basquiat et Julian Schnabel.

❺ Barbara Gladstone Gallery

La **Barbara Gladstone Gallery** (☎212-206-9300 ; www.gladstonegallery.com ; 515 W 24th St, entre 10th Ave et 11th Ave ; ⌚10h-18h mar-sam ; Ⓢ1, C/E jusqu'à 23rd St) propose les expositions les plus applaudies.

❻ Ravitaillement à l'espagnol

Le petit bar à tapas **Tía Pol** (☎212-675-8805 ; www.tiapol.com ; 205 10th Ave, entre 22nd St et 23rd St ; tapas 7-14 $; ⌚12h-23h mar-dim, 17h30-23h lun ; Ⓢ1, C/E jusqu'à 23rd St) est une excellente adresse.

❼ Matthew Marks Gallery

Matthew Marks (☎212-243-0200 ; www.matthewmarks.com ; 522 W 22nd St, entre 10th Ave et 11th Ave ; ⌚10h-18h mar-sam ; Ⓢ1, C/E jusqu'à 23rd St) est célèbre pour ses expositions de grands noms tels que Jasper Johns et Ellsworth Kelly.

❽ 192 Books

Cette petite **librairie** (☎212-255-4022 ; www.192books.com ; 192 10th Ave, entre 21st St et 22nd St ; ⌚11h-19h ; Ⓢ1, C/E jusqu'à 23rd St), permet de faire une pause entre deux galeries.

❾ Paula Cooper Gallery

Icône du monde de l'art, **Paula Cooper** (☎212-255-1105 ; www.paulacoopergallery.com ; 534 W 21st St, entre 10th Ave et 11th Ave ; ⌚10h-18h lun-ven ; Ⓢ1, C/E jusqu'à 23rd St) continue à repousser les limites et à attirer les foules.

❿ David Zwirner

L'incontournable **David Zwirner** (☎212-517-8677 ; www.davidzwirner.com ; 537 W 20th St, entre 10th Ave et 11th Ave ; ⌚10h-18h mar-sam ; Ⓢ1, C/E jusqu'à 23rd St) possède une galerie de 2 800 m² sur 5 niveaux.

A
B
C
D
1
2
3
4
5
6
Pier 66
Pier 62
Pier 61
Pier 60
Pier 59
Twelfth Ave (West Side Hwy)
Eleventh Ave
Eleventh Ave (West Side Hwy)
High Line
Tenth Ave
Ninth Ave
Eighth Ave
Hudson River Park
Chelsea Waterside Park
Chelsea Park
CHELSEA
MEATPACKING DISTRICT
WEST VILLAGE
W 27th St
W 26th St
W 25th St
W 24th St
W 23rd St
23rd St
Chelsea Hotel 5
W 22nd St
W 21st St
W 20th St
W 19th St
W 18th St
W 17th St
W 16th St
W 15th St
8th Ave-14th St
W 14th St
W 13th St
Little W 12th St
High Line
Whitney Museum of American Art 1
Gansevoort St
Horatio St
Jane St
Hudson St
Abingdon Sq
Café Cluny
W 4th St
W 12th St
Bethune St
Bank St
Bleecker St
Washington St
W 11th St
Perry St
Charles St
W 10th St
Christopher St
Barrow St
Morton St
Greenwich St
West Side Hwy
Hudson River
Hudson River Park 2
26
37
53
14
11
42
16
50
29
27
45
7
34
19
48
28
59
24
10
18
31
23
58
30
0 500 m
0 0,25 mile
Nos adresses
Les incontournables p. 104
Voir p. 110
Se restaurer p. 112
Prendre un verre p. 116
Sortir p. 121
Shopping p. 125

E
F
G
H
1
2
3
4
5
6
0 100 m
0 0,05 mile
Zoom
Voir zoom
WEST VILLAGE
GREENWICH VILLAGE
EAST VILLAGE
NOHO
W 27th St
Seventh Ave
23rd St
23rd St
18th St
14th St
Sixth Ave (Avenue of the Americas)
6th Ave-14th St
E 14th St
14th St-Union Sq
3rd Ave
W 13th St
W 12th St
W 10th St
W 9th St
W 8th St
Greenwich Ave
Waverly Pl
Perry St
W 10th St
W 4th St
Charles St
Gay St
Christopher St-Sheridan Sq
Christopher Park
Stonewall National Monument
Washington Pl
W 4th St-Washington Sq
Christopher St
Bleecker St
Barrow St
Jones St
Cornelia St
W 3rd St
Rubin Museum of Art
Salmagundi Club
E 13th St
E 12th St
E 11th St
E 10th St
E 9th St
E 8th St
8th St-NYU
Fourth Ave
Third Ave
Stuyvesant St
Astor Pl
University Pl
Washington Sq N
Washington Square Park
Washington Sq S
Broadway
Lafayette St
Cooper Square
E 7th St
E 6th St
E 5th St
E 4th St
Great Jones St
Bond St
Bleecker St
Bowery
Caffe Reggio
Minetta La
W 3rd St
New York University
Mercer St
MacDougal St
Sullivan St
Thompson St
LaGuardia Pl
Bedford St
Carmine St
Downing St
Broadway-Lafayette St
W Houston St
E Houston St
39
22
9
51
52
61
35
60
38
8
36
46
43
4
25
21
40
20
55
3
49
15
57
56
6
13
12
32
47
33
17
54
44
41

Voir

Whitney Museum of American Art — MUSÉE

1 PLAN P. 108, C4

Après des années de travaux, le Whitney a intégré ses nouveaux locaux en grande pompe en 2015. Au pied de la High Line (p. 104), ce bâtiment à l'architecture saisissante, signé Renzo Piano, forme un écrin parfait pour les superbes collections du musée. Au sein de galeries aussi spacieuses que lumineuses, vous apprécierez les œuvres des grands artistes américains, comme Edward Hopper, Jasper Johns, Georgia O'Keeffe et Mark Rothko. (212-570-3600 ; www.whitney.org ; 99 Gansevoort St, au niveau de Washington St, West Village ; adulte/enfant 25$/gratuit, don libre 19h-22h ven ; 10h30-18h lun, mer, jeu et dim, 10h30-22h ven et sam ; S A/C/E, L jusqu'à 8th Ave-14th St)

Hudson River Park — PARC

2 PLAN P. 108, C6

Si la High Line (p. 104) est la nouvelle coqueluche des New-Yorkais, à une rue de là s'étire un ruban de verdure de 8 km qui a lui aussi contribué à transformer le visage de la ville. Couvrant 220 ha depuis Battery Park, à la pointe sud de Manhattan, jusqu'à 59th St, à Midtown, ce long sentier en bordure du fleuve est idéal pour se balader à vélo, faire une séance de running ou tout simplement flâner. (www.hudsonriverpark.org ; West Village ; ; M11 jusqu'à Washington St, M11, M14 jusqu'à 9th Ave, M23, M34 jusqu'à 10th Ave, S 1 jusqu'à Hudson Ave, A/C/E, L jusqu'à 8th Ave-14th St, 1, C/E jusqu'à 23rd St)

Rubin Museum of Art — MUSÉE

3 PLAN P. 108, E3

Premier musée occidental à s'intéresser à l'art de l'Himalaya et des régions environnantes, le Rubin comprend une collection impressionnante (IIe-XIXe siècle), constituée de broderies de Chine, de sculptures en métal du Tibet, de sculptures en pierre du Pakistan, de peintures élaborées du Bhoutan, ainsi que d'objets rituels et de masques de danseurs du Tibet. (212-620-5000 ; www.rmanyc.org ; 150 W 17th St, entre 6th Ave et 7th Ave, Chelsea ; adulte/enfant 15 $/gratuit, 18h-22h ven gratuit ; 11h-17h lun et jeu, 11h-21h mer, 11h-22h ven, 11h-18h sam-dim ; S 1 jusqu'à 18th St)

Stonewall National Monument — PARC NATIONAL

4 PLAN P. 108, G2

En 2016, le président Barack Obama a fait de Christopher Park un parc national, avec le tout premier monument dédié à la communauté gay. Il vaut la peine de s'arrêter dans ce petit square doté de bancs et de quelques arbres pour se rappeler les émeutes de Stonewall (1969), quand la communauté homosexuelle se révolta contre les discriminations dont ses membres étaient victimes : un épisode

Washington Square Park

Jadis cimetière pour indigents et lieu où se tenaient les exécutions publiques, le **Washington Square Park** (plan p. 108, F5 ; Fifth Ave au niveau de Washington Sq N, West Village ; ; S A/C/E, B/D/F/M jusqu'à W 4th St-Washington Sq, R/W jusqu'à 8th St-NYU) est un peu la grand-place de Greenwich Village. Les étudiants s'y mêlent aux joueurs de tuba, aux habitants promenant leurs chiens, aux joueurs d'échecs et, par temps chaud, aux enfants sautant pieds nus dans la fontaine. Ce parc est de longue date un lieu d'activisme politique, qu'il s'agisse de rassemblements locaux contre des projets d'urbanisme ou de mouvements nationaux comme les manifestations de 1912 pour de meilleures conditions de travail. Aujourd'hui, on s'y réunit régulièrement pour dénoncer la politique migratoire de Trump.

L'emblématique Stanford White Arch, communément appelé Washington Square Arch, domine le parc du haut de ses 22 m. Edifié en bois en 1889 pour fêter le centenaire de l'investiture de George Washington, cet arc de triomphe eut un tel succès qu'on le remplaça 6 ans plus tard par un monument en marbre de Douvres.

fondateur du mouvement pour les droits des LGBTQ américains. (www.nps.gov/ston/index.htm ; W 4th St, entre Christopher St et Grove St, West Village ; 9h-crépuscule ; S 1 jusqu'à Christopher St-Sheridan Sq, A/C/E, B/D/F/M jusqu'à W 4th St-Washington Sq)

Chelsea Hotel BÂTIMENT HISTORIQUE

5 PLAN P. 108, D2

Cet hôtel de brique rouge datant des années 1880 arbore de beaux balcons en fer forgé et pas moins de 7 plaques évoquant le rôle majeur qu'il a joué dans l'histoire de la littérature et de la pop-culture. Les écrivains, tels Mark Twain, Thomas Wolfe, Dylan Thomas et Arthur Miller, furent nombreux à y descendre et à y passer du temps. Jack Kerouac y aurait écrit d'une seule traite *Sur la route*, et Arthur C. Clarke y rédigea *2001 : L'Odyssée de l'espace*. (222 W 23rd St, entre 7th Ave et 8th Ave, Chelsea ; S 1, C/E jusqu'à 23rd St)

Salmagundi Club GALERIE

6 PLAN P. 108, F4

Loin des galeries clinquantes de Chelsea, le Salmagundi Club compte plusieurs salles dédiées à l'art figuratif américain, dans une superbe *brownstone* (demeure historique en grès rouge) de Fifth Ave. L'un des plus anciens clubs artistiques du pays (1871), il continue de proposer des cours et des expositions à ses membres. (212-255-7740 ; www.salmagundi.org ; 47 Fifth Ave, entre W 11th St et 12th St, West Village ; entrée libre ; 13h-18h lun-ven,

Les cafés de West Village

West Village est l'une des zones résidentielles les plus agréables de Manhattan, regorgeant de charmants cafés, tels le **Café Cluny** (plan p. 108, D4 ; 212-255-6900 ; www.cafecluny.com ; 284 W 12th St, angle W 12th St et W 4th St, West Village ; plats déj 12-28 $, dîner 22-34 $; 8h-22h lun-mer, 8h-23h jeu-ven, 9h-23h sam, 9h-22h dim ; S A/C/E, L jusqu'à 8th Ave-14th St) à l'ambiance parisienne, ou, pour un petit bout d'Italie, le **Caffe Reggio** (plan p. 108, F6 ; 212-475-9557 ; www.caffereggio.com ; 119 MacDougal St, près de W 3rd St, West Village ; sandwichs 10 $ environ ; 9h-3h dim-jeu, 9h-4h ven et sam ; S A/C/E, B/D/F/M jusqu'à W 4th St-Washington Sq). Commandez un *latte*, plongez-vous dans un livre ou regardez les passants.

13h-17h sam et dim ; S 4/5/6, L, N/Q/R/W jusqu'à 14th St-Union Sq)

Se restaurer

Chelsea Market

MARCHÉ **$**

7 PLAN P. 108, C3

Voici un bel exemple de réhabilitation urbaine : une ancienne usine du géant du cookie Nabisco (producteur des biscuits Oreo) transformée en une halle pour gourmets de 240 m de long. Dans les allées rénovées, les fours d'où sortaient des milliers de petits gâteaux ont fait place à une myriade d'enseignes en tous genres. (www.chelseamarket.com ; 75 Ninth Ave, entre 15th St et 16th St, Chelsea ; 7h-21h lun-sam, 8h-20h dim ; S A/C/E, L jusqu'à 8th Ave-14th St)

Jeffrey's Grocery

AMÉRICAIN MODERNE **$$$**

8 PLAN P. 108, G2

Les produits de la mer tiennent la vedette dans cette institution de West Village à l'ambiance animée : bar à huîtres et plats joliment préparés, comme les moules à la crème fraîche, la tartine de steak de thon et les plateaux de crustacés. Côté viande, citons l'onglet aux légumes grillés sauce *romesco*. (646-398-7630 ; www.jeffreysgrocery.com ; 172 Waverly Pl, au niveau de Christopher St, West Village ; plats 23-30 $; 8h-23h lun-mer, 8h-1h jeu et ven, 9h30-1h sam, 9h30-23h dim ; S 1 jusqu'à Christopher St-Sheridan Sq)

Rosemary's

ITALIEN **$$**

9 PLAN P. 108, G1

L'un des restaurants les plus en vogue de West Village, Rosemary's sert une cuisine italienne haut de gamme qui vaut largement le détour. Dans un décor évoquant celui d'une ferme, on se régale de copieuses portions de pâtes maison, de généreuses salades et de planches de fromage et *salumi* (charcuterie). Tout est excellent, du pesto aux noix et aux herbes jusqu'à la succulente épaule d'agneau fumée. (☎212-647-1818 ; www.rosemarysnyc.com ; 18 Greenwich Ave, au niveau de W 10th St, West Village ; plats 14-40 $; ⏲8h-16h et 17h-23h lun-jeu, jusqu'à minuit ven et sam, à partir de 10h sam et dim ; S 1 jusqu'à Christopher St-Sheridan Sq)

Barbuto ITALIEN MODERNE $$

10 PLAN P. 108, C5

Dans un ancien garage dont les portes transparentes s'ouvrent à la belle saison, Barbuto prépare de délicieux plats italiens contemporains, comme le magret de canard au pruneau et à la crème fraîche, ou les calamars à l'encre de seiche et à l'aïoli pimenté. (☎212-924-9700 ; www.barbutonyc.com ; 775 Washington St, au niveau de W 12th St, West Village ; plats 22-28 $; ⏲12h-15h30 et 17h30-23h lun-jeu, jusqu'à minuit ven et sam, jusqu'à 22h dim ; S A/C/E, L jusqu'à 8th Ave-14th St, 1 jusqu'à Christopher St-Sheridan Sq)

Foragers Table AMÉRICAIN MODERNE $$$

11 PLAN P. 108, D2

Les propriétaires de ce restaurant d'exception possèdent une ferme de 11 ha dans la vallée de l'Hudson, d'où provient une grande partie de leurs ingrédients. La carte change régulièrement : magret de canard de Long Island avec courge poivrée grillée, pommes, chanterelles et figues, raie grillée au quinoa rouge, purée de chou frisé et oignon *cippolini* ou encore œufs mimosa à la moutarde de Dijon. (☎212-243-8888 ; www.foragersmarket.com/restaurant ; 233 8th Ave, Chelsea ; plats 17-32 $; ⏲17h30-22h lun-ven,

Chelsea Market

9h-15h et 17h30-22h sam, jusqu'à 21h dim ; 🍷 ; S 1, C/E jusqu'à 23rd St)

Otto Enoteca Pizzeria

PIZZAS **$**

12 PLAN P. 108, F5

Juste au nord de Washington Square Park, cette pizzéria abordable fait partie de l'empire du chef américain Mario Batali. Les pizzas à pâte fine cuisent sur des plaques métalliques jusqu'à ce qu'elles soient parfaitement croustillantes. Les garnitures sortent de l'ordinaire (asperge, fromage de chèvre, œuf, piment, câpres, excellente mozzarella fraîche) et la sauce atteint l'équilibre parfait entre goût fumé et saveur sucrée. S'il vous reste un peu de place, goûtez les glaces maison. (☎ 212-995-9559 ; www.ottopizzeria.com ; 1 5th Ave, entrée dans E 8th St, West Village ; pizzas 9-15 $; ⌚ 11h30-minuit ; 🍷 ; S A/C/E, B/D/F/M jusqu'à W 4th StWashington Sq)

Nix

VÉGÉTARIEN **$$**

13 PLAN P. 108, G4

Dans ce discret restaurant étoilé, les chefs Nicolas Farias et John Fraser créent de véritables chefs-d'œuvre culinaires. Commencez par un pain tandoori et une purée d'aubergine épicée aux pignons, puis enchaînez sur une tempura de chou-fleur aux brioches vapeur ou un tofu épicé aux chanterelles, chou frisé et poivre du Sichuan. (☎ 212-498-9393 ; www.nixny.com ; 72 University Pl, entre 10th St et 11th St, West Village ; plats 20-28 $; ⌚ 11h30-14h30 et 17h30-23h lun-ven, à partir de 10h30 sam et dim ; S 4/5/6, N/Q/R/W, L jusqu'à 14th St-Union Sq)

Otto Enoteca Pizzeria

ROBERT K. CHIN - STOREFRONTS/ALAMY ©

Jun-Men

RAMEN **$$**

14 PLAN P. 108, C1

Ce petit restaurant de *ramen* ultramoderne prépare de délicieux bols de nouilles : à l'échine de porc, au miso épicé ou encore aux champignons et *uni* (oursins). Ne manquez pas les entrées, surtout le *ceviche* de poisson et les petits pains de porc au barbecue. Le service est rapide et les cuisiniers s'affairant derrière leur comptoir offrent un spectacle divertissant. (646-852-6787 ; www.junmenramen.com ; 249 9th Ave, entre 25th St et 26th St, Chelsea ; ramen 16-19 $; 11h30-15h et 17h-22h lun-jeu, jusqu'à 23h ven et sam ; S 1, C/E jusqu'à 23rd St)

Babu Ji

INDIEN **$$**

15 PLAN P. 108, G4

Ambiance joyeuse dans cet excellent restaurant tenu par des Australiens qui a récemment déménagé dans Union Square. Composez un repas à partir d'en-cas style *street food*, comme le *papadi chaat* (chutney de pois chiches, grenade et yaourt) et les croquettes de pommes de terre au homard, ou dégustez un plat plus consistant, tels les côtelettes d'agneau tandoori ou le curry de Saint-Jacques à la noix de coco. Menu dégustation à 62 $. (212-951-1082 ; www.babujinyc.com ; 22 E 13th St, entre University Pl et 5th Ave, West Village ; plats 14-26 $; 17h-22h30 dim-jeu, 17h-23h30 ven et sam, et 10h30-15h sam et dim ; S 4/5/6, N/Q/R/W, L jusqu'à 14th St-Union Sq)

Restaurants

Si West Village est connu pour ses restaurants chics, douillets et intimes, le Meatpacking District, juste à côté, est plus ostentatoire, avec ses restaurants clinquants et ses clients branchés que l'on voit faire la queue derrière des cordons de velours.

Chelsea représente le juste milieu entre ces deux quartiers : établissements gays et tapageurs le long de l'ultra-populaire Eighth Ave, idéals pour voir et être vu à l'heure du brunch, et cafés dans Ninth Ave, plus à l'ouest. Aux beaux jours, les restaurants ouvrent grand portes et fenêtres et se déploient en terrasses.

Cookshop

AMÉRICAIN MODERNE **$$**

16 PLAN P. 108, C2

Excellent établissement pour un brunch, avant ou après une balade sur la High Line. Son service parfait, ses cocktails exquis (tentez le BLT Mary au bacon), son pain cuit à la perfection et ses plats inventifs à base d'œufs en font l'un des restaurants les plus appréciés de Chelsea le dimanche. (212-924-4440 ; www.cookshopny.com ; 156 10th Ave, entre W 19th St et 20th St, Chelsea ; plats brunch 15-22 $, déj 17-21 $, dîner 22-48 $; 8h-23h30 lun-ven, 10h-23h sam, 10h-22h dim ; S 1, C/E jusqu'à 23rd St)

Sushi Nakazawa

SUSHIS $$$

17 PLAN P. 108, E6

Prix élevés mais qualité exceptionnelle dans ce restaurant très applaudi dès son ouverture en 2013. Il sert un menu en 20 services (tout est cru) créé par le chef Daisuke Nakazawa, qui a officié sous les ordres de Jiro Ono, sans doute le meilleur maître sushi au monde. (212-924-2212 ; www.sushinakazawa.com ; 23 Commerce St, entre Bedford St et Seventh Ave, West Village ; menu 120-150 $; 17h-22h15 ; S 1 jusqu'à Christopher St-Sheridan Sq)

Spotted Pig

GASTROPUB $$$

18 PLAN P. 108, D5

Ce pub gastronomique primé, apprécié des professionnels de la restauration et des célébrités, prépare des plats italo-britanniques haut de gamme et copieux et un excellent cheeseburger aux frites allumettes. Les bibelots rétro qui décorent ses 2 niveaux créent une ambiance à la fois élégante et décontractée. (212-620-0393 ; www.thespottedpig.com ; 314 W 11th St, au niveau de Greenwich St ; plats déj 18-48 $, dîner 26-38 $; 12h-2h lun-ven, 11h-2h sam-dim ; S A/C/E jusqu'à 14th St, L jusqu'à 8th Ave)

Gansevoort Market

MARCHÉ $

19 PLAN P. 108, C3

Dans un bâtiment de brique au cœur du Meatpacking District, ce vaste marché gastronomique est le dernier en date à avoir ouvert à New York. Des dizaines de stands vendant tapas, *arepas*, tacos, pizzas, tourtes à la viande, glaces, pâtisseries, etc., se partagent un espace dépouillé de style industriel, éclairé par des lucarnes. (646-449-8400 ; www.gansmarket.com ; 353 W 14th St, au niveau de Ninth Ave, Meatpacking District ; plats 5-20 $; 7h-21h ; S A/C/E, L jusqu'à 8th Ave-14th St)

Red Bamboo

VÉGAN $

20 PLAN P. 108, H3

Pop-corn de "crevettes", "poulet" fondant au "parmesan", gâteau au chocolat si généreux qu'on peine à le finir et autres plats asiatiques ou du sud des États-Unis. Le secret ? Tout est végan. Idéal pour les végans, les végétariens et les amateurs de nouveautés. (212-260-1212 ; www.redbamboo-nyc.com ; 140 W 4th St, entre 6th Ave et MacDougal St ; plats 8-13 $; 12h30-23h lun-jeu, 12h30-23h30 ven, 12h-23h30 sam, 12h-23h dim ; S A/C/E, B/D/F/M jusqu'à W 4th St-Washington Sq)

Prendre un verre

Buvette

BAR À VINS

21 PLAN P. 108, F3

Son décor rustique-chic (délicats panneaux de métal gaufré et comptoir en marbre) en fait l'endroit idéal pour un verre de vin à toute heure de la journée. Pour profiter pleinement de cette "gastrothèque", picorez de petites

Spotted Pig

assiettes en savourant des vins européens (surtout français et italiens). (☎212-255-3590 ; www.ilovebuvette.com ; 42 Grove St, entre Bedford St et Bleecker St, West Village ; ⏰7h-2h tlj ; S 1 jusqu'à Christopher St-Sheridan Sq, A/C/E, B/D/F/M jusqu'à W 4th St-Washington Sq)

Happiest Hour — BAR À COCKTAILS

22 PLAN P. 108, G1

Décor à base de palmiers, fond musical des années 1960 et cocktails amusants vous attendent dans ce bar à l'ambiance détendue et chic, fréquenté par des employés de bureau bien habillés et des couples adeptes des rencontres en ligne. Les vrais amateurs descendront au sous-sol, au Slowly Shirley, pour déguster des breuvages préparés selon des recettes soigneusement élaborées. (☎212-243-2827 ; www.happiesthournyc.com ; 121 W 10th St, entre Greenwich St et 6th Ave, West Village ; ⏰17h-tard lun-ven, 14h-tard sam et dim ; S A/C/E, B/D/F/M jusqu'à W 4th St-Washington Sq, 1 jusqu'à Christopher St-Sheridan Sq)

Employees Only — BAR

23 PLAN P. 108, D5

Ce repaire caché derrière une enseigne au néon indiquant "Psychic" se remplit à mesure que la nuit avance. Les excellents barmen concoctent des breuvages délicieusement addictifs tels que le Ginger Smash et le Bellini. Idéal pour prendre un verre tard le soir et même pour manger, grâce au restaurant qui sert jusqu'à 3h30 (la soupe de poulet maison attend les couche-tard). (☎212-242-3021 ; www.employeesonlynyc.com ; 510 Hudson St, entre W 10th St et Christopher St, West Village ; 🕒18h-4h ; S 1 jusqu'à Christopher St-Sheridan Sq)

Cubbyhole

LGBT

24 PLAN P. 108, D4

Ce bar se présente comme "accueillant les lesbiennes, les homos et les hétéros depuis 1994". Si la clientèle est essentiellement féminine, tout quidam en quête d'un verre à petit prix est le bienvenu. Excellent jukebox, sympathiques barmen et nombreux habitués qui viennent bavarder plutôt que chercher une aventure d'un soir. (☎212-243-9041 ; www.cubbyholebar.com ; 281 W 12th St, au niveau de W 4th St, West Village ; 🕒16h-4h lun-ven, 14h-4h sam et dim ; S A/C/E, L jusqu'à 8th Ave-14th St)

Marie's Crisis

BAR

25 PLAN P. 108, F3

Stars de Broadway vieillissantes, provinciaux en goguette, touristes gloussants et autres fans de comédies musicales se succèdent autour du piano pour pousser la chansonnette, souvent rejoints par le reste de la clientèle et parfois par des célébrités de passage. L'ambiance joyeuse séduira même les plus blasés. (☎212-243-9323 ; 59 Grove St, entre 7th Ave et Bleecker St, West Village ; 🕒16h30-3h lun-jeu, 16h30-4h ven et sam ; S 1 jusqu'à Christopher St-Sheridan Sq, A/C/E, B/D/F/M jusqu'à W 4th St-Washington Sq)

Eagle NYC

GAY

26 PLAN P. 108, B1

Ce club est très apprécié des hommes vêtus de cuir et autres fétichistes. Ses deux niveaux et la terrasse sur le toit laissent un maximum d'espace pour boire et danser sans retenue. Il y a souvent des soirées à thème : consultez le site Web pour connaître le dress code. (☎646-473-1866 ; www.eaglenyc.com ; 554 W 28th St, entre 10th Ave et 11th Ave, Chelsea ; 🕒22h-4h lun-sam, 17h-4h dim ; S 1, C/E jusqu'à 23rd St)

Gym Sportsbar

GAY

27 PLAN P. 108, D3

À Chelsea, le Gym Sportsbar accueille la clientèle LGBTQ dans une atmosphère décontractée : barmen cool, boissons abordables, billard, terrasse pour fumeurs et plusieurs écrans télé retransmettant des événements sportifs. En semaine deux boissons pour le prix d'une lors de l'*happy hour*. (☎212-337-2439 ; www.gymsportsbar.com ; 167 8th Ave ; boissons à partir de 7 $; 🕒16h-2h lun-ven, 14h-2h sam et dim ; S A/C/E, L jusqu'à 8th Ave-14th St)

Cielo

DISCOTHÈQUE

28 PLAN P. 108, C4

Installée de longue date, cette boîte à la clientèle sans prétention possède une excellente sono. Joignez-vous aux amoureux de la dance lors des TOCA Tuesdays, où le DJ Tony Touch passe du hip-hop, de la soul et du funk. Les autres soirs, divers DJ européens mixent des sons excellents auxquels absolument aucun danseur ne résiste. (☎212-645-5700 ; www.cieloclub.com ; 18 Little W 12th St, entre 9th Ave et Washington St, Meatpacking District ; entrée 15-25 $; S A/C/E, L jusqu'à 8th Ave-14th St)

Bathtub Gin

BAR À COCKTAILS

29 PLAN P. 108, C3

Les bars clandestins (ou *speakeasy*) fourmillent à New York, mais celui-ci se démarque avec sa porte d'entrée dissimulée au fond du Stone Street Coffee Shop. Sa décoration rétro, sa douce musique de fond et son personnel souriant en font l'endroit idéal pour siroter des cocktails entre amis. (☎646-559-1671 ; www.bathtubginnyc.com ; 132 9th Ave, entre 18th St et 19th St, Chelsea ; ⏲17h-2h dim-mer, 17h-3h jeu, 17h-4h ven, 16h-4h sam ; S A/C/E, L jusqu'à 8th Ave-14th St, 1, C/E jusqu'à 23rd St, 1 jusqu'à 18th St)

Henrietta Hudson

LESBIEN

30 PLAN P. 108, D6

Ce bar élégant où officient de bons DJs (hip-hop, house ou rock selon les soirs) draine une multitude de jeunes femmes, dont beaucoup viennent du New Jersey et de Long Island. Née à Brooklyn, la propriétaire Lisa Cannistraci, grande figure du monde de la nuit lesbien, fait souvent des apparitions. (☎212-924-3347 ; www.henriettahudson.com ; 438 Hudson St ; ⏲16h-4h ; S 1 jusqu'à Houston St)

Cap à l'ouest

Une grande partie de West Village n'est pas desservie par le métro, et la ligne L ne va que jusqu'à Eighth Ave. Pour rejoindre les zones les plus à l'ouest de Chelsea et de West Village, essayez le bus M14 ou M8. Il est dommage, toutefois, de se déplacer en bus ou en taxi dans ce secteur – ses charmantes rues pavées se prêtent idéalement à la promenade.

Aria

BAR À VINS

31 PLAN P. 108, D5

Dans l'ouest du Village, la musique emplit cette salle aux tables rustiques en bois et aux murs tapissés de carreaux ou de briques. Bon choix de vins, notamment bio, avec des prix commençant à 8 $ pour un (petit) verre. Parmi les *cicchetti* (petites assiettes à partager), goûtez les dattes fourrées au gorgonzola, les croquettes de crabe et les calamars. (☎212-242-4233 ; www.ariawinebar.com ; 117 Perry St, entre Greenwich St et Hudson St, West Village ; ⏲11h-22h dim-jeu, 11h-23h ven et sam ; S 1 jusqu'à Christopher St-Sheridan Sq)

Stumptown Coffee Roasters

CAFÉ

32 PLAN P. 108, F5

Avec ses breuvages merveilleusement préparés, cette brûlerie réputée de Portland contribue à réinventer l'univers du café new-yorkais. Dans un cadre élégant, les quelques tables sont souvent occupées par des clients pianotant sur leurs ordinateurs portables. (855-711-3385 ; www.stumptowncoffee.com ; 30 W 8th St, au niveau de MacDougal St, West Village ; 7h-20h ; S A/C/E, B/D/F/M jusqu'à W 4th St-Washington Sq)

124 Old Rabbit Club

BAR

33 PLAN P. 108, F6

Vous vous féliciterez sûrement d'avoir trouvé ce bar bien caché (repérez le mot *Rabbit* écrit en petit au-dessus de la porte). Une fois entré dans la salle étroite et sombre à l'ambiance tranquille, asseyez-vous au bar faiblement éclairé et choisissez une bière d'importation parmi les dizaines proposées. (212-254-0575 ; www.rabbitclubnyc.com ; 124 MacDougal St, au niveau de Minetta Ln, West Village ; 18h-2h dim-jeu, 18h-4h ven et sam ; S A/C/E, B/D/F/M jusqu'à W 4th St-Washington Sq, 1 jusqu'à Houston St)

Blue Bottle

CAFÉ

34 PLAN P. 108, C3

Basée à Oakland, la chaîne Blue Bottle a été adoptée avec enthousiasme par les New-Yorkais. Ce torréfacteur haut de gamme possède une petite antenne en face du Chelsea Market. Des balances et des thermomètres servent à préparer l'espresso ou le café filtre parfait. Asseyez-vous près de la fenêtre, ou montez dans la mezzanine, au-dessus du comptoir. (www.bluebottlecoffee.com ; 450 W 15th St, entre 9th Ave et 10th Ave, Chelsea ; 7h-18h lun-ven, 8h-18h sam et dim ; S A/C/E, L jusqu'à 8th Ave-14th St)

Highlands

BAR

35 PLAN P. 108, G2

Voici un endroit agréable où passer la soirée. Des briques apparentes à la cheminée en passant par les trophées de chasse, le papier peint décoré de faisans, les peintures à l'huile et les tartans d'Édimbourg sur les murs, tout ici rappelle l'Écosse. Au menu : bières et alcools écossais, *haggis* (panse de brebis farcie), *scotch eggs* (œufs durs enveloppés de chair à saucisse panée), *shepherd's pie* (sorte de hachis Parmentier) et autres mets traditionnels. (212-229-2670 ; www.highlands-nyc.com ; 150 W 10th St, près de Waverly Pl, West Village ; 17h-1h lun-mer, 17h-2h jeu, 17h-3h ven, 11h30-3h sam, 11h30-minuit dim ; S 1 jusqu'à Christopher St-Sheridan Sq, A/C/E, B/D/F/M jusqu'à W 4th St-Washington Sq)

Stonewall Inn

LGBT

36 PLAN P. 108, G2

Théâtre des émeutes de Stonewall en 1969, ce bar est devenu un quasi-lieu de pèlerinage. Une clientèle hétéroclite s'y donne désormais rendez-vous sous le drapeau arc-en-ciel. Loin d'être branché, c'est un endroit accueillant mais banal qui passerait inaperçu sans son glorieux passé. (☎212-488-2705 ; www.thestonewallinnnyc.com ; 53 Christopher St ; ⏰14h-4h ; Ⓢ1 jusqu'à Christopher St-Sheridan Sq)

Sortir

Sleep No More — THÉÂTRE

37 ✪ PLAN P. 108, B1

Incroyable spectacle théâtral en immersion, *Sleep No More* est une adaptation libre de *Macbeth*. L'action se déroule dans des entrepôts de Chelsea transformés pour ressembler au McKittrick Hotel et sa boîte de jazz des années 1930. (☎866-811-4111 ; www.sleepnomorenyc.com ; 530 W 27th St, entre 10h Ave et 11th Ave, Chelsea ; à partir de 105 $; ⏰19h-minuit lun-sam ; Ⓢ1, C/E jusqu'à 23rd St)

Smalls — JAZZ

38 ✪ PLAN P. 108, F2

Cette petite salle de jazz en sous-sol offre chaque soir une programmation éclectique. Le billet d'entrée donne la possibilité de sortir (pour manger un morceau dans le quartier par exemple), puis de revenir. Excellentes jam-sessions les samedis et dimanches après-midi. (☎646-476-4346 ; www.smallslive.com ; 183 W 10th St, entre W 4th St et 7th Ave S, West Village ; entrée 20 $; ⏰19h05-3h30

Stumptown Coffee Roasters

RICHARD LEVINE/ALAMY STOCK PHOTO ©

New York arc-en-ciel

New York affiche fièrement les couleurs LGBT, surtout à West Village où eurent lieu les émeutes de Stonewall, où est né le mouvement pour les droits des gays et où fut organisée la première Gay Pride.

Avant Stonewall

Au début du XXe siècle, plusieurs établissements tenus par des homosexuels bordaient MacDougal St à Greenwich Village, notamment, au n°129, le mythique Eve's Hangout, célèbre pour ses lectures de poèmes et son panneau "hommes acceptés mais pas bienvenus". Petit à petit, cet esprit relativement transgressif fit place à un nouveau conservatisme. Une politique durcie visant à effacer la visibilité des gays dans l'espace public contraignit ceux-ci à la clandestinité dans les années 1940 et 1950. Les descentes dans les établissements homosexuels se multiplièrent.

La révolution de Stonewall

Le 28 juin 1969, huit officiers de police firent irruption au Stonewall Inn, un bar gay de Greenwich Village. Les clients harcelés firent alors l'impensable : ils se rebellèrent et bombardèrent les policiers avec des bouteilles et des briques en scandant "gay power" et "nous vaincrons". Cette colère collective déclencha des débats passionnés autour de la discrimination, donnant le coup d'envoi au mouvement moderne des droits homosexuels, non seulement à New York mais aux États-Unis et dans le monde.

Le mariage et le nouveau millénaire

Le combat pour l'égalité connut deux avancées majeures en 2011 : l'abolition d'une loi fédérale interdisant aux militaires LGBT de révéler leur orientation sexuelle, le fameux "Don't Ask, Don't Tell" (ne rien demander, ne rien dire) et, surtout, le droit au mariage. Le 24 juin, veille de la Gay Pride de New York, l'assemblée de l'État de New York vota le Marriage Equality Act. Cette victoire devint nationale le 26 juin 2015, quand la Cour suprême des États-Unis légalisa le mariage homosexuel dans tout le pays, abrogeant les interdictions encore en vigueur dans 13 États.

lun-ven, 16h-3h30 sam et dim ; S 1 jusqu'à Christopher St-Sheridan Sq, A/C/E, B/D/F/M W jusqu'à 4th St-Washington Sq)

Village Vanguard JAZZ

39 ★ PLAN P. 108, F1

Ce club de jazz, probablement le plus prestigieux de la ville, a vu défiler tous les grands noms de ces 50 dernières années. Il a débuté avec des représentations de *spoken word* et revient parfois à ses origines. La plupart du temps, toutefois, on y joue de grosses sessions de jazz, toute la nuit. (212-255-4037 www.villagevanguard.com ; 178 7th Ave S, au niveau de W 11th St, West Village ; entrée environ 33 $; 19h30-00h30 ; S A/C/E, L jusqu'à 8th Ave-14th St, 1/2/3 jusqu'à 14th St)

IFC Center

CINÉMA

40 PLAN P. 108, H3

Au cœur du territoire de la NYU, ce cinéma d'art et d'essai programme des films indépendants et étrangers, des classiques, mais aussi des courts-métrages, des documentaires, des reprises de films des années 1980, des rétrospectives… (212-924-7771 ; www.ifccenter.com ; 323 6th Ave, au niveau de W 3rd St, West Village ; 15 $; ; S A/C/E, B/D/F/M jusqu'à W 4th St-Washington Sq)

Le Poisson Rouge

MUSIQUE LIVE

41 PLAN P. 108, F6

Cet espace artistique accueille une programmation musicale éclectique ; on a pu y voir Deerhunter, Marc Ribot et Yo La Tengo. Entre classique, folk et opéra, l'expérimentation et le mélange des genres sont à l'honneur. (212-505-3474 ; www.lepoissonrouge.com ; 158 Bleecker St, entre Sullivan St et Thompson St, West Village ; S A/C/E, B/D/F/M jusqu'à W 4th St-Washington Sq)

Village Vanguard

Atlantic Theater Company

THÉÂTRE

42 ★ PLAN P. 108, D2

Fondé en 1985 par David Mamet et William H. Macy, l'Atlantic Theater est une pierre angulaire des productions "off-Broadway" (théâtre alternatif). En plus de 30 ans, il a accueilli de nombreux lauréats des Tony Awards et des Drama Desk Awards. (☎ 212-691-5919 ; www.atlantictheater.org ; 336 W 20th St, entre 8th Ave et 9th Ave, Chelsea ; S 1, C/E jusqu'à 23rd St ; 1 jusqu'à 18th St)

Duplex

CABARET

43 ★ PLAN P. 108, G2

Cabaret, karaoké et drag-queens font la réputation du légendaire Duplex. Des photos de Joan Rivers tapissent les murs, et sur scène on se plaît à imiter son impertinence et son autodérision, tout en raillant le public. Un endroit sans prétention, déconseillé aux timides. (☎ 212-255-5438 ; www.theduplex.com ; 61 Christopher St, au niveau de 7th Ave S, West Village ; entrée 10-25 $; ⏱ 16h-4h ; S 1 jusqu'à Christopher St-Sheridan Sq, A/C/E, B/D/F/M jusqu'à W 4th St-Washington Sq)

Cherry Lane Theater

THÉÂTRE

44 ★ PLAN P. 108, E6

Créé par la poétesse Edna St Vincent Millay, ce théâtre de West Village plein de charme a offert un lieu d'expression à de nombreux dramaturges et acteurs, fidèle à sa mission de créer des spectacles vivants accessibles

Joyce Theater

MARK WAUGH/ALAMY STOCK PHOTO ©

au public. Lectures, pièces et représentations de *spoken word* (slam avec accompagnement musical) sont programmées en alternance. (☎212-989-2020 ; www.cherrylanetheater.org ; 38 Commerce St, près de Bedford St, West Village ; Ⓢ1 jusqu'à Christopher St-Sheridan Sq)

Joyce Theater

DANSE

45 PLAN P. 108, D3

Très prisée des fans de danse pour son excellente vue sur la scène et ses productions originales, cette salle de 472 places privilégie les compagnies modernes traditionnelles comme Martha Graham et Parsons Dance et les grands noms de la scène mondiale (Dance Brazil, Ballet Hispanico, MalPaso Dance Company). (☎212-691-9740 ; www.joyce.org ; 175 8th Ave, au niveau de W 19th St, Chelsea ; Ⓢ1 jusqu'à 18th St, 1, C/E jusqu'à 23rd St, A/C/E, L jusqu'à 8th Ave-14th St)

55 Bar

MUSIQUE LIVE

46 PLAN P. 108, G2

Pas besoin de s'endimancher ni de payer un prix exorbitant pour entrer dans ce lieu datant de la Prohibition. Deux concerts chaque soir, donnés par de bons musiciens en résidence, des blues bands ou Mike Stern, génial guitariste de Miles Davis dans les années 1980. Deux consommations minimum. (☎212-929-9883 ; www.55bar.com ; 55 Christopher St, au niveau de 7th Ave, West Village ; entrée 10 $; 13h-4h ; Ⓢ1 jusqu'à Christopher St-Sheridan Sq)

Comedy Cellar

HUMOUR

47 PLAN P. 108, F6

Ce club installé de longue date dans un sous-sol de Greenwich Village accueille des habitués (Colin Quinn, Judah Friedlander, Wanda Sykes), avec parfois l'apparition de célébrités comme Dave Chappelle, Jerry Seinfeld et Amy Schumer. Son succès ne faiblit pas : désormais, on trouve également une annexe à l'angle de W 3rd St. (☎212-254-3480 ; www.comedycellar.com ; 117 MacDougal St, entre W 3rd St et Minetta Lane, West Village ; 8-24 $; ⓈA/C/E, B/D/F/M jusqu'à W 4th St-Washington Sq)

Shopping

Screaming Mimi's

VINTAGE

48 PLAN P. 108, D4

Si vous aimez les vêtements rétro, foncez ! Cette formidable boutique propose un excellent choix d'articles vintage classés par décennies, des années 1950 à 1990. (Demandez à voir la petite sélection de vêtements des années 1920 à 1940, stockée à part.) (☎212-677-6464 ; www.screamingmimis.com ; 240 W 14th St, entre 7th Ave et 8th Ave, Chelsea ; 12h-20h lun-sam, 13h-19h dim ; ⓈA/C/E, L jusqu'à 8th Ave-14th St)

Beacon's Closet

VINTAGE

49 PLAN P. 108, F4

Bon choix de vêtements d'occasion dans le style hipster typique de Brooklyn et de Lower

S'orienter dans West Village

N'hésitez pas à vous armer d'un plan pour vous repérer dans le charmant dédale des rues de West Village. Même les habitants ont du mal à s'y retrouver ! Retenez que 4th St fait un virage vers le nord – rompant avec l'habituel quadrillage est-ouest – et vous deviendrez un vrai pro.

Manhattan, à des prix à peine plus élevés que dans la boutique de Williamsburg. Les friperies étant une denrée rare dans ce quartier, Beacon's attire beaucoup de monde. Venez plutôt en semaine ou soyez prêt à braver la foule. (917-261-4863 ; www.beaconscloset.com ; 10 W 13th St, entre 5th Ave et 6th Ave, West Village ; 11h-20h tlj ; S L, N/Q/R/W, 4/5/6 jusqu'à 14th St-Union Sq)

Story

CADEAUX ET SOUVENIRS

50 PLAN P. 108, C3

Cette boutique conceptuelle proche de la High Line fonctionne sur le même principe qu'une galerie, en présentant tous les mois ou tous les deux mois de nouveaux thèmes et de nouveaux produits. Sur 185 m^2, elle propose aussi bien des bijoux originaux et des accessoires que de la papeterie, des jouets stimulant l'imagination des enfants, de beaux livres, des savons bio et des souvenirs insolites. (www.thisisstory.com ; 144 10th Ave, entre W 18th St et 19th St, Chelsea ; 11h-20h lun-mer, ven et sam, 11h-21h jeu, 11h-19h dim ; S 1, C/E jusqu'à 23rd St, 1 jusqu'à 18th St)

Idlewild Books

LIVRES

51 PLAN P. 108, F1

Cette librairie de voyage qui porte l'ancien nom de l'aéroport JFK donne sérieusement la bougeotte. Les ouvrages sont classés par régions : outre les guides traditionnels, on trouve des romans, récits, livres d'histoire ou de recettes qui sont autant d'invitations au voyage. Les cours de langue (français, italien, espagnol et allemand) ont beaucoup de succès ; voyez le site Internet. (212-414-8888 ; www.idlewildbooks.com ; 170 7th Ave S, au niveau de Perry St, West Village ; 12h-20h lun-jeu, 12h-18h ven-dim ; S 1 jusqu'à Christopher St-Sheridan Sq, 1/2/3 jusqu'à 14th St, A/C/E, L jusqu'à 8th Ave-14th St)

Personnel of New York

MODE ET ACCESSOIRES

52 PLAN P. 108, G1

Cette charmante petite boutique indépendante vend des vêtements de marque pour femmes : robes Sunja Link, pulls Ali Golden, bijoux Marisa Mason, confortables baskets en toile Shoes Like Pottery et articles de haute couture signés Rodebjer. (212-924-0604 ; www.personnelofnewyork.com ; 9 Greenwich Ave, entre Christopher St et W 10th St, West Village ;

12h-19h30 lun-sam, 12h-18h dim ; S A/C/E, B/D/F/M jusqu'à W 4th St-Washington Sq, 1 jusqu'à Christopher St-Sheridan Sq)

Printed Matter

LIVRES

53 PLAN P. 108, B1

Cette merveilleuse petite librairie est spécialisée dans les monographies d'artistes en édition limitée et les petits magazines bizarres qu'on ne trouve nulle part ailleurs : manifestes appelant à prendre les armes, essais critiques sur la BD, folioscopes où le visage de Jésus apparaît à travers des codes-barres ou guides pratiques rédigés par des détenus (212-925-0325 ; www.printedmatter.org ; 231 11th Ave, entre 25th St et 26th St, Chelsea ; 11h-19h sam et lun-mer, 11h-20h jeu et ven, 12h-18h dim ; S 7 jusqu'à 34th St-Hudson Yards, 1 jusqu'à 28th St)

Murray's Cheese

ALIMENTATION

54 PLAN P. 108, E6

Cette fromagerie fondée en 1914 est l'une des meilleures de la ville. Son propriétaire, Rob Kaufelt, a le chic pour dénicher de délicieux fromages aux saveurs variées, provenant aussi bien de producteurs européens que de petites fermes du Vermont et de l'État de New York. Dégustation possible. (212-243-3289 ; www.murrayscheese.com ; 254 Bleecker St, entre Morton St et Leroy St, West Village ; 8h-21h lun-sam, 9h-20h dim ; S 1 jusqu'à Christopher St-Sheridan Sq, A/C/E, B/D/F/M jusqu'à W 4th StWashington Sq)

Beacon's Closet (p. 125)

Housing Works Thrift Shop

VINTAGE

55 PLAN P. 108, E3

Gérée par une organisation caritative, cette boutique à la vitrine joliment présentée propose des vêtements, des accessoires, des meubles, des livres et des disques de seconde main d'un excellent rapport qualité/prix. Un endroit idéal pour des habits de marque à petits prix. Les bénéfices sont utilisés pour venir en aide aux malades du sida. Treize autres adresses en ville. (☎718-838-5050 ; www.housingworks.org ; 143 W 17th St, entre 6th Ave et 7th Ave, Chelsea ; ⌚10h-19h lun-sam, 11h-17h dim ; S 1 jusqu'à 18th St)

Strand Book Store

LIVRES

56 PLAN P. 108, G4

Voici la chaîne de librairies préférée des new-yorkais ! Ouverte depuis 1927, elle vend plus de 2,5 millions de volumes sur plus de 30 km de rayonnages, répartis sur 3 niveaux. Sans oublier une petite sélection de livres en français. (☎212-473-1452 ; www.strandbooks com ; 828 Broadway, au niveau de 12th St ; ⌚9h30-22h30 lun-sam, 11h-22h30 dim ; S L, N/Q/R, 4/5/6 jusqu'à 14th St-Union Sq)

Forbidden Planet

LIVRES

57 PLAN P. 108, G4

Le fan de science-fiction qui est en vous fouillera avec bonheur dans les BD, mangas, romans

Murray's Cheese (p. 127)

illustrés, posters et figurines, de *Star Wars* à *Doctor Who* en passant par les derniers grands succès indépendants. Dédicaces et autres animations (dates sur le site Internet). (☎212-473-1576 ; www.fpnyc.com ; 832 Broadway, entre E 12th St et 13th St, West Village ; 🕒9h-22h lun-mar, 8h-minuit mer, 9h-minuit jeu-sam, 10h-22h dim ; Ⓢ L, N/Q/R/W, 4/5/6 jusqu'à 14th St-Union Sq)

Mc Nulty's Tea & Coffee Co., Inc. — THÉ ET CAFÉ

58 PLAN P. 108, D5

Juste après quelques sex shops, Mc Nulty Tea & Coffee vend des thés et des cafés de qualité depuis 1895. Ses planchers patinés, ses sacs de café parfumé et ses grands bocaux de thé font revivre une époque aujourd'hui révolue. (☎212-242-5351 www.mcnultys.com ; 109 Christopher St ; 🕒10h-21h lun-sam, 13h-19h dim ; Ⓢ 1 jusqu'à Christopher St-Sheridan Sq)

Trina Turk — VÊTEMENTS

59 PLAN P. 108, C4

Si vous aimez les imprimés style années 1970, cette ligne de vêtements unisexes créée par deux conjoints s'inspire de la Californie de la grande époque, avec des petites robes droites, des vestes à fleurs, des pantalons et des maillots de bain allant du short de surf au mini-slip. (☎212-206-7383 ; www.trinaturk.com ; 67 Gansevoort St, entre Greenwich St et Washington St, West Village ; 🕒11h-19h lun-sam, 12h-18h dim ; Ⓢ A/C/E, L jusqu'à 8th Ave-14th St)

Greenwich Letterpress — CADEAUX ET SOUVENIRS

60 PLAN P. 108, G2

Fondée par deux sœurs, cette adorable papeterie est spécialisée dans les faire-part de mariage et autres cartes personnalisées. De quoi changer des banales cartes postales de l'Empire State Building. (☎212-989-7464 ; www.greenwichletterpress.com ; 15 Christopher St, au niveau de Gay St, West Village ; 🕒12h-18h sam-lun, 11h-19h mar-ven ; Ⓢ 1 jusqu'à Christopher St-Sheridan Sq, A/C/E, B/D/F/M jusqu'à W 4th St, 1/2/3 jusqu'à 14th St)

CO Bigelow Chemists — COSMÉTIQUES

61 PLAN P. 108, H2

La "plus ancienne pharmacie d'Amérique" est très appréciée pour ses lotions, masques pour le visage, savons bio, boules de bain effervescentes et articles de toilettes haut de gamme. Un endroit amusant où tester quelques produits avant de s'acheter un tube de dentifrice. (☎212-533-2700 ; 414 6th Ave, entre 8th St et 9th St, West Village ; 🕒7h30-21h lun-ven, 8h30-19h sam, 8h30-17h30 dim ; Ⓢ 1 jusqu'à Christopher St-Sheridan Sq, A/C/E, B/D/F/M jusqu'à W 4th St-Washington Sq)

T · · Mobile ·
THE DATA STRONG NETWORK
WOLFI

Explorer

Union Square, Flatiron District et Gramercy

Le cœur de ce secteur est Union Square, où skateurs, joueurs d'échecs et New-Yorkais en tout genre se côtoient à l'heure du déjeuner. Le Flatiron Building et le havre de verdure du Madison Square Park se trouvent au nord-ouest, tandis que le quartier résidentiel autour de Gramercy Park se prête à une promenade plus tranquille.

Commencez par une copieuse omelette à Big Daddy's (p. 138), puis passez la matinée au Greenmarket (p. 143), le meilleur marché fermier de New York. Faites du shopping à DSW (p. 145) ou installez-vous dans Union Square pour observer les passants. Remontez Broadway en explorant des boutiques comme ABC Carpet & Home (p. 143) et Fishs Eddy (p. 144). Arrivé dans 23rd St, admirez le Flatiron Building (p. 134) et prenez une bière à Birreria (p. 139). Réservez une table à Clocktower (p. 137), Craft (p. 135) ou Gramercy Tavern (p. 135) pour un dîner huppé ; si votre budget est serré, optez pour Boqueria Flatiron (p. 137). Allez voir un concert à Irving Plaza (p. 143) ou sirotez un verre dans le cadre suranné de l'Old Town Bar (p. 139).

Comment y aller

S De nombreuses lignes convergent à Union Square, ralliant l'Upper East Side (lignes 4/5/6), 8th Ave et Williamsburg (ligne L), ou Queens et Brooklyn (lignes N/Q/R). La ligne Q assure une liaison express avec Herald Sq et Times Sq.

Les bus M14A et M14D circulent le long de 14th St, et le M23 le long de 23rd St.

Plan du quartier p. 132

Flatiron Building (p. 134) TONY SHI PHOTOGRAPHY/GETTY IMAGES©

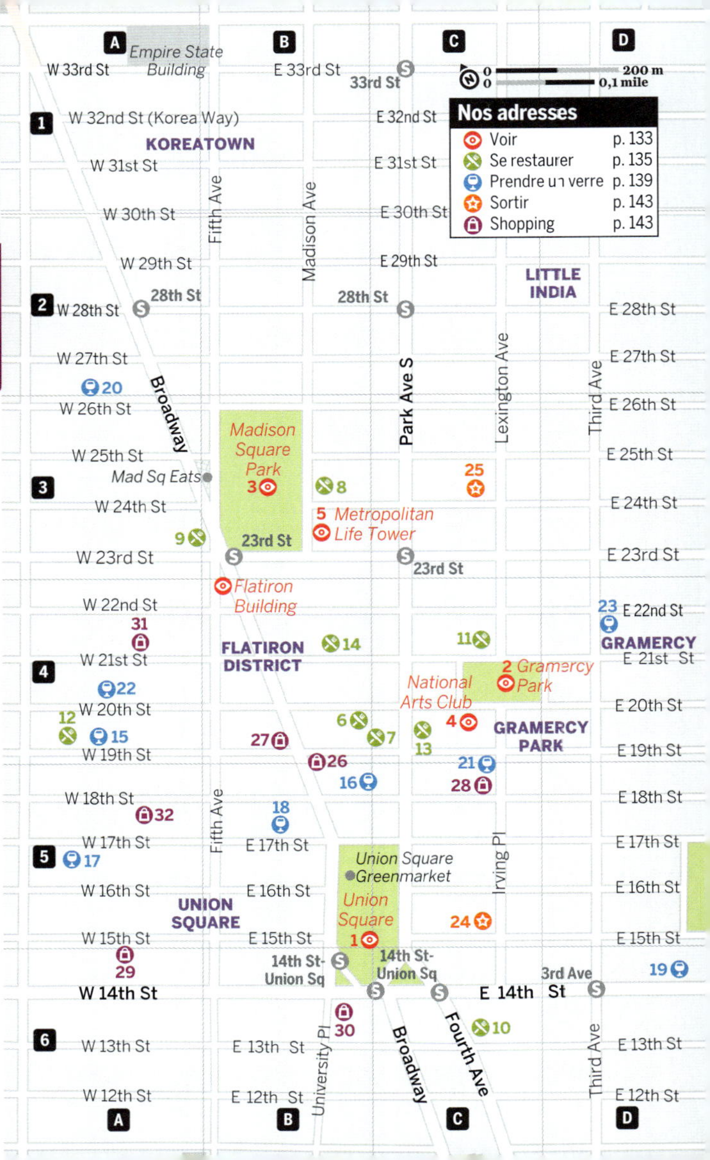
A
B
C
D
1
2
3
4
5
6
Empire State Building
W 33rd St
E 33rd St
33rd St
0 200 m
0 0,1 mile
Nos adresses
Voir p. 133
Se restaurer p. 135
Prendre un verre p. 139
Sortir p. 143
Shopping p. 143
W 32nd St (Korea Way)
E 32nd St
KOREATOWN
W 31st St
E 31st St
W 30th St
E 30th St
Fifth Ave
Madison Ave
W 29th St
E 29th St
LITTLE INDIA
W 28th St
28th St
28th St
E 28th St
W 27th St
E 27th St
20
W 26th St
E 26th St
Broadway
Park Ave S
Lexington Ave
Third Ave
Madison Square Park
3
W 25th St
E 25th St
Mad Sq Eats
8
25
W 24th St
E 24th St
5 Metropolitan Life Tower
9
23rd St
W 23rd St
23rd St
E 23rd St
Flatiron Building
W 22nd St
23
E 22nd St
31
14
11
GRAMERCY
FLATIRON DISTRICT
W 21st St
E 21st St
2 Gramercy Park
22
National Arts Club
W 20th St
E 20th St
12
15
6
7
13
4
GRAMERCY PARK
27
W 19th St
E 19th St
26
21
16
28
W 18th St
E 18th St
32
18
W 17th St
E 17th St
17
Irving Pl
Union Square Greenmarket
W 16th St
E 16th St
UNION SQUARE
Union Square
24
W 15th St
E 15th St
1
29
14th St-Union Sq
14th St-Union Sq
3rd Ave
19
W 14th St
E 14th St
30
10
University Pl
Fourth Ave
W 13th St
E 13th St
E 13th St
W 12th St
E 12th St
E 12th St

Voir

Union Square

PLACE

1 PLAN P. 132, B5

Telle l'Arche de Noé, Union Square est un refuge pour tous, à l'abri d'une mer de béton déchaînée. Difficile, en effet, de trouver un échantillon de population plus éclectique rassemblé dans un seul endroit : des employés en costume prenant l'air pendant leur pause déjeuner, des joueurs de percussion coiffés de dreadlocks, des jeunes skateurs réalisant des figures dans les escaliers du coin sud-est, des étudiants chahuteurs déjeunant et des manifestants défendant ardemment diverses causes. (www.unionsquarenyc.org ; 17th St, entre Broadway et Park Ave S, Union Square ; S 4/5/6, L/N/Q/R jusqu'à 14th St-Union Sq)

Gramercy Park

PARC

2 PLAN P. 132, C4

Samuel Ruggles créa ce joli parc en 1831 après avoir asséché le marais qui occupait la zone et aménagé des rues à l'anglaise. On ne peut pas entrer (c'est le seul parc privé de Manhattan), mais on peut l'observer à travers le portail. L'acteur hollywoodien James Cagney habitait jadis au 34 Gramercy Park E. Situé au 15 Gramercy Park S, le **National Arts Club** (ci-contre) compte Martin Scorsese, Uma Thurman et Ethan Hawke parmi ses membres. (E 20th St, entre Park Ave et 3th Ave, Gramercy ; S N/R, 6 jusqu'à 23rd St)

Madison Square Park

PARC

3 PLAN P. 132, B3

Ce parc marquait la limite nord de Manhattan avant l'explosion démographique qui suivit la guerre de Sécession sur l'île. Aujourd'hui, ce havre de paix au milieu de la frénésie urbaine offre une aire de jeux pour enfants, un espace où les chiens peuvent courir librement et abrite un restaurant de la chaîne de hamburgers Shake Shack (☎ 646-889-6600 ; www.shakeshack.com ; angle E 23rd St et Madison Ave ; hamburgers 4,20-9,50 $; 7h30-23h lun-ven, 8h30-23h sam et dim). C'est aussi un endroit axé sur la culture, avec des installations artistiques et, aux beaux jours, des activités allant des concerts aux rencontres littéraires ; consultez le site Internet. (☎ 212-520-7600 ; www.madisonsquarepark.org ; de E 23rd St à 26th St, entre 5th Ave et Madison Ave, Flatiron District ; 6h-23h ; ; S R/W, F/M, 6 jusqu'à 23rd St)

National Arts Club

CENTRE CULTUREL

4 PLAN P. 132, C4

Fondé en 1898 pour encourager l'intérêt pour les arts, ce centre organise des expositions généralement ouvertes au public de 10h à 17h du lundi au vendredi (consultez le site Internet). Dessiné par Calvert Vaux, l'un des concepteurs de Central Park, le bâtiment comporte un salon orné de tableaux et surmonté d'une superbe verrière en vitrail. Cette demeure appartenait à Samuel J. Tilden, gouverneur de New York

Le Flatiron Building

Conçu par Daniel Burnham et édifié en 1920, le **Flatiron Building** (voir plan p. 132, B4 ; Broadway, angle Fifth Ave et 23rd St ; S N/R, F/M, 6 jusqu'à 23rd St) à l'emblématique silhouette triangulaire évoque la proue d'un navire. Sa façade Art déco en calcaire et terre cuite sur une ossature métallique révèle progressivement sa beauté et sa complexité à mesure que le regard s'y attarde. Observez-la depuis le terre-plein situé au nord de 23rd St entre Broadway et Fifth Ave. Ce bâtiment de 20 étages dominait la place à l'aube de l'ère des gratte-ciel, au début du XXe siècle. Sa construction coïncida avec le développement de la production de cartes postales en série – un partenariat tout destiné. Avant même qu'il ne soit achevé, des images du futur édifice le plus haut jamais érigé circulaient dans le monde, suscitant émerveillement et excitation.

La société de presse Frank Munsey fut l'une des premières locataires de l'immeuble. Depuis ses bureaux du 18e étage, *Munsey's Magazine* publia les écrits de O. Henry (auteur du *Cadeau des Rois Mages*) et ouvrit ses pages aux peintures de John Sloan et aux photographies d'Alfred Stieglitz qui contribuèrent à immortaliser le Flatiron de l'époque – l'actrice Katharine Hepburn déclara ainsi qu'elle aimerait être aussi admirée que ce majestueux bâtiment.

Le projet de transformation du Flatiron en un hôtel 5-étoiles ne pourra démarrer que lorsque les derniers locataires auront quitté les lieux de leur plein gré. Entre-temps, le rez-de-chaussée de la "proue" a été converti en un lieu d'exposition vitré, où a notamment été présentée une reconstitution grandeur nature en 3D du tableau d'Edward Hopper *Nighthawks* (1942), dont le *diner* angulaire ressemble de manière frappante au Flatiron.

et candidat malheureux à l'élection présidentielle de 1876. (212-475-3424 ; www.nationalartsclub.org ; 15 Gramercy Park S, Gramercy ; cours de dessin 15-25 $; S N/R, 6 jusqu'à 23rd St)

Metropolitan Life Tower

BÂTIMENT HISTORIQUE

5 PLAN P. 132, B3

Achevée en 1909, cette tour de 213 m de haut dans l'angle sud-est du Madison Square Park est l'œuvre de Napoléon LeBrun, architecte d'origine française né à Philadelphie. Les Italophiles auront une impression de déjà-vu : LeBrun s'inspira en effet du célèbre campanile de la place Saint-Marc, à Venise. Curieusement, la version de LeBrun est désormais plus ancienne que son modèle, l'édifice vénitien d'origine s'étant effondré en 1902 (il ne fut reconstruit qu'en 1912). Ce n'est pas le bâtiment le plus haut de New York, mais cette tour de l'horloge de 41 étages reste l'une des plus imposantes de son genre au monde, avec 4 cadrans de 8 m de diamètre. (1 Madison Ave, entre E 23rd St et E 24th St, Flatiron District ; S N/R, F/M, 6 jusqu'à 23rd St)

Se restaurer

Gramercy Tavern

AMÉRICAIN MODERNE $$$

6 PLAN P. 132, B4

Apprécié de longue date, cet établissement dynamique au chic rustique, avec appliques en cuivre, fresques et imposantes compositions florales, privilégie les ingrédients locaux et de saison. La "Gramercy" est divisée en deux : une taverne qui sert des plats à la carte (pas de réservation) et une salle plus haut de gamme, pour un festin gastronomique quel que soit le menu choisi. À noter, la salle propose des menus gastronomiques pour les végétariens. (212-477-0777 ; www.gramercytavern.com ; 42 E 20th St, entre Broadway et Park Ave S, Flatiron District ; taverne plats 31-36 $, salle menu 3 plats dîner 134 $, menus gastronomiques 164-184 $; taverne 12h-23h dim-jeu, 12h-minuit ven-sam, salle 12h-14h et 17h30-22h lun-jeu, jusqu'à 23h ven, 12h-13h30 et 17h30-23h sam, 17h30-22h dim ; S R/W, 6 jusqu'à 23rd St)

Craft

AMÉRICAIN MODERNE $$$

7 PLAN P. 132, C4

Ce restaurant chic et animé se fournit auprès de fermes familiales et de petits producteurs pour préparer une cuisine de très grande tenue. Que ce soit le poulpe braisé cuit à la perfection, les Saint-Jacques moelleuses ou les pâtes *mezzaluna* au potiron, à la sauge, au beurre noisette et au parmesan, chaque plat est un concentré de saveurs. Réservation conseillée du mercredi au samedi ; sinon, venez avant 18h ou après 21h30. (212-780-0880 ; www.craftrestaurant.com ; 43 E 19th St, entre Broadway et Park Ave S, Union Square ; déj 29-36 $, dîner 24-55 $; 12h-14h30 et 17h30-22h lun-jeu, jusqu'à 23h ven, 17h30-23h sam, 17h30-21h dim ; ; S 4/5/6, N/Q/R/W, L jusqu'à 14th St-Union Sq)

Eleven Madison Park

AMÉRICAIN MODERNE $$$

8 PLAN P. 132, B3

En 2017, cet établissement huppé occupait la 1re place du classement San Pellegrino des 50 meilleurs restaurants du monde. Récemment rénové, emblème d'une cuisine américaine moderne et durable, c'est l'un des 6 restaurants new-yorkais à avoir 3 étoiles au Michelin. (212-889-0905 ; www.elevenmadisonpark.com ; 11 Madison Ave, entre 24th St et 25th St, Flatiron District ; menu dégustation 295 $; 17h30-22h

Rendez-vous gastronomique

Au printemps et à l'automne, les gourmands se retrouvent sur le minuscule General Worth Square – entre Fifth Ave et Broadway, en face de Madison Square Park – pour le marché des **Mad Sq Eats** (plan p. 132, B3 ; www.madisonsquarepark.org/mad-sq-food/mad-sq-eats ; General Worth Sq, Flatiron District ; printemps et automne 11h-21h; S R/W, F/M, 6 jusqu'à 23rd St), organisés pendant un mois. Parmi la trentaine de vendeurs figurent quelques-uns des restaurants les plus en vue de la ville, qui préparent aussi bien de bonnes pizzas que des tacos à la poitrine de bœuf, avec des produits locaux de qualité.

lun-mer, 17h30-22h30 jeu-dim, 12h-13h ven-dim ; S R/W, 6 jusqu'à 23rd St)

Eataly — ITALIEN $$

9 PLAN P. 132, A3

Véritable caverne d'Ali Baba, ce temple de la gastronomie italienne géré par Mario Batali regroupe plusieurs restaurants servant des spécialités allant du *crudo* (poisson cru) au *fritto misto* (beignets de légumes) en passant par les pâtes et les pizzas, ainsi qu'un café et d'innombrables comptoirs et rayons où acheter de quoi préparer un délicieux pique-nique. (212-229-2560 ; www.eataly.com ; 200 5th Ave, au niveau de 23rd St, Flatiron District ; 7h-23h ; ; S R/W, F/M, 6 jusqu'à 23rd St)

Dos Toros Taqueria — MEXICAIN $

10 PLAN P. 132, C6

Oubliez les banales chaînes de cuisine mexicaine au profit de cette enseigne new-yorkaise qui sert d'excellentes viandes accompagnées de guacamole et de *refried beans* (purée de haricots rouges). La file d'attente est parfois longue (qualité oblige) mais les employés sont rapides et efficaces. (212-677-7300 ; www.dostoros.com ; 137 4th Ave, entre 13th St et 14th St, Union Square ; burritos à partir 7,50 $, quesadillas à partir de 6,20 $; 11h30-22h30 lun et dim, 11h30-23h mar-sam ; S 4/5/6, N/Q/R, L jusqu'à 14th St-Union Sq)

Maialino — ITALIEN $$$

11 PLAN P. 132, C4

Il faut réserver jusqu'à quatre semaines à l'avance pour avoir une table dans cet établissement géré par Danny Meyer. Les meilleures places sont cependant au bar, tenu par un personnel courtois et professionnel. Où que vous soyez assis, offrez à vos papilles des vacances en vous régalant d'une succulente cuisine italienne à base de produits frais provenant de l'Union Square Greenmarket. (212-777-2410 ; www.maialinonyc.com ; Gramercy Park Hotel, 2 Lexington Ave, au niveau de 21st St ; plats déj 24-34 $, dîner 27-44 $; 7h30-10h, 12h-14h et 17h30-22h lun-mer, jusqu'à 22h30 jeu, 10h-14h et 17h30-22h30 ven, jusqu'à 22h sam ; S 6, R/W jusqu'à 23rd St)

Boqueria Flatiron TAPAS $$

12 PLAN P. 132, A4

Grâce à une excellente sélection de petites assiettes et de plus grosses *raciones* mariant à merveille les tapas espagnoles et les produits du marché, le Boqueria Flatiron est très fréquenté à la sortie des bureaux. Essayez les crevettes à l'ail, au brandy et au piment *guindilla* ou les dattes enveloppées de bacon et farcies d'amandes et de fromage bleu Valdeón. Une bonne gamme de vins espagnols couronne le tout. *¡Buen provecho!* (☎ 212-255-4160 ; www.boquerianyc.com ; 53 W 19th St, entre 5th Ave et 6th Ave, Flatiron District ; tapas 6-18 $; 11h-22h30 dim-jeu, 11h-23h30 ven et sam ; wifi ; S 1 jusqu'à 18th St, F/M, R/W jusqu'à 23rd St)

Clocktower BRITANNIQUE MODERNE $$$

Très sélect, le dernier restaurant en date du chef étoilé Jason Atherton, niché dans la Metropolitan Life Tower (voir 5 Plan p. 132, B3), incarne le meilleur du savoir-faire britannique. Dans ses salles élégantes décorées de boiseries et de stuc, on déguste des mets raffinés tels que le carré d'agneau du Colorado au quinoa croustillant ou le canard à la salade de pêche. (☎ 212-413-4300 ; theclocktowernyc.com ; 5 Madison Ave, entre 23rd St et 24th St, Gramercy ; plats dîner 25-65 $; 6h30-10h, 11h30-15h et 17h30-22h lun et mar,

Eataly

jusqu'à 23h mer-ven, dîner 17h-23h sam, 17h-22h dim ; ; S F/M, R/W, 6 jusqu'à 23rd St)

Big Daddy's

DINER $

13 PLAN P. 132, C4

Ses omelettes géantes, ses hamburgers roboratifs et ses croquettes de pommes de terre ou de patates douces font de cette adresse un bon choix au petit-déjeuner ou tard le soir. Le décor joue la carte du kitsch américain mais, contrairement à certains *diners* du même genre, la cuisine est bonne et les prix abordables. Essayez absolument l'un des gigantesques milkshakes. (212-477-1500 ; www.bigdaddysnyc.com ; 239 Park Ave S, entre E 19th St et E 20th St, Gramercy ; plats 13-16 $; 8h-minuit lun-jeu, 8h-5h ven et sam, 8h-23h dim ; S 6 jusqu'à 23rd St, 4/5/6, L, N/Q/R/W jusqu'à 14th St-Union Sq)

Cosme

MEXICAIN $$$

14 PLAN P. 132, B4

La cuisine mexicaine tutoie la perfection dans ce restaurant raffiné aux tons sombres. Le chef Enrique Olvera élabore des recettes imaginatives, à contre-courant des clichés, comme les délicates noix de Saint-Jacques à l'avocat et au *jicama*, la salade de haricots frais à la vinaigrette de concombre grillé, le guacamole aux aromates ou les fameuses *carnitas* de canard. Si vous n'avez pas réservé, tentez votre chance au bar. (212-913-9659 ; cosmenyc.com ; 35 E 21st St, entre Broadway et Park Ave S, Flatiron District ;

Big Daddy's

PATTI MCCONVILLE/ALAMY STOCK PHOTO ©

plats dîner 19-29 $; 12h-14h30 et 17h30-23h lun-jeu, jusqu'à minuit ven, 11h30-14h30 et 17h30-minuit sam, jusqu'à 23h dim ; ; S R/W, 6 jusqu'à 23rd St)

Prendre un verre

Flatiron Lounge

BAR À COCKTAILS

15 PLAN P. 132, A4

Franchissez l'impressionnante porte pour pénétrer dans un univers sombre inspiré du fantastique, où l'on sirote des cocktails de saison assis sur des canapés rouges, en écoutant du jazz. Les cocktails coûtent 14 $ mais sont à 10 $ pendant l'happy hour, de 16h à 18h en semaine. (212-727-7741 ; www.flatironlounge.com ; 37 W 19th St, entre 5th Ave et 6th Ave, Flatiron District ; 15h-2h lun-mer, 16h-3h jeu, 16h-4h ven, 17h-4h sam ; ; S F/M, R/W, 6 jusqu'à 23rd St)

Old Town Bar & Restaurant

BAR

16 PLAN P. 132, B5

Bar en acajou, plafond et carrelage d'origine : dans cet établissement à l'ancienne, on se croirait en 1892. Madonna y allumait une cigarette dans son clip *Bad Girl*, à une époque où il était encore permis de fumer dans les bars. On sert des cocktails ici, mais la plupart des clients viennent surtout pour les bières et les hamburgers (à partir de 11,50 $). (212-529-6732 ; www.oldtownbar.com ; 45 E 18th St, entre Broadway et Park Ave S, Union Square ; 11h30-1h lun-ven, 12h-1h sam, 12h-minuit dim ; S 4/5/6, N/Q/R/W, L jusqu'à 14th St-Union Sq)

Birreria

BAR À BIÈRES

Le joyau de la grande épicerie italienne Eataly (p. 136) est ce bar à bières niché sur le toit (voir 9 Plan p. 132, A3), entre les tours de bureaux de Flatiron District. La carte encyclopédique propose des mousses parmi les meilleures de la planète. Si vous avez faim, l'épaule de porc braisé est un excellent choix ; sinon, choisissez un plat de saison sur la carte du restaurant éphémère (17-37 $). Montez par l'ascenseur qui se trouve près des caisses du magasin, côté 23rd St. (212-937-8910 ; www.eataly.com ; 200 5th Ave, au niveau de W 23rd St, Flatiron District ; 11h30-23h ; S F/M, R/W, 6 jusqu'à 23rd St)

Raines Law Room

BAR À COCKTAILS

17 PLAN P. 132, A5

Rideaux de velours, fauteuils en cuir capitonnés, briques nues et cocktails préparés d'une main experte à partir de spiritueux idéalement vieillis : rien n'est laissé au hasard dans ce bar où règne une atmosphère calme et détendue. La réservation (recommandée) n'est possible que du dimanche au mardi. Quel que soit le jour, soignez votre tenue et laissez-vous transporter dans une époque où l'opulence était de mise. (www.raineslawroom.com ; 48 W 17th St, entre 5th Ave et

Les sculptures d'Union Square

En vous promenant dans Union Square, vous remarquerez des sculptures temporaires insolites. D'autres sont permanentes, comme l'imposante statue équestre de George Washington (l'une des premières grandes œuvres d'art publiques de New York) et la statue du Mahatma Gandhi. Au sud-est de la place, une installation massive suscite au mieux la perplexité, au pire l'indifférence des passants. Représentation symbolique du temps, le Metronome est composé de trois éléments : au centre, un mur en brique construit en cercles concentriques recouverts d'une feuille d'or et qui rejettent de la vapeur à midi et minuit ; à gauche de ce mur, une horloge numérique affiche quatorze chiffres orange à décomposer en deux séries de sept – à partir de la gauche, l'heure actuelle (heures, minutes, secondes et 10e de seconde) et, à partir de la droite en sens inverse, le temps restant dans la journée. Enfin, à la droite du mur, une façade métallique s'orne d'une sphère mi-noire, mi-dorée, qui suit les phases de la Lune. Les nuits de pleine lune, la sphère apparaît entièrement dorée.

6th Ave, Flatiron District ; 17h-2h lun-mer, 17h-3h jeu-sam, 17h-1h dim ; S F/M jusqu'à 14th St, L jusqu'à 6th Ave, 1 jusqu'à 18th St)

Lillie's Victorian Establishment BAR

18 PLAN P. 132, B5

Ce bar porte bien son nom : son plafond en métal repoussé, ses causeuses en velours rouge et ses photos anciennes dans des cadres dorés ornementés vous donneront l'impression d'être revenu à l'époque des jupons et des montres à gousset. La cuisine et les cocktails sont résolument modernes, mais le cadre suffit à entretenir l'illusion. (212-337-1970 ; www.lilliesnyc.com ; 13 E 17th St, entre Broadway et 5th Ave, Union Square; 11h-4h ; S 4/5/6, L, N/Q/R/W jusqu'à 14th St-Union Sq)

Beauty Bar BAR

19 PLAN P. 132, D6

Très prisé depuis le milieu des années 1990, ce bar rétro rend hommage aux salons de beauté d'autrefois. On vient pour la musique entraînante, l'ambiance vintage et les séances de manucure à 10 $ (avec une Margarita Blue Rinse gratuite) de 18h à 23h en semaine, et de 15h à 23h le week-end. Soirées thématiques (de l'humour au burlesque). (212-539-1389 ; www.thebeautybar.com/home-new-york ; 231 E 14th St, entre 2nd Ave et 3rd Ave, Union Square ; 17h-4h lun-ven, 14h-4h sam-dim ; S L jusqu'à 3rd Ave)

Flatiron Room BAR À COCKTAILS

20 PLAN P. 132, A2

Papier peint rétro, lustre étincelant, plafond peint à la main et étagères garnies de whiskys rares forment un cadre élégant où l'on vient boire de bons cocktails accompagnés d'amuse-bouches à partager, comme de la tapenade marinée au citron et du pain plat au *guanciale* (charcuterie à base de joue de porc) et aux figues. Concerts presque tous les soirs (bluegrass et jazz, entre autres). Réservation fortement conseillée. (212-725-3860 ; www.theflatironroom.com ; 37 W 26th St, entre 6th Ave et Broadway, Flatiron District ; 16h-2h lun-ven, 17h-2h sam, 17h-minuit dim ; S R/W jusqu'à 28th St, F/M jusqu'à 23rd St)

Irving Farm Roasters CAFÉ

21 PLAN P. 132, C5

Fréquenté par des secrétaires, et des universitaires, cet établissement ne désemplit pas. Le café est torréfié dans une ferme de la vallée de l'Hudson, à environ 145 km de New York, à partir de grains cueillis à la main. Croissants de la boulangerie Balthazar, müesli, plats à base d'œufs, bagels et sandwichs. Vu le monde, mieux vaut venir pour prendre un café à emporter ou bavarder entre amis, que pour lire ou travailler. (212-995-5252 ; www.irvingfarm.com ; 71 Irving Pl, entre 18th St et 19th St, Gramercy ; 7h-20h lun-ven, 8h-20h sam-dim ; S 4/5/6, N/Q/R/W, L jusqu'à 14th St-Union Sq)

Union Square

Boxers NYC

GAY

22 PLAN P. 132, A4

L'ambiance est au rendez-vous dans ce bar sportif gay au cœur de Flatiron District : football américain à la télé, *buffalo wings* (ailes de poulet épicées) au bar, billard et serveurs torse nu. Le sport cérébral n'est pas en reste, avec le populaire quizz du mardi soir, Trivia Night, qui invite à se creuser les méninges. Il existe une annexe dans Hell's Kitchen, mais rien ne vaut l'original. (212-255-5082 ; www.boxersnyc.com ; 37 W 20th St, entre 5th Ave et 6th Ave, Flatiron District ; 16h-2h lun-jeu, 16h-4h ven, 13h-4h sam, 13h-2h dim ; S F/M, R/W, 6 jusqu'à 23rd St)

Rolf's Bar & German Restaurant

BAR

23 PLAN P. 132, D4

Durant les six semaines qui précèdent Noël, ce bar allemand classique se mue en un improbable mélange d'atelier du Père Noël et de fête chez la famille Adams. Vous buvez alors votre bière au milieu de décorations foisonnantes, sous le regard fixe de centaines de poupées. Les festivités se prolongent parfois plus longtemps, et concernent aussi d'autres périodes de l'année. Pour en savoir plus, essayez le site Internet (pas souvent mis à jour). (212-477-4750 ; www.rolfsnyc.com ; 281 3rd Ave, au niveau de 22nd St, Gramercy ; 12h-22h ; S 6 jusqu'à 23rd St)

Bad Brains en concert à Irving Plaza

GLYNNIS JONES/SHUTTERSTOCK ©

Sortir

Irving Plaza

MUSIQUE LIVE

24 PLAN P. 132, C5

Depuis 1978, Irving Plaza a vu passer les Ramones, Bob Dylan, U2, Pearl Jam et autres célébrités. Aujourd'hui, c'est l'endroit idéal pour découvrir des artistes rock et pop moins connus, du trio féminin Sleater-Kinney au groupe de hard rock Disturbed en passant par Jain. On peut s'installer dans la fosse ou au balcon (bonne vue sur la scène). (212-777-6817 ; www.irvingplaza.com ; 17 Irving Pl, au niveau de 15th St, Union Square ; S 4/5/6, N/Q/R, L jusqu'à 14th St-Union Sq)

Peoples Improv Theater

HUMOUR

25 PLAN P. 132, C3

Sous les lumières rouges au néon, ce *comedy club* animé garantit une belle tranche de rire pour trois fois rien. Les spectacles quotidiens, qui vont du *stand-up* au sketch et à la comédie musicale, ont lieu sur la scène principale ou au sous-sol. Le PIT offre également des ateliers d'improvisation de trois heures, dans sa salle de Midtown, aux **Simple Studios** (212-273-9696 ; www.simplestudiosnyc.com ; 134 W 29th St, entre 6th Ave et 7th Ave, Midtown West ; 9h-23h lun-ven, 9h-22h sam et dim ; S 1, N/R jusqu'à 28th St). Plus d'informations sur le site Internet. (PIT ; 212-563-7488 ; www.thepit-nyc.com ; 123 E 24th St, entre Lexington Ave et Park Ave, Gramercy ; ; S F/M, N/R, 6 jusqu'à 23rd St)

Union Square Greenmarket

Quatre jours par semaine, l'**Union Square Greenmarket** (plan p. 132, B5; www.grownyc.org ; Union Square, 17th St, entre Broadway et Park Ave S, Union Square ; 8h-18h lun, mer et ven-sam ; S 4/5/6, N/Q/R, L jusqu'à 14th St-Union Sq) se tient du côté nord d'Union Square : il s'agit du plus célèbre marché fermier de New York. Pour vous ouvrir l'appétit, faites le tour des étals chargés de fruits et légumes régionaux, de pains artisanaux, de cidre et même de miels produits sur les toits de la ville.

Shopping

ABC Carpet & Home

DÉCO

26 PLAN P. 132, B4

Décorateurs et designers viennent chercher l'inspiration dans ce magasin sur sept niveaux, avec toutes sortes d'objets déco, petits ou gros, des bijoux et des meubles de créateurs, des lampes design, des céramiques et des tapis anciens. À Noël, cette adresse est un plaisir pour les yeux. (212-473-3000 ; www.abchome.com ; 888 Broadway, au niveau de E 19th St ; 10h-19h lun-mer et ven-sam, jusqu'à 20h jeu, 12h-18h dim ; S 4/5/6, N/Q/R/W, L, jusqu'à 14th St-Union Sq)

Fishs Eddy

VAISSELLE

27 PLAN P. 132, B4

Les New-Yorkais branchés plébiscitent ce magasin pour ses articles de qualité pleins de fantaisie. Innombrables tasses, soucoupes, beurriers, carafes et autres pièces de vaisselle, au décor coloré de bon goût ou aux motifs délicieusement extravagants. (212-420-9020 ; www.fishseddy.com ; 889 Broadway, au niveau de E 19th St, Union Square ; 10h-21h lun-sam, 10h-20h dim ; S R/W, 6 jusqu'à 23rd St)

Bedford Cheese Shop

ALIMENTATION

28 PLAN P. 132, C5

Envie d'un fromage de vache local au lait cru parfumé à l'absinthe ou d'un chèvre à l'ail australien ? Vous trouverez sans doute votre bonheur parmi la magnifique sélection de quelque 200 fromages de cette succursale du plus célèbre fromager de Brooklyn. Accompagnez votre choix de fromages de charcuterie artisanale, d'un plat de traiteur, ou de sandwichs (8 à 11 $) et faites le plein parmi le beau choix de produits *made in Brooklyn*. (718-599-7588 ; www.bedfordcheeseshop.com ; 67 Irving Pl, entre E 18th St et 19th St, Gramercy ; 8h-21h lun-ven, 9h-21h sam, 8h-20h dim ; S 4/5/6, N/Q/R/W, L jusqu'à 14th St-Union Sq)

Rent the Runway

VÊTEMENTS

29 PLAN P. 132, A6

La boutique de cette entreprise de location de vêtements vous

Rent the Runway

accueille avec ou sans rendez-vous pour une consultation mode à prix abordable (30 $). On peut louer toutes sortes de tenues griffées (Narciso Rodriguez, Badgley Mischka, Nicole Miller) : parfait si vous voyagez léger mais avez envie de vous mettre sur votre trente-et-un pour une soirée new-yorkaise d'exception. (www.renttherunway.com ; 30 W 15th St, entre 5th Ave et 6th Ave ; ⏲8h-21h lun-ven, 9h-20h sam, 9h-19h dim ; S L, F/M jusqu'à 14th St-6th Ave, 4/5/6, L, N/Q/R/W jusqu'à 14th St-Union Sq)

DSW

CHAUSSURES

30 PLAN P. 132, B6

Si votre idée du paradis inclut un océan sans fin de chaussures à prix cassés, précipitez-vous dans cet immense magasin qui propose une gamme allant des escarpins aux baskets et jouit en outre d'une belle vue sur Union Square Park. Profitez de leurs soldes légendaires, avec des prix incroyablement bas. (☎212-674-2146 ; www.dsw.com ; 40 E 14th St, entre University Pl et Broadway, Union Square ; ⏲9h-21h30 lun-sam, 10h-21h dim ; S 4/5/6, N/Q/R/W, L jusqu'à 14th St-Union Sq)

Abracadabra

ACCESSOIRES

31 PLAN P. 132, A4

Bienvenue dans l'empire de l'horreur, de la magie et du costume ! Bourré de perruques, produits de maquillage et accessoires en tout genre, ce magasin de farces et attrapes, de déguisements et de matériel de magie risque fort de faire chauffer la carte bancaire des amateurs du genre. (☎212-627-5194 ; www.abracadabrasuperstore.com ; 19 W 21st St, entre 5th Ave et 6th Ave, Flatiron District ; ⏲10h-22h lun-sam, 11h-21h dim ; S R/W, F/M jusqu'à 23rd St)

Chemin de traverse

La foule peut être particulièrement dense à Union Square, surtout dans 14th St. Si vous êtes pressé ou si vous souhaitez vous déplacer à pied, passez par 13th St : vous gagnerez du temps et de l'énergie pour profiter sereinement du quartier.

Books of Wonder

LIVRES

32 PLAN P. 132, A5

À tout âge, vous tomberez sous le charme de cette librairie spécialisée dans la littérature jeunesse. Par temps pluvieux, l'endroit est idéal pour les bambins, en particulier quand il accueille un auteur pour une lecture ou un conteur. Vaste choix de livres d'images consacrés à New York, livres pour enfants rares et d'occasion et livres d'art en édition limitée. (☎212-989-3270 ; www.booksofwonder.com ; 18 W 18th St, entre 5th Ave et 6th Ave, Flatiron District ; ⏲10h-19h lun-sam, 11h-18h dim ; 👪 ; S F/M jusqu'à 14th St, L jusqu'à 6th Ave)

Explorer
Midtown

Midtown est le cœur de New York, où se croisent chaque jour plus de 300 000 personnes. On trouve ici des sites emblématiques comme Times Square, Broadway, Grand Central et l'Empire State Building, mais la culture n'est pas en reste avec la présence du MoMA et de la New York Public Library, sans oublier, juste à côté, les restaurants de Hell's Kitchen.

Commencez par un bagel à Ess-a-Bagel (p. 162), puis admirez la ville depuis le haut de l'Empire State Building (p. 150) ou du Top of the Rock (p. 156). De retour au niveau du sol, faites le plein de culture au Museum of Modern Art (p. 152). Pour vous offrir un festin sans vider votre compte en banque, réservez (bien à l'avance) la formule déjeuner du Bernardin (p. 160) – ou préférez une adresse moins coûteuse comme Totto Ramen (p. 161) ou Burger Joint (p. 162). À Times Square (p. 148), jouez des coudes pour faire la queue au kiosque TKTS (p. 170) et acheter un billet à prix réduit pour un spectacle à Broadway ou Off-Broadway. Flânez dans Midtown en admirant les gratte-ciel ou filez à Roosevelt Island pour profiter de la vue sur l'horizon urbain. Après un barbecue coréen à Koreatown (p. 164), allez voir votre spectacle. Vous pouvez aussi opter pour du jazz à Birdland (p. 170), un spectacle comique à Caroline's (p. 171) ou de la musique classique au Carnegie Hall (p. 169).

Comment y aller

S Du nord au sud, les lignes A/C/E et 1/2/3 traversent Midtown West, et les lignes 4/5/6 Midtown East. Les lignes B/D/F/M suivent Sixth Ave, tandis que les N/Q/R/W longent Broadway. Les lignes 7, E et M vont d'est en ouest.

Plan du quartier p. 154

New York Public Library (p. 157) JIAWANGKUN/SHUTTERSTOCK ©

Les incontournables

Times Square

Qu'on l'aime ou qu'on la déteste, l'intersection de Broadway et de Seventh Ave, plus connue sous le nom de Times Square, est le cœur palpitant de New York. C'est un torrent hypnotique de lumières scintillantes, de panneaux d'affichage géants et d'énergie urbaine à l'état brut, qui semble ne jamais s'arrêter : l'endroit est presque aussi fréquenté la nuit qu'en plein après-midi.

PLAN P. 154, D4

www.timessquarenyc.org

Broadway, au niveau de Seventh Ave

S N/Q/R/W, S, 1/2/3, 7 jusqu'à Times Sq-42nd St

Le cœur battant de New York

Times Square incarne le New York de l'imaginaire collectif, là où Al Jolson rencontre le succès dans *Le Chanteur de jazz* (1927) et où s'étend la "jungle de béton où les rêves se construisent" chantée par Alicia Keys et Jay-Z. Pendant plusieurs décennies, le rêve fut plutôt ici un cauchemar sordide. La crise du début des années 1970 entraîna un exode des entreprises qui y étaient installées. Les panneaux d'affichage s'éteignirent et les grands hôtels furent convertis en immeubles d'habitation. Bien que le Theater District voisin ait survécu, ses théâtres partageaient les rues avec des cinémas pornos et des boîtes de strip-tease. Tout cela changea avec Rudolph Giuliani, nouveau maire qui, dans les années 1990, accrut les effectifs policiers et fit venir une vague d'enseignes commerciales, de restaurants et d'attractions "convenables". À l'aube du nouveau millénaire, Times Square était redevenu tout public. Près de 40 millions de visiteurs s'y pressent chaque année.

Times Square aujourd'hui

Constamment bondé et presque aussi illuminé à 2h du matin qu'à midi, avec ses immenses panneaux lumineux et ses enseignes au néon annonçant spectacles et comédies musicales, Times Square prouve que New York n'a pas usurpé sa réputation de ville qui ne dort jamais. Toutes sortes de personnages déguisés, allant d'Elmo à la statue de la Liberté en passant par divers super-héros et un cow-boy en slip (le "Naked Cowboy"), côtoient des touristes venus des quatre coins de la planète. En quelques minutes, vous entendez parler plus de langues que vous ne pensiez qu'il en existait. Times Square est aussi l'endroit le plus célèbre au monde où fêter le nouvel an. Si vous n'avez que cinq minutes à passer à New York, c'est ici qu'il faut venir.

★ À savoir

Pour contempler Times Square de haut (et prendre une photo), montez au bar Broadway Lounge, au 8e niveau du Marriott Marquis.

✕ Une petite faim ?

Pour une splendide vue de la place, gagnez le bar du Renaissance Hotel, le **R Lounge** (☎ 212-261-5200 ; www.rloungetimessquare.com ; Two Times Sq, 714 7th Ave, au niveau de W 48th St ; 🕒 17h-23h lun, 17h-23h30 mar-jeu, 17h-minuit ven, 12h30-minuit sam, 12h30-23h dim ; Ⓢ N/R/W jusqu'à 49th St), doté de grandes baies vitrées. Un peu plus loin, le **Margon** (☎ 212-354-5013 ; 136 W 46th St, entre 6th Ave et 7th Ave ; sandwichs 11-12 $, plats à partir de 11 $; 🕒 6h-17h lun-ven, 7h-17h sam ; Ⓢ B/D/F/M jusqu'à 47th St-50th St-Rockefeller Center) sert une excellente cuisine cubaine à petits prix (la file d'attente est longue mais elle avance vite).

Les incontournables

Empire State Building

Bien que le Chrysler Building soit plus beau et le One World Trade Center plus haut, l'Empire State Building reste incontestablement le roi de l'horizon new-yorkais ! C'est aussi une véritable star à New York, car il a le privilège d'apparaître dans près d'une centaine de films, de King Kong à Independence Day. Grimper à son sommet est une expérience aussi fondamentale que de déguster un sandwich au pastrami chez un traiteur.

PLAN P. 154, E5

www.esbnyc.com

350 Fifth Ave, au niveau de W 34th St

Plateforme du 102e ét adulte/enfant 54/47 $

8h-2h

S 4, 6 jusqu'à 33rd St, PATH bleu et orange jusqu'à 33rd St, B/D/F/M, N/Q/R/W jusqu'à 34th St-Herald Sq

Quelques chiffres

Les chiffres donnent le vertige : 10 millions de briques, 60 000 tonnes d'acier, 6 400 fenêtres et près de 30 500 m² de marbre. Sa construction sur l'emplacement originel du Waldorf-Astoria se fit en un temps record de 410 jours, nécessita sept millions d'heures de main-d'œuvre et coûta quelque 41 millions de dollars (environ 650 millions de dollars actuels) – un montant pharaonique mais bien inférieur au budget initialement prévu de 50 millions (heureusement, car la construction se déroula pendant la Grande Dépression). Ce colosse en pierre calcaire de 102 étages et 449 m (antenne comprise) fut inauguré le 1er mai 1931. Des années plus tard, la replique de Deborah Kerr à Cary Grant dans *Elle et lui* sonne toujours aussi juste : "C'est, à New York, ce qui s'approche le plus du paradis."

Plateformes d'observation

À moins que vous ne soyez Ann Darrow (la malheureuse jeune femme enlevée par King Kong), monter au sommet de l'Empire State Building devrait vous donner le sourire. Il y a deux plateformes d'observation. Celle en plein air du 86e étage dispose de télescopes à pièces pour zoomer sur la métropole, bruissante d'activité, à vos pieds. Au-dessus, l'observatoire fermé du 102e étage est le plus haut de la ville après celui du One World Trade Center. Inutile de dire que la vue sur les cinq *boroughs* (les cinq quartiers de la ville) y est tout simplement sublime et particulièrement spectaculaire au coucher du soleil, lorsque la ville se prépare pour la nuit sous les dernières lueurs du jour. Hélas, pour arriver au paradis, il faut d'abord passer par le purgatoire : la fameuse file d'attente.

★ À savoir

- Afin d'éviter une attente trop longue, arrivez très tôt ou très tard, ou achetez vos tickets à l'avance sur Internet – le supplément de 2 $ vaut bien le gain de temps.
- Au 86e étage, entre 21h et 1h du jeudi au samedi, un joueur de saxophone accompagne les jeux de lumière en contrebas (vous pouvez lui suggérer un morceau).

Une petite faim ?

Vous n'êtes qu'à une courte marche de Koreatown et des nombreux restaurants de 32nd St, notamment le paisible Hangawi (p. 163). Sinon, prenez au nord pour gagner le **Bryant Park Grill** (☎ 212-840-6500 ; www.arkrestaurants.com/bryant_park ; Bryant Park, 25 W 40th St, entre 5th Ave et 6th Ave ; plats 19-47 $; ⏲ 11h30-15h30 et 17h-23h ; Ⓢ B/D/F/M jusqu'à 42nd St-Bryant Park, 7 jusqu'à 5th Ave).

Les incontournables

Museum of Modern Art

Le MoMA peut se vanter de rassembler plus de grands noms que la soirée des Oscars : Van Gogh, Matisse, Picasso, Warhol, Rothko, Pollock... Depuis sa création en 1929, le musée a rassemblé pas loin de 200 000 œuvres témoignant des mouvements créatifs de la fin du XIXe siècle à nos jours. Pour les amateurs d'art, c'est le paradis. Pour les non-initiés, c'est un passionnant cours intensif d'histoire picturale.

PLAN P. 154, E2

www.moma.org

11 W 53rd St, entre Fifth Ave et Sixth Ave

adulte/-16 ans 25 $/gratuit, 16h-21h ven gratuit

10h30-17h30 sam-jeu, 10h30-21h ven

S E/M jusqu'à 5th Ave-53rd St, F jusqu'à 57th St, E/B/D jusqu'à 7th Ave-57th St

Points forts de la collection

La collection permanente du MoMA s'étend sur quatre niveaux. Les gravures, livres illustrés et les incontournables salles contemporaines se trouvent généralement au niveau 2 ; architecture, design, dessin et photographie au niveau 3 ; peinture et sculpture aux niveaux 4 et 5. Parmi les immanquables figurent *La Nuit étoilée* de Van Gogh, *Le Baigneur* de Cézanne, *Les Demoiselles d'Avignon* de Picasso et *La Bohémienne endormie* du Douanier Rousseau, sans oublier des œuvres américaines emblématiques comme *Campbell's Soup Cans* et *Gold Marilyn Monroe* de Warhol, *Girl with Ball* de Lichtenstein et *House by the Railroad* d'Edward Hopper.

Jardin de sculptures Abby Aldrich Rockefeller

Lors de la rénovation du musée en 2004, le jardin de sculptures a retrouvé son aspect d'origine et la large perspective imaginée par Philip Johnson en 1953. Johnson décrivait l'espace comme une "sorte de salle extérieure" – par beau temps, c'est en effet un apaisant salon de plein air où sont présentées des œuvres de Matisse, Miró et Picasso, entre autres. Le jardin des sculptures est en accès libre chaque jour de 9h30 à 10h15 (sauf par mauvais temps et pour l'entretien).

Projections de films

Le MoMA projette une sélection de joyaux tirés de sa collection de plus de 22 000 films, dont les œuvres des frères Maysles et tous les films d'animation Pixar jamais produits. Tout y passe, du court-métrage documentaire récompensé par un Oscar aux classiques hollywoodiens et aux travaux expérimentaux, en passant par les rétrospectives internationales. Le billet d'entrée comprend les projections.

★ À savoir

- Venez plutôt le lundi ou le mardi, sauf si ce sont des jours fériés. Le vendredi soir et le week-end, le musée est noir de monde.
- Avant de venir, téléchargez l'application gratuite pour smartphone sur le site Internet.
- Commencez par les deux derniers étages, qui réunissent beaucoup des principales œuvres.

Une petite faim ?

Le **Cafe 2** (☎ 212-333-1299 ; www.momacafes.com ; sandwichs et salades 8-14 $, plats 12-18 $; 🕒 11h-17h, jusqu'à 19h30 ven ; 📶) sert une cuisine italienne dans une ambiance détendue. Le **Terrace 5** (☎ 212-333-1288 ; plats 12-19 $; 🕒 11h-17h sam-jeu, jusqu'à 19h30 ven; 📶) propose un service à table, avec une terrasse donnant sur le jardin de sculptures.

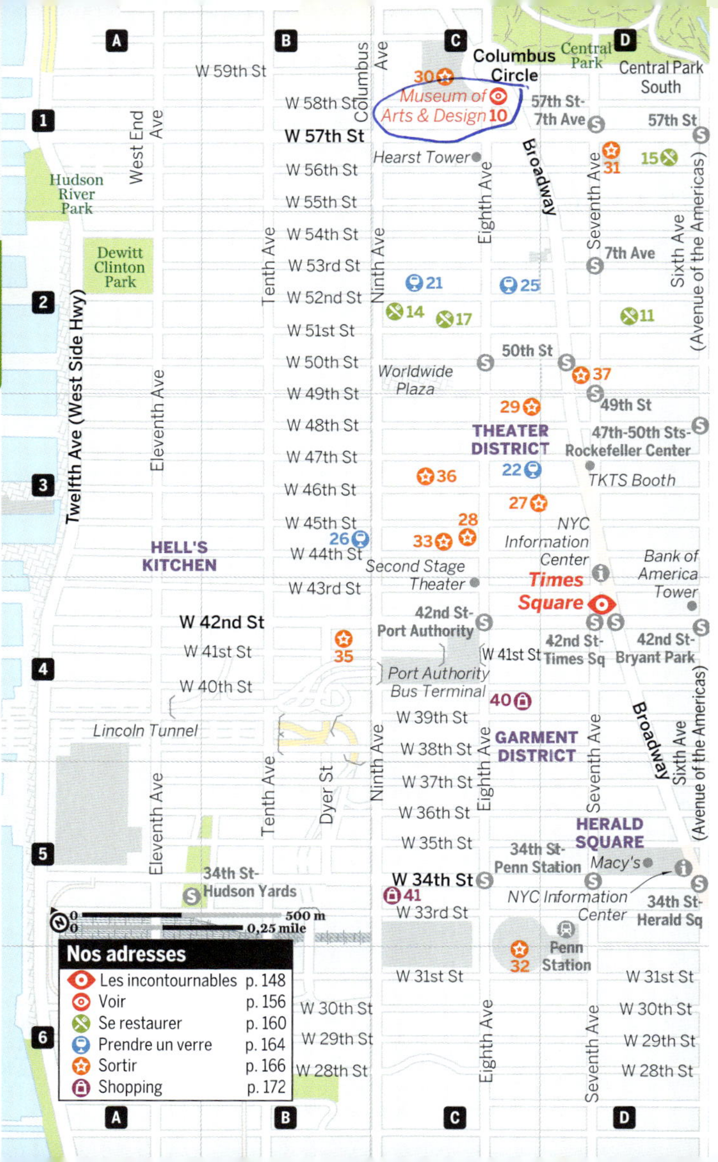
A
B
C
D
1
2
3
4
5
6
Columbus Circle
Central Park
Central Park South
W 59th St
W 58th St
W 57th St
W 56th St
W 55th St
W 54th St
W 53rd St
W 52nd St
W 51st St
W 50th St
W 49th St
W 48th St
W 47th St
W 46th St
W 45th St
W 44th St
W 43rd St
W 42nd St
W 41st St
W 40th St
W 39th St
W 38th St
W 37th St
W 36th St
W 35th St
W 34th St
W 33rd St
W 31st St
W 30th St
W 29th St
W 28th St
Columbus Ave
West End Ave
Tenth Ave
Ninth Ave
Eighth Ave
Broadway
Seventh Ave
Sixth Ave (Avenue of the Americas)
Eleventh Ave
Twelfth Ave (West Side Hwy)
Dyer St
Hudson River Park
Dewitt Clinton Park
30
Museum of Arts & Design 10
57th St-7th Ave
57th St
Hearst Tower
31
15
7th Ave
21
25
14
17
11
50th St
37
Worldwide Plaza
49th St
29
THEATER DISTRICT
47th-50th Sts-Rockefeller Center
22
TKTS Booth
36
27
28
33
26
NYC Information Center
HELL'S KITCHEN
Second Stage Theater
Times Square
Bank of America Tower
42nd St-Port Authority
42nd St-Times Sq
42nd St-Bryant Park
35
Port Authority Bus Terminal
40
Lincoln Tunnel
GARMENT DISTRICT
HERALD SQUARE
34th St-Penn Station
Macy's
34th St-Hudson Yards
41
NYC Information Center
34th St-Herald Sq
Penn Station
32
0 500 m
0 0,25 mile
Nos adresses
Les incontournables p. 148
Voir p. 156
Se restaurer p. 160
Prendre un verre p. 164
Sortir p. 166
Shopping p. 172

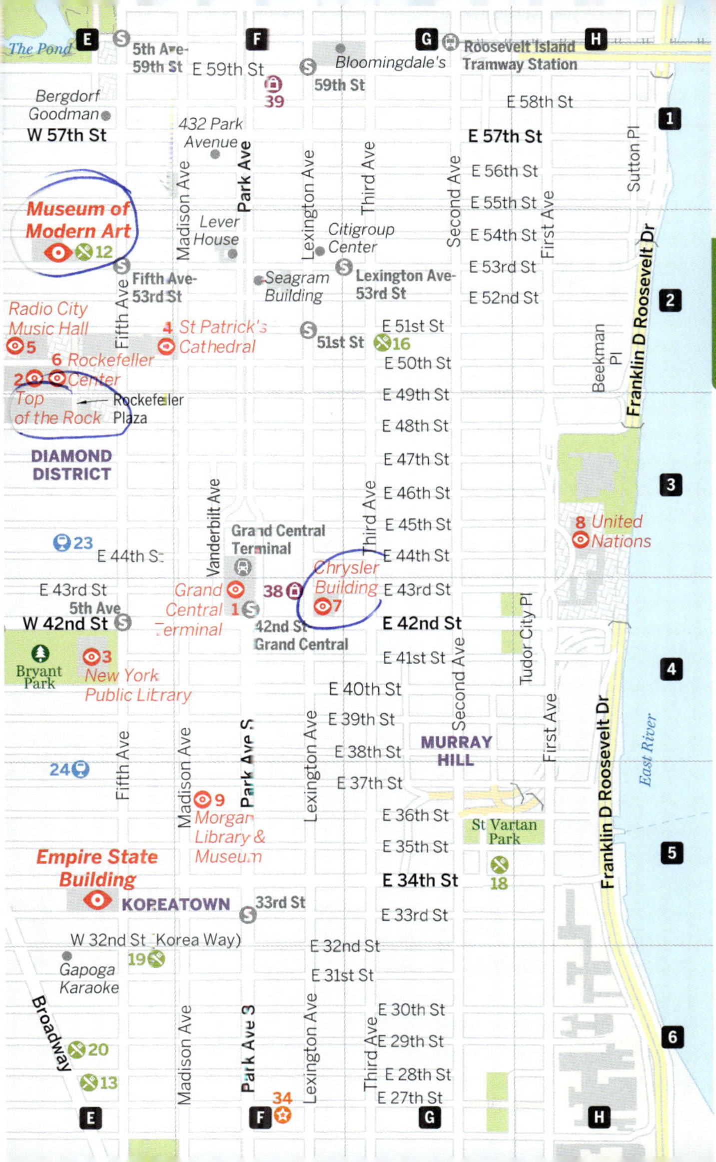
The Pond
E
F
G
H
5th Ave-59th St
E 59th St
39
Bloomingdale's
59th St
Roosevelt Island Tramway Station
E 58th St
1
Bergdorf Goodman
W 57th St
432 Park Avenue
E 57th St
Madison Ave
Park Ave
Lexington Ave
Third Ave
Second Ave
E 56th St
Sutton Pl
E 55th St
Museum of Modern Art
12
Lever House
Citigroup Center
E 54th St
First Ave
Franklin D Roosevelt Dr
E 53rd St
Fifth Ave-53rd St
Seagram Building
Lexington Ave-53rd St
E 52nd St
2
Fifth Ave
Radio City Music Hall
5
4 St Patrick's Cathedral
51st St
E 51st St
16
6 Rockefeller Center
2
E 50th St
Beekman Pl
E 49th St
Top of the Rock
Rockefeller Plaza
E 48th St
DIAMOND DISTRICT
E 47th St
Vanderbilt Ave
E 46th St
3
Third Ave
Grand Central Terminal
E 45th St
8 United Nations
23
E 44th St
E 44th St
Chrysler Building
7
E 43rd St
Grand Central Terminal
1
38
E 43rd St
5th Ave
W 42nd St
42nd St Grand Central
E 42nd St
Tudor City Pl
Bryant Park
3
New York Public Library
E 41st St
Second Ave
4
E 40th St
E 39th St
Lexington Ave
Park Ave S
Madison Ave
Fifth Ave
First Ave
MURRAY HILL
E 38th St
24
East River
E 37th St
9
Morgan Library & Museum
E 36th St
St Vartan Park
Empire State Building
E 35th St
18
E 34th St
5
KOREATOWN
33rd St
E 33rd St
W 32nd St (Korea Way)
E 32nd St
Gapoga Karaoke
19
E 31st St
Broadway
E 30th St
Madison Ave
Park Ave S
Lexington Ave
Third Ave
E 29th St
6
20
E 28th St
13
34
E 27th St
E
F
G
H

Voir

Grand Central Terminal

BÂTIMENT HISTORIQUE

1 PLAN P.154, F4

Achevé en 1913, Grand Central Terminal – communément appelé Grand Central Station, bien qu'il ne s'agisse pas que d'une gare – est l'un des multiples trésors Beaux-Arts de New York. Dans le hall principal, où le marbre des sols vient du Tennessee et celui des guichets d'Italie, le plafond voûté représente les constellations à l'envers. Quand les passagers firent remarquer que le ciel était peint à l'envers – comme si on le voyait d'en haut et non du sol – le peintre français Paul César Helleu répondit que c'était intentionnel (peut-être pour ne pas avoir à admettre son erreur). (www.grandcentralterminal.com ; 89 E 42nd St, au niveau de Park Ave ; 5h30-2h ; S S, 4/5/6, 7 jusqu'à Grand Central-42nd St)

Top of the Rock

PANORAMA

2 PLAN P. 154, E2

Conçu pour évoquer le pont d'un paquebot et inauguré en 1933, ce poste d'observation en plein air est situé au 70e étage du GE Building, le plus haut immeuble du Rockefeller Center. Moins bondé et doté de plateformes plus larges que l'Empire State Building (p. 150), il offre en outre une vue imprenable sur celui-ci. (212-698-2000 ; numéro vert 877-692-7625 ; www.topoftherocknyc.com ; 30 Rockefeller Plaza, entrée sur W 50th St, entre 5th Ave et 6th Ave ; adulte/enfant 36/30 $, lever

Grand Central Terminal

LUBOSLAV TILES/SHUTTERSTOCK ©

et coucher du soleil 46/40 $; 8h-minuit, dernier ascenseur à 23h ; S B/D/F/M jusqu'à 47th-50th Sts-Rockefeller Center)

New York Public Library BÂTIMENT HISTORIQUE

3 PLAN P. 154, E4

Fidèlement gardée par "Patience" et "Fortitude" (les lions en marbre qui veillent sur Fifth Ave), cette magnifique bibliotheque à l'architecture Beaux-Arts est l'un des meilleurs sites gratuits de la ville. Lors de son inauguration en 1911, c'était le plus grand édifice de marbre jamais construit aux États-Unis. Le plafond à caissons de la **Rose Main Reading Room** récemment restaurée est époustouflant, de même que la DeWitt Wallace Periodical Room. (Stephen A. Schwarzman Building ; 212-340-0863 ; www.nypl.org ; 5th Ave, au niveau de W 42nd St ; entrée libre ; 8h-20h lun et jeu, 8h-21h mar-mer, 8h-18h ven, 10h-18h sam, 10h-17h dim, visites guidées 11h et 14h lun-sam, 14h dim ; S B/D/F/M jusqu'à 42nd St-Bryant Park, 7 jusqu'à 5th Ave)

Bryant Park

Cafés à l'européenne, jeux d'échecs en plein air, projections de films en été, patinage en hiver : niché derrière le bâtiment de la New York Public Library, le **Bryant Park** (plan p. 154, E4 ; 212-768-4242 ; www.bryantpark.org ; 42nd St, entre 5th Ave 6th Ave ; 7h-minuit lun-ven, 7h-23h sam et dim juin-sept, horaires réduits le reste de l'année ; S B/D/F/M jusqu'à 42nd St-Bryant Park, 7 jusqu'à 5th Ave) offre diverses activités idéales pour oublier la frénésie de Midtown.

St Patrick's Cathedral CATHÉDRALE

4 PLAN P. 154, E2

Après une restauration à 200 millions de dollars en 2015, la plus grande cathédrale d'Amérique gratifie à nouveau Fifth Ave de sa splendeur néogothique. Sa construction pendant la guerre de Sécession coûta près de 2 millions de dollars. L'édifice d'origine ne comportait pas les deux flèches à l'avant, ajoutées en 1888. Entrez à l'intérieur pour admirer l'autel dessiné par Louis Tiffany et la magnifique **rosace** de Charles Connick, qui brille au-dessus d'un orgue de 7 000 tuyaux. **Visites guidées** plusieurs fois par semaine (consultez le site Internet). (212-753-2261 ; www.saintpatrickscathedral.org ; 5th Ave, entre E 50th St et 51st St ; 6h30-20h45 ; S B/D/F/M jusqu'à 47th-50th Sts-Rockefeller Center, E/M jusqu'à 5th Ave-53rd St)

Radio City Music Hall BÂTIMENT HISTORIQUE

5 PLAN P. 154, E2

Le Radio City Music Hall est un superbe cinéma Art déco né d'une idée originale du metteur en scène de vaudevilles Samuel

Lionel "Roxy" Rothafel. Roxy, qui ne faisait jamais dans la discrétion, inaugura la salle le 23 décembre 1932 avec un somptueux spectacle comprenant une Symphonie des rideaux et la troupe de danse les Roxyettes (renommées les Rockettes). Des visites guidées (75 min) de l'intérieur somptueux présentent l'auditorium, la fresque *History of Cosmetics* de Witold Gordon dans le Women's Downstairs Lounge, et la très chic VIP Roxy Suite. (www.radiocity.com ; 1260 6th Ave, au niveau de W 51st St ; visites adulte/enfant 27/20 $; visites 9h30-17h ; ; S B/D/F/M jusqu'à 47th-50th Sts-Rockefeller Center)

Rockefeller Center

BÂTIMENT HISTORIQUE

6 PLAN P. 154, E2

Bâtie en 9 ans au plus sombre de la Grande Dépression, cette "ville dans la ville" de 9 ha fut le premier complexe américain associant commerces, loisirs et bureaux. Cet espace est composé de 19 immeubles (dont 14 sont encore les édifices Art déco d'origine). Le promoteur John D. Rockefeller Jr a dépensé quelque 100 millions de dollars, mais cela en valait la peine ! Le Center fut déclaré monument national en 1987. Il abrite les

Les gratte-ciel de Midtown

Loin de se réduire à l'Empire State Building et au Chrysler Building, Midtown compte assez de joyaux modernistes et postmodernes pour satisfaire les rêves de hauteur les plus fous. En voici six :

Seagram Building (plan p. 154, F2 ; 100 E 53rd St, au niveau de Park Ave, Midtown East ; S 6 jusqu'à 51st St, E, M jusqu'à 5th Ave-53rd St) 1956-1958 ; 157 m

Lever House (plan p. 154, F2 ; 390 Park Ave, entre 53rd St et 54th St, Midtown East ; S E, M jusqu'à 5th Ave-53rd St) 1950-1952 ; 93 m

Citigroup Center (plan p. 154, F2 ; 139 E 53rd St, au niveau de Lexington Ave, Midtown East ; S 6 jusqu'à 51st St, E, M jusqu'à 5th Ave-53rd St) 1974-1977 ; 279 m

Hearst Tower (plan p. 154, C1 ; 949 8th Ave, entre 56th St et 57th St, Midtown West ; S A/C, B/D, 1 jusqu'à 59th St-Columbus Circle) 2003-2006 ; 182 m

Bank of America Tower (One Bryant Park ; plan p. 154, D4 ; 6th Ave, entre W 42nd St et 43rd St ; S B/D/F/M jusqu'à 42nd St-Bryant Park) 2004-2009 ; 366 m

432 Park Avenue (plan p. 154, F1 ; 432 Park Ave, entre 56th St et 57th St, Midtown East ; S N/Q/R jusqu'à Lexington Ave-59th St) 2011-2015 ; 425 m

studios de la NBC (☎212-664-3700 ; www.thetouratnbcstudios.com ; 30 Rockefeller Plaza, entrée au 1250 6th Ave ; visites adulte/enfant 33/29 $, - 6 ans non admis ; ⏲8h20-14h20 lun-jeu, 8h20-17h ven, 8h20-18h certains sam-dim) et le Top of the Rock (p. 156). (☎212-332-6868 ; www.rockefellercenter.com ; entre 5th Ave et 6th Ave et W 48th St et 51st St ; Ⓢ B/D/F/M jusqu'à 47th-50th Sts-Rockefeller Center)

Chrysler Building BÂTIMENT HISTORIQUE

7 ◉ PLAN P. 154, F4

Ce gratte-ciel de 77 étages se distingue par son élégance. Conçu par William Van Alen en 1930, le Chrysler Building, orné d'aigles austères en acier et surmonté d'une flèche, mêle Art nouveau et style néogothique. Il fut édifié comme siège de l'empire automobile de Walter P. Chrysler, lequel, incapable de rivaliser sur la chaîne de production avec ses concurrents Ford et General Motors, les surpassa dans le paysage urbain avec l'un des plus beaux halls d'entrée de New York. (405 Lexington Ave, au niveau de E 42nd St ; ⏲hall 8h-18h lun-ven ; Ⓢ S, 4/5/6, 7 jusqu'à Grand Central-42nd St)

Siège des Nations Unies BÂTIMENT HISTORIQUE

8 ◉ PLAN P. 154, H3

Bienvenue au siège de l'ONU, l'instance chargée de la paix, de la sécurité et des droits de l'homme dans le monde. La tour du Secrétariat, dessinée par Le Corbusier, n'est pas accessible, mais des visites d'une heure incluent les salles du Conseil de sécurité, du Conseil de tutelle et du Conseil économique et social (ECOSOC), ainsi que des présentations du travail de l'ONU et des œuvres d'art données par des États membres. En semaine, réservez votre visite en ligne. Pièce d'identité avec photo exigée à l'entrée. (☎212-963-4475 ; www.visit.un.org ; entrée des visiteurs 1st Ave, au niveau de 46th St, Midtown East ; visite guidée adulte/enfant 22/13 $, - 5 ans non admis, accès gratuit sam-dim ; ⏲visites 9h-16h45 lun-ven, centre d'information des visiteurs également ouvert 10h-16h45 sam-dim ; Ⓢ S, 4/5/6, 7 jusqu'à Grand Central-42nd St)

Morgan Library & Museum MUSÉE

9 ◉ PLAN P. 154, F5

Dans une ancienne demeure du magnat de l'acier J. P. Morgan, ce somptueux musée présente une extraordinaire collection de manuscrits, de tapisseries et de livres (avec trois bibles de Gutenberg). Abritant des œuvres de la Renaissance italienne et hollandaise, le bureau personnel de Morgan n'est surpassé que par sa bibliothèque (East Room), une extraordinaire salle voûtée dotée de rayonnages en noyer, d'une tapisserie hollandaise du XVIe siècle et d'un plafond représentant le zodiaque. Les expositions temporaires sont souvent excellentes, comme les événements culturels régulièrement organisés sur place. (☎212-685-0008 ; www.themorgan.org ; 225 Madison, au niveau de E 36th St, Midtown East ; adulte/enfant 20/gratuit $; ⌚10h30-17h mar-jeu, jusqu'à 21h ven, 10h-18h sam, 11h-18h dim ; S 6 jusqu'à 33rd St)

Museum of Arts & Design MUSÉE

10 PLAN P. 154, C1

Le "MAD" propose quatre étages d'objets de design et d'artisanat (verre soufflé, bois sculpté, bijoux élaborés en métal) exceptionnels. Ses expositions temporaires sont excellentes et innovantes ; l'une des dernières était consacrée au parfum. Généralement le premier dimanche du mois, des artistes proposent des visites guidées destinées aux familles, suivies d'ateliers inspirés par les expositions en cours.
La boutique vend de fantastiques bijoux contemporains et le restaurant/bar dans les étages, **Robert** (p. 164), est idéal pour siroter un cocktail en admirant la vue. (MAD ; ☎212-299-7777 ; www.madmuseum.org ; 2 Columbus Circle, entre 8th Ave et Broadway ; adulte/-16 ans 16 $/gratuit, montant libre 18h-21h jeu ; ⌚10h-18h mar-dim, 10h-21h jeu ; 👪 ; S A/C, B/D, 1 jusqu'à 59th St-Columbus Circle)

Se restaurer

Le Bernardin PRODUITS DE LA MER $$$

11 PLAN P. 154, D2

Malgré une légère rénovation qui visait à toucher une "clientèle plus jeune" (le triptyque de l'océan en pleine tempête est l'œuvre de

Chrysler Building (p. 159)

SONGQUAN DENG/SHUTTERSTOCK ©

Midtown Se restaurer

l'artiste de Brooklyn Ran Ortner), ce trois-étoiles, distingué par le guide Michelin, reste une table gastronomique luxueuse. Les fruits de mer dressés avec sobriété par le célèbre chef Éric Ripert font voyager les papilles. La vie est courte et on ne vit (ou mange !) qu'une fois. (☎212-554-1515 www.le-bernardin.com ; 155 W 51st St, entre 6th Ave et 7th Ave ; formule déj/dîner 90/160 $, menus dégustation 137-282 $; ⌚12h-14h30 et 17h15-22h30 lun-jeu, jusqu'à 23h ven, 17h15-23h sam ; S 1 jusqu'à 50th St, B/D, E jusqu'à 7th Ave)

Un festin à Midtown

Pour profiter des grands restaurants de Midtown sans vous ruiner, misez sur les formules déjeuner. Parmi ceux qui en proposent figure le restaurant étoilé Le Bernardin, avec des plats repris du menu du soir. Le délai de réservation à prévoir dépend de l'établissement. Il faut parfois s'y prendre un mois à l'avance pour Le Bernardin (réservations sur le site Internet).

Modern

FRANÇAIS **$$$**

12 PLAN P. 154, E2

C'est dans ce restaurant doublement étoilé et servant notamment une belle tarte au foie gras que Carrie annonce son prochain mariage avec Mr. Big dans *Sex and the City*. (Les petits budgets opteront pour le Bar Room attenant.) Les cocktails sont aussi délicieux que les plats. (☎212-333-1220 ; www.themodernnyc.com ; 9 W 53rd St, entre 5th Ave et 6th Ave ; déj 3/6 plats 138/178 $, dîner 228 $; ⌚restaurant 12h-14h et 17h-22h30 lun-sam, bar 11h30-22h30 lun-sam, 11h30-21h30 dim ; S E, M jusqu'à 5th Ave-53rd St)

NoMad

AMÉRICAIN MODERNE **$$$**

13 PLAN P. 154, E6

Situé à l'intérieur de l'hôtel branché du même nom et géré par les chefs du restaurant étoilé Eleven Madison Park (p. 135), le NoMad est devenu l'un des hauts lieux culinaires de Manhattan. Il comprend plusieurs salles, dont l'élégant Parlor et le Library, qui ne sert que des en-cas, et propose des mets raffinés, telle une caille rôtie aux pruneaux, chou frisé et chanterelles. (☎212-796-1500 ; www.thenomadhotel.com ; NoMad Hotel, 1170 Broadway, au niveau de 28th St ; plats 29-42 $; ⌚12h-14h et 17h30-22h30 lun-jeu, jusqu'à 23h ven, 11h-14h30 et 17h30-23h sam, 11h-14h30 et 17h30-22h dim ; S N/R, 6 jusqu'à 28th St, F/M jusqu'à 23rd St)

Totto Ramen

JAPONAIS **$**

14 PLAN P. 154, C2

Cette enseigne possède deux autres adresses à Midtown, mais les puristes savent que rien ne vaut le minuscule restaurant d'origine et ses 20 places. Notez votre nom et le nombre de clients sur le bloc-notes et attendez

Petite histoire de Times Square

Au tournant du XXe siècle, Times Square était connu sous le nom de Longacre Square, un carrefour ordinaire, loin de l'épicentre commercial de Lower Manhattan. La situation changea suite à un accord entre August Belmont, à l'origine du métro, et Adolph Ochs, éditeur du *New York Times*. En supervisant la construction de la première ligne de métro de la ville (allant de Lower Manhattan à Harlem), Belmont comprit qu'un pôle commercial dans Midtown permettrait d'augmenter les profits et le nombre de clients sur la ligne. Il expliqua ensuite à Ochs ce qu'il avait à gagner en transférant les activités du journal au carrefour de Broadway et de 42nd St : une station de métro sur place accélérerait la distribution du journal et l'afflux de voyageurs ferait augmenter les ventes juste devant le siège. Et pour faire bonne mesure, Belmont persuada également le maire de New York, George B. McClellan Jr, de renommer la place en l'honneur du journal. En 1904, on inaugura la station de métro et le nouveau siège du *Times* dans l'immeuble One Times Square.

Au nouvel an 1905, le *Times* organisa une fête en tirant des feux d'artifice depuis son toit. En 1908, pour des raisons de sécurité, on remplaça les fusées par une sphère de 300 kg descendant vers le sol à minuit – une tradition encore en vigueur aujourd'hui.

votre *ramen* (pâtes en bouillon). Préférez le porc au poulet, qui agrémente des plats comme le *miso ramen* (avec pâte de soja fermentée, œuf, échalote, germes de soja, oignon et sauce piquante maison). (☎ 212-582-0052 ; www.tottoramen.com ; 366 W 52nd St, entre 8th Ave et 9th Ave ; ramen 11-18 $; 🕒 12h-16h30 et 17h30-minuit lun-sam, 16h-23h dim ; S C/E jusqu'à 50th St)

Burger Joint — HAMBURGERS $

15 PLAN P. 154, D1

Seule l'enseigne lumineuse en forme de hamburger indique ce petit snack dissimulé derrière le rideau de l'hôtel Le Parker Meridien. S'il n'est plus aussi branché et secret qu'avant, on y trouve toujours des murs couverts de graffitis, des box rétro et un personnel décontracté préparant des hamburgers avec génie. (☎ 212-708-7414 ; www.burgerjointny.com ; Le Parker Meridien, 119 W 56th St, entre 6th Ave et 7th Ave ; hamburgers 9-17 $; 🕒 11h-23h30 dim-jeu, 11h-minuit ven-sam ; S F jusqu'à 57th St)

Ess-a-Bagel — TRAITEUR $

16 PLAN P. 154, G2

Ses bagels frais et savoureux ont fait de ce traiteur casher une institution. Sélectionnez-en un, puis faites votre choix parmi la kyrielle de fromages frais et autres garnitures, par exemple le fromage frais à l'oignon vert avec *lox* (saumon), câpres, tomate et oignon rouge (4,55 $). Par beau temps, allez déguster le tout dans le joli Greenacre Park (à droite dans 51st St). (☎212-980-1010 ; www.ess-a-bagel.com ; 831 3rd Ave, au niveau de 51st St, Midtown East ; bagels garnis 3-4,55 $; ⌚6h-21h lun-ven, 6h-17h sam et dim ; Ⓢ6 jusqu'à 51st St, E/M jusqu'à Lexington Ave-53rd St)

ViceVersa ITALIEN $$$

17 PLAN P. 154, C2

Le restaurant italien par excellence : raffiné, chaleureux et délicieux. Au menu figurent des plats sophistiqués de diverses régions, tels que les *arancini* à la truffe noire et à la *fontina*. Spécialité de la maison, les *casoncelli alla bergamasca* (raviolis au veau haché, aux raisins secs et aux biscuits à l'amaretto, garnis de sauge, de beurre, de pancetta et de grana padano) sont un clin d'œil aux origines lombardes du chef Stefano Terzi. (☎212-399-9291 ; www.viceversanyc.com ; 325 W 51st St, entre 8th Ave et 9th Ave ; déj 3 plats 29 $, plats dîner 24-33 $; ⌚12h-14h30 et 17h-23h lun-ven, 16h30-23h sam, 11h30-15h et 17h-22h dim ; ⓈC/E jusqu'à 50th St)

El Parador Cafe MEXICAIN $$

18 PLAN P. 154, G5

Il fut un temps où la situation excentrée de ce restaurant était très appréciée des maris volages. Cette clientèle douteuse a disparu, mais pas le charme des chandeliers biseautés, des élégants serveurs latinos et des copieuses spécialités mexicaines. (☎212-679-6812 ; www.elparadorcafe.com ; 325 E 34th St, entre 1st Ave et 2nd Ave, Midtown East ; déj 10-22 $, plats dîner 18-32$; ⌚12h-22h lun, 12h-23h mar-sam ; Ⓢ6 jusqu'à 33rd St)

Hangawi CORÉEN, VÉGÉTARIEN $$

19 PLAN P. 154, E6

Déchaussez-vous à l'entrée et pénétrez dans un espace apaisant pour déguster des plats coréens végétariens aux saveurs complexes, assis sur des coussins, au son de la musique méditative. Parmi les incontournables figurent les pancakes aux poireaux et une marmite de tofu moelleux à la sauce au gingembre. (☎212-213-0077 ; www.hangawirestaurant.com ; 12 E 32nd St, entre 5th Ave et Madison Ave ; plats déj 11-30 $, dîner 19-30 $; ⌚12h-14h30 et 17h30-22h15 lun-jeu, jusqu'à 22h30 ven, 13h-22h30 sam, 17h-21h30 dim ; 🌶 ; ⓈB/D/F/M, N/Q/R/W jusqu'à 34th St-Herald Sq)

John Dory Oyster Bar PRODUITS DE LA MER $$$

20 PLAN P. 154, E6

Situé à l'intérieur de l'**Ace Hotel** (☎212-679-2222 ; www.acehotel.com/newyork ; 20 W 29th St, entre Broadway et 5th Ave), le John Dory est idéal pour déguster quelques huîtres accompagnées d'un verre de vin pétillant. Pendant l'happy hour (17h-19h tlj et 12h-15h sam-dim), huîtres et palourdes sont vendues à 2 $ l'unité. Notez les coquilles

Koreatown

En matière de *kimchi* et de karaoké, difficile de battre **Koreatown.** Ce secteur concentré sur 32nd St, à côté de Herald Sq, et débordant au nord et au sud dans les rues environnantes, regorge de magasins, de boutiques, de spas et de karaoké coréens, comme le **Gagopa Karaoke** (plan p. 154, E6 ; 212-967-5353 ; www.gagopakaraoke.com ; 28 W 32nd St, Koreatown ; salles à partir de 32 $/h ; 18h30-4h lun-sam, 19h-4h dim ; S B/D/F/M/N/Q/R/W jusqu'à 34th St-Herald Sq). La plupart des restaurants ouverts 24h/24 servent des barbecues coréens authentiques.

en cuivre en guise de poignées de porte. (212-792-9000 ; www.thejohndory.com ; 1196 Broadway, au niveau de 29th St ; assiettes 13-42 $; 12h-minuit ; S N/R jusqu'à 28th St)

Prendre un verre

The Campbell BAR À COCKTAILS

Le Campbell (voir **11** Plan p. 154, F4) est un bar ultra-chic auquel il ne manque qu'une chose : l'altitude ; on ne bénéficie pas ici du panorama dégagé qu'offrent d'autres bars new-yorkais. Par contre, on peut siroter d'excellents cocktails maison sous un superbe plafond peint, dans une salle restaurée où on se croirait revenu à l'époque de Rockefeller et de Carnegie. (212-297-1781 ; www.thecampbellnyc.com ; 15 Vanderbilt Ave, Grand Central Terminal ; 12h-2h tlj)

Bar SixtyFive BAR À COCKTAILS

À ne pas manquer, le raffiné SixtyFive (voir **6** Plan p. 154, E2) est situé au 65ᵉ niveau du GE Building, au Rockefeller Center (p. 158). Arrivez dès l'ouverture pour profiter d'une vue époustouflante. Si toutes les tables sont prises au balcon et près des fenêtres, sortez tout de même prendre l'air pour profiter du panorama de New York. Tenue correcte exigée. Moins de 21 ans non admis. (212-632-5000 ; www.rainbowroom.com/bar-sixty-five ; 30 Rockefeller Plaza, entrée sur W 49th St ; 17h-minuit lun-ven, 16h-21h dim ; S B/D/F/M jusqu'à 47th-50th Sts-Rockefeller Center)

Robert BAR À COCKTAILS 5

Au 9ᵉ étage du Museum of Arts & Design (p. 160), le Robert (voir **10** Plan p. 154, C1) est un restaurant américain chic au décor années 1960. La cuisine est bonne, mais venez plutôt en fin d'après-midi ou après le dîner et trouvez un canapé pour admirer Central Park en sirotant un MAD Manhattan (bourbon, vermouth à l'orange et cerises à l'eau de vie). Concerts de jazz (consultez le site Internet). (212-299-7730 ; www.robertnyc.com ; Museum of Arts & Design, 2 Columbus Circle, entre 8th Ave et Broadway ; 11h30-22h lun-ven, 10h30-22h sam et dim ; S A/C, B/D, 1 jusqu'à 59th St-Columbus Circle)

Industry
GAY

21 PLAN P. 154, C2

Cet ancien parking est aujourd'hui l'un des bars gays les plus tendance de Hell's Kitchen un établissement chic de plus de 370 m² comprenant de jolis salons, un billard et une scène pour les excellentes drag-queens. Venez de 16h à 21h pour profiter de deux boissons pour le prix d'une, ou plus tard pour vous joindre à la foule. Espèces uniquement. (646-476-2747 ; www.industry-bar.com ; 355 W 52nd St, entre 8th Ave et 9th Ave ; 17h-4h tlj ; S C/E, 1 jusqu'à 50th St)

Rum House
BAR À COCKTAILS

22 PLAN P. 154, C3

Cette tranche du vieux New York remise au goût du jour est réputée pour son choix expert de whiskys et de rhums, à déguster purs ou mariés dans des cocktails impeccables comme "The Escape", une piña colada corsée. Des musiciens jouent tous les soirs, du pianiste solo aux joyeux trios de jazz en passant par les divas aux chansons mélancoliques. Les barmen méticuleux aiment prendre leur temps. (646-490-6924 ; www.therumhousenyc.com ; 228 W 47th St, entre Broadway et 8th Ave ; 12h-4h tlj ; S N/R/W jusqu'à 49th St)

Lantern's Keep
BAR À COCKTAILS

23 PLAN P. 154, E3

Après avoir traversé le hall de l'**hôtel Iroquois**, vous pénétrerez dans un salon sombre et intime, spécialisé dans les boissons classiques, préparées par

The Campbell

d'aimables barmen passionnés. Commandez un Gordon's Breakfast (il ne figure pas sur la carte), à base de gin, sauce pimentée, sauce Worcestershire, citron vert broyé, concombre, sel et poivre. Réservation recommandée. (☎212-453-4287 ; www.iroquoisny.com ; hôtel Iroquois, 49 W 44th St, entre 5th Ave et 6th Ave ; ⏲17h-23h lun, 17h-minuit mar-ven, 19h-1h sam ; Ⓢ B/D/F/M jusqu'à 42nd St-Bryant Park)

Top of the Strand BAR À COCKTAILS

24 PLAN P. 154, E5

Pour vivre un moment tout à fait new-yorkais, rejoignez le bar installé sur le toit-terrasse du Marriott Vacation Club Pulse pour siroter un Martini extra dirty. Fréquenté par des clients de tous âges, ce bar doté de confortables salons de jardin évoquant les cabines de plage et d'un toit ouvrant en verre offre une vue inoubliable sur l'Empire State Building. (☎646-368-6426 ; www.topofthestrand.com ; Marriott Vacation Club Pulse, 33 W 37th St, entre 5th Ave et 6th Ave, Midtown East ; ⏲17h-minuit lun et dim, 17h-1h mar-sam ; Ⓢ B/D/F/M, N/Q/R jusqu'à 34th St)

Russian Vodka Room BAR

25 PLAN P. 154, C2

Ce bar bruyant et accueillant sert un choix incroyable de vodkas aromatisées. Si votre tête commence à tourner, requinquez-vous avec un *borscht* (potage), des *pirozhki* (pâtés en croûte), du poisson fumé ou un *schnitzel* (escalope panée). (☎212-307-5835 ; www.russianvodkaroom.com ; 265 W 52nd St, entre 8th Ave et Broadway, Midtown West ; ⏲16h-2h lun-jeu, 16h-4h ven-sam ; Ⓢ C/E jusqu'à 50th St)

Rudy's Bar & Grill BAR

26 PLAN P. 154, B3

Un cochon avec une veste rouge marque l'entrée de ce bar qui sert deux sortes de bières (au pichet) bon marché, à boire sur des banquettes semi-circulaires, et des hot dogs gratuits. Retransmissions de matchs des Knicks (basket), sans le son, et rock classique. (☎646-707-0890 ; www.rudysbarnyc.com ; 627 9th Ave, au niveau de 44th St, Midtown West ; ⏲8h-4h lun-sam, 12h-4h dim ; Ⓢ A/C/E jusqu'à 42nd St-Port Authority Bus Terminal)

Sortir

Hamilton THÉÂTRE

27 MAP P154, C3

Grand succès de Broadway, *Hamilton*, de Lin-Manuel Miranda, raconte la vie d'Alexander Hamilton, tout premier ministre des Finances du pays, sur des rythmes hip-hop. Tirée de la biographie signée Ron Chernow, cette comédie musicale a reçu onze Tony Awards, un Grammy pour sa bande originale (triple disque de platine) et le Pulitzer dans la catégorie "œuvre théâtrale". Prenez vos billets au moins six mois à l'avance ou tentez le tirage au sort sur Internet : les gagnants

Le théâtre new-yorkais

Les débuts

Au début du XXe siècle, de nombreux théâtres ouvrirent autour de Times Square et commencèrent à donner des pièces populaires et des comédies inspirées des premiers vaudevilles. Dans les années 1920, ces œuvres brouillonnes se muèrent en spectacles comme *Show Boat*, une production d'Oscar Hammerstein sur la vie d'artiste à bord d'un vapeur du Mississippi. En 1943, Broadway connut son premier succès monstre, *Oklahoma!*, qui fut joué 2 212 fois, alors un record.

Le Broadway actuel

Aujourd'hui, les comédies musicales jouées dans les 40 théâtres officiels de Broadway sont une composante majeure de la vie culturelle de New York. Pour les petits budgets, les productions off-Broadway sont plus intimes, moins chères et souvent aussi bonnes.

Au-delà de Broadway

De Shakespeare à David Mamet en passant par de nouveaux dramaturges expérimentaux comme Young Jean Lee, l'offre théâtrale new-yorkaise est loin de se limiter à Broadway. Outre les piliers de Midtown tels le Playwrights Horizons (p. 170) et le **Second Stage Theatre** (Tony Kiser Theater ; plan p. 154, C4 ; billets 212-246-4422 ; www.2st.com ; 305 W 43rd St, au niveau de 8th Ave, Midtown West ; billetterie 12h-18h dim-ven, 12h-19h sam ; S A/C/E jusqu'à 42nd St-Port Authority Bus Terminal), les salles du Lincoln Center (p. 204) et les compagnies plus petites comme Soho Rep (p. 58) permettent de voir les créations d'auteurs modernes et contemporains.

peuvent acheter deux billets au premier rang pour 10 $ la place. (Richard Rodgers Theatre ; billet 877-250-2929 ; www.hamiltonmusical.com ; 226 W 46th St, entre 7th Ave et 8th Ave ; S N/R/W jusqu'à 49th St)

Kinky Boots — THÉÂTRE

28 PLAN P. 154, C3

Cette comédie musicale de Harvey Fierstein et Cyndi Lauper, adaptée d'une comédie britannique sortie en 2005, raconte l'histoire d'une entreprise de chaussures menacée, sauvée par Lola, une drag-queen dotée du sens des affaires. Le spectacle a remporté six Tony Awards, dont celui de la meilleure comédie musicale en 2013. (Al Hirschfeld Theatre ; billets 877-250-2929 ; www.kinkybootsthemusical.com ; 302 W 45th St, entre 8th Ave et 9th Ave ;

(☉billetterie 10h-20h lun-sam, 12h-18h dim ; S A/C/E jusqu'à 42nd St-Port Authority Bus Terminal)

Book of Mormon THÉÂTRE

29 ✪ PLAN P. 154, C3

Satirique, grinçante et hilarante, cette comédie musicale irrévérencieuse est l'œuvre des créateurs de *South Park*, et de Robert Lopez, co-créateur d'*Avenue Q*. Récompensée par neuf Tony Awards, elle raconte l'histoire de deux mormons naïfs partis "sauver" un village ougandais. Réservez au moins trois mois à l'avance ou prenez le risque de payer plus cher à la dernière minute. Sinon, venez 2h30 avant le lever de rideau pour participer au tirage au sort. Les gagnants peuvent acheter des billets à 32 $. En fonction des disponibilités, quelques places debout sont ensuite mises en vente à 27 $. (Eugene O'Neill Theatre ; ☎billets 212-239-6200 ; www.bookofmormonbroadway.com ; 230 W 49th St, entre Broadway et 8th Ave ; S N/R/W jusqu'à 49th St, 1 jusqu'à 50th St, C/E jusqu'à 50th St)

Jazz at Lincoln Center JAZZ

30 ✪ PLAN P. 154, C1

Perché au sommet du Time Warner Center, Jazz at Lincoln Center est composé de trois salles dernier cri : le Rose Theater, de taille moyenne, l'Appel Room, panoramique avec baie vitrée, et le **Dizzy's Club Coca-Cola**, intime et évocateur. Ce dernier accueille des concerts tous les soirs. La qualité de la musique

Carnegie Hall

DW LABS INCORPORATED/SHUTTERSTOCK ©

Assister à un show télévisé

Saturday Night Live (www.nbc.com/saturday-night-live) Tentez votre chance à la loterie pour l'automne en envoyant un e-mail en août à snltickets@nbcuni.com. Ou faites la queue à 7h le jour du show, dans 48th St au niveau de Rockefeller Plaza, pour un ticket "standby" (qui permet d'entrer uniquement s'il reste de la place).

The Late Show with Stephen Colbert (www.showclix.com/event/thelateshowwithstephencolbert) Les billets peuvent s'acheter en ligne, mais ils sont souvent épuisés le jour de leur mise en vente. Consultez le compte Twitter officiel du *Late Show* (@colbertlateshow) et sa page Facebook pour connaître les dates, généralement annoncées un à deux mois à l'avance.

Last Week Tonight with John Oliver (www.lastweektickets.com) Les places pour l'émission d'actualité de ce Britannique à l'humour mordant sont disponibles jusqu'à deux semaines et demie avant les dates d'enregistrement (le dimanche à 18h45).

Full Frontal with Samantha Bee (www.samanthabee.com) Samantha Bee livre son point de vue drôle et percutant sur le monde politique et les polémiques qui défrayent la chronique. Son émission est enregistrée à 17h45 le mercredi (billets sur Internet).

est souvent exceptionnelle et la vue sur Central Park, éblouissante. (☎ billets pour le Dizzy's Club Coca-Cola 212-258-9595, places pour le Rose Theater et l'Appel Room 212-721-6500 ; www.jazz.org ; Time Warner Center, 10 Columbus Circle, Broadway, au niveau de W 59th St ; S A/C, B/D, 1 jusqu'à 59th St-Columbus Circle)

Carnegie Hall CONCERTS

31 ★ PLAN P. 154, D1

Peu de salles sont aussi célèbres que le Carnegie Hall, mondialement connu pour son acoustique hors pair. L'Isaac Stern Auditorium accueille les pointures de l'opéra, du jazz et du folk. Jazz plus avant-gardiste, pop, musique classique et musique du monde se jouent dans le très populaire Zankel Hall. Plus intime, le Weill Recital Hall est réservé à la musique de chambre et aux tables rondes. (☎ 212-247-7800 ; www.carnegiehall.org ; 881 7th Ave, au niveau de W 57th St ; ⏲ visites guidées 11h30, 12h30, 14h et 15h lun-ven, 11h30 et 12h30 sam oct-juin ; S N/R/W jusqu'à 57th St-7th Ave)

Madison Square Garden STADE/SALLE DE CONCERTS

32 ★ PLAN P. 154, C6

Des grands noms, comme Kanye West et Madonna, se produisent

Broadway pour petits budgets

Le kiosque **TKTS** (plan p. 154, D3 ; www.tdf.org/tkts ; Broadway, au niveau de W 47th St ; 15h-20h lun et ven, 14h-20h mar, 10h-14h et 15h-20h mer et sam, 10h-14h jeu, 11h-19h dim ; S N/Q/R/W, S, 1/2/3, 7 jusqu'à Times Sq-42nd St) de Times Square propose des tarifs très intéressants, mais rarement pour les shows les plus courus. De nombreux spectacles – dont *Hamilton* (p. 166), *Kinky Boots* (p. 167) et *Book of Mormon* (p. 168) – offrent des billets à prix cassés sur tirage au sort quelques heures avant le lever de rideau, mais les places sont limitées. Certains le font aussi sur Internet.

sur la plus grande scène de la ville – installée dans le vaste complexe abritant la gare Penn Station (W 33rd St, entre 7th Ave et 8h Ave ; S 1/2/3, A/C/E jusqu'à 34th St-Penn Station). C'est aussi un stade où jouent les New York Knicks (www.nba.com/knicks.com) et les New York Rangers(www.nhl.com/rangers) et qui accueille des combats de boxe, expositions canines et autres manifestations. (MSG, 'the Garden' ; www.thegarden.com ; 4 Pennsylvania Plaza ,7th Ave, entre 31st St et 33rd St ; S A/C/E, 1/2/3 jusqu'à 34th St-Penn Station)

Birdland — JAZZ, CABARET

33 PLAN P. 154, C3

Ce club chic doit son nom à Charlie Parker (surnommé "Bird"), la légende du be-bop qui se produisait à l'ancienne adresse de 52nd St, avec Miles Davis, Thelonious Monk et bien d'autres musiciens hors pair (leurs photos ornent les murs). L'entrée coûte entre 25 et 50 $ et la programmation est toujours excellente. (212-531-3080 ; www.birdlandjazz.com ; 315 W 44th St, entre 8th Ave et 9th Ave ; entrée 25-50 $; 17h-1h tlj ; ; S A/C/E jusqu'à 42nd St-Port Authority Bus Terminal)

Jazz Standard — JAZZ

34 PLAN P. 154, F6

De grands noms comme Ravi Coltrane, Roy Haynes et Ron Carter ont joué dans ce club raffiné. Le service est impeccable et la nourriture excellente. La programmation est élaborée par Seth Abramson, qui connaît très bien son métier. Brunch (35 $) de 11h30 à 14h30 le samedi. (212-576-2232 ; www.jazzstandard.com ; 116 E 27th St, entre Lexington Ave et Park Ave ; entrée 25-40 $; S 6 jusqu'à 28th St)

Playwrights Horizons — THÉÂTRE

35 PLAN P. 154, B4

Idéal pour voir des œuvres qui pourraient devenir de grands succès, ce vénérable théâtre "d'auteurs" vise à promouvoir les pièces américaines contemporaines. On a notamment pu y applaudir *Lobby Hero*, de Kenneth Lonergan, *Clybourne Park*, de Bruce Norris (lauréat d'un Tony Award), ainsi que *I Am My Own Wife* et *Grey Gardens* de Doug Wright. (☎212-564-1235 ; www.playwrightshorizons.org ; 416 W 42nd St, entre 9th Ave et 10th Ave, Midtown West ; Ⓢ A/C/E jusqu'à 42nd St-Port Authority Bus Terminal)

Don't Tell Mama CABARET

36 ✪ PLAN P. 154, C3

Excellent piano-bar et cabaret, Don't Tell Mama est un petit établissement sans prétention ouvert depuis plus de 30 ans, qui dure grâce au talent. Ses artistes sont peu connus mais, en véritables amoureux du genre, se donnent à fond à chaque représentation. Ajoutant à l'ambiance, les serveurs poussent la chansonnette. (☎212-757-0788 ; www.donttellmamanyc.com ; 343 W 46th St, entre 8th Ave et 9th Ave, Midtown West ; ⏲16h-2h30 dim-jeu, 16h-3h30 ven et sam ; Ⓢ N/Q/R, S, 1/2/3, 7 jusqu'à Times Sq-42nd St)

Caroline's on Broadway HUMOUR

37 ✪ PLAN P. 154, D2

Vous reconnaîtrez peut-être cette grande salle aux couleurs vives car nombre de spectacles comiques y ont été filmés. Idéal pour croiser des stars américaines de comédies et de sitcoms. (☎212-757-4100 ; www.carolines.com ; 1626 Broadway, au niveau de 50th St, Midtown West ; Ⓢ N/Q/R jusqu'à 49th St, 1, C/E jusqu'à 50th St)

Daniel Reichard en concert à Birdland

Shopping

MoMA Design & Book Store

CADEAUX, LIVRES

Cette boutique-librairie (voir Museum of Modern Art Plan p. 154, E2) située au cœur du MoMA (p. 152) vend de superbes livres, des reproductions d'œuvres, ainsi que des souvenirs uniques. (212-708-9700 ; www.momastore.org ; 11 W 53rd St, entre 5th Ave et 6th Ave ; 9h30-18h30 sam-jeu, jusqu'à 21h ven ; S E, M jusqu'à 5th Ave-53rd St)

Grand Central Market

MARCHÉ

38 PLAN P. 154, F4

Il n'y a pas que des trains à Grand Central, mais aussi une allée de 73 m de long bordée d'étals proposant produits frais et artisanaux : pains croustillants, tartes aux fruits, homards, tourtes au poulet, fruits, légumes et cafés torréfiés en grains. On trouve même un stand Murray's Cheese qui vend des merveilles. (www.grandcentralterminal.com/market ; Grand Central Terminal, Lexington Ave, au niveau de 42nd St, Midtown East ; 7h-21h lun-ven, 10h-19h sam, 11h-18h dim ; S S, 4/5/6, 7 jusqu'à Grand Central-42nd St)

Argosy

LIVRES, CARTES

39 PLAN P. 154, F1

Les librairies de ce genre deviennent aussi rares que les ouvrages qu'elles contiennent, mais, depuis 1925, cette institution vend de beaux articles anciens, livres, cartes et monographies d'art, ainsi qu'une intéressante collection de souvenirs de Hollywood : lettres, contrats, livres et clichés publicitaires dédicacés. Les prix vont du très cher au bradé. (212-753-4455 ; www.argosybooks.com ; 116 E 59th St, entre Park Ave et Lexington Ave, Midtown East ; 10h-18h lun-ven,

Mode haut de gamme

N'hésitez pas à faire un tour dans les boutiques les plus prisées de la ville pour vous faire une idée des dernières tendances, notamment chez Opening Ceremony, Issey Miyake, Steven Alan, Rag & Bone, John Varvatos, By Robert James et Piperlime.

Si vous êtes pressé ou voulez voir plusieurs marques en même temps, rendez-vous dans les grands magasins, en particulier les célèbres **Barneys** (www.barneys.com ; 660 Madison Ave, au niveau de E 61st St), **Bergdorf Goodman** (plan p. 154, E1 ; www.bergdorfgoodman.com ; 754 Fifth Ave, entre W 57th St et 58th St), **Macy's** (plan p. 154, D5 ; www.macys.com ; 151 W 34th St, au niveau de Broadway) et **Bloomingdale's** (plan p. 154, F1 ; www.bloomingdales.com ; 1000 Third Ave, au niveau d'E 59th St).

Grand Central Market

10h-17h sam ; S 4/5/6 jusqu'à 59th St, N/Q/R jusqu'à Lexington Ave-59th St)

Drama Book Shop LIVRES

40 PLAN P. 154, C4

Véritable paradis pour les fans de Broadway, cette grande librairie est spécialisée dans le théâtre depuis 1917. Les employés sauront vous conseiller. On trouve aussi des livres sur les costumes, la mise en scène et autres facettes du métier, ainsi que des revues et magazines spécialisés. Des animations sont régulièrement proposées (consultez le site Internet et la page Facebook). (212-944-0595 ; www.dramabookshop.com ; 250 W 40th St, entre 7th Ave et 8th Ave, Midtown West ; 10h-19h lun-mer et ven, 10h-20h jeu, 12h-18h dim ; S A/C/E jusqu'à 42nd St-Port Authority Bus Terminal)

B&H Photo Video MATÉRIEL ÉLECTRONIQUE

41 PLAN P. 154, C5

Visiter le magasin d'appareils photo le plus célèbre de New York est une expérience en soi. Immense et bourdonnant d'activité, il est peuplé de vendeurs juifs hassidiques férus de technologie. L'article que vous aurez choisi sera déposé dans une boîte et hissé au plafond, puis voyagera jusqu'aux caisses, où vous devrez à nouveau faire la queue. (212-444-6600 ; www.bhphotovideo.com ; 420 9th Ave, entre W 33rd St et 34th St ; 9h-19h lun-jeu, jusqu'à 13h ven, 10h-18h dim, fermé le sam ; S A/C/E jusqu'à 34th St-Penn Station)

ANCIENT EGYPT
TRANSFORMED

Explorer

Upper East Side

L'Upper East Side est l'un des quartiers les plus huppés de New York. Les boutiques de luxe jalonnent Madison Ave, tandis que la superbe Fifth Ave, parallèle au verdoyant Central Park, abrite le "Museum Mile", l'un des grands axes culturels de la ville, si ce n'est du monde.

Commencez par descendre Fifth Ave à partir de 96th St le long du Museum Mile, en passant par le Guggenheim Museum (p. 180) et le Metropolitan Museum of Art (p. 176), qui pourront vous prendre plusieurs heures chacun. Reprenez des forces devant une part de Sachertorte dans l'atmosphère viennoise surannée du Café Sabarsky (p. 186). Si vous aimez l'art, consacrez votre après-midi à la Neue Galerie (p. 183) ou à la Frick Collection (p. 183) ; pour l'histoire et la culture, voyez plutôt le Museum of the City of New York (p. 185) ou le Jewish Museum (p. 184). Vous pouvez aussi faire du lèche-vitrine dans la luxueuse Madison Ave ou essayer de trouver votre bonheur dans un dépôt-vente (p. 193). Si vous avez pu réserver, régalez-vous de sushis à Tanoshi (p. 185) ; sinon, rabattez-vous sur la table française étoilée du Café Boulud (p. 186). Finissez la soirée par un cocktail raffiné au Bar Pleiades (p. 189) ou au Bemelmans Bar (p. 189) ou allez voir un concert de jazz au Café Carlyle (p. 191).

Comment y aller

S Les lignes 4/5/6 parcourent Lexington Ave, tandis que la ligne Q remonte Second Ave jusqu'aux nouvelles stations de 72nd St, 86th St et 96th St.

De l'Upper West Side, les bus partant de 66th St, 72nd St, 79th St, 86th St et 96th St rallient le quartier *via* Central Park.

Plan du quartier p. 182

Metropolitan Museum of Art (p. 176) SUSANNE POMMER/SHUTTERSTOCK ©

Les incontournables

Metropolitan Museum of Art

Fondé en 1870, le "Met" renferme l'une des plus vastes collections d'art du monde : plus de 2 millions de pièces, de la civilisation égyptienne antique à l'école flamande, de la sculpture européenne du XIXe siècle aux artistes américains. Plus de 6 millions de visiteurs par an se pressent dans ses 68 800 m² de galeries – ce qui en fait le premier site touristique de New York.

PLAN P. 182, A3

212-535-7710

www.metmuseum.org

1000 Fifth Ave

Forfait 3 jours adulte/senior/enfant 25/17 $/gratuit.

10h-17h30 dim-jeu, 10h-21h ven et sam

S 4/5/6, Q jusqu'à 86th St

Art égyptien

Le musée détient une collection inégalable d'objets de l'Égypte antique, dont certains datent du paléolithique. Situées à droite du grand hall, les 39 salles égyptiennes s'ouvrent de manière spectaculaire sur l'une des perles du "Met" : le mastaba de Perneb (prince et prêtre ayant vécu vers 2 300 av. J.-C.), une chambre funéraire de l'Égypte antique édifiée en calcaire. Il est entouré d'un réseau de salles abritant des stèles funéraires, des bas-reliefs et des fragments de pyramides (notamment dans la salle 105 les modèles de Meketrê, des figurines en terre cuite destinées à servir le défunt dans l'au-delà), qui débouche sur le temple de Dendour (salle 131). Ce temple en grès dédié à la déesse Isis, présenté dans un atrium lumineux doté d'un bassin, est incontournable.

Peintures européennes

Vous aimez la Renaissance ? Le Met vous enchantera. Au 1er étage (Second Floor), les galeries des peintures européennes abritent une collection remarquable de chefs-d'œuvre parmi plus de 1 700 toiles couvrant une période d'environ 500 ans allant du XIIIe siècle au XVIIIe siècle. Tous les peintres importants, de Duccio à Rembrandt, y sont représentés. En réalité, on ne trouve ici que des merveilles. La salle 621 réunit plusieurs toiles du **Caravage**, dont *Le Reniement de saint Pierre*. La 611 regorge de trésors espagnols, à commencer par la *Vue de Tolède* du **Greco**. La salle 632 présente des **Vermeer**, dont la *Jeune femme à l'aiguière*. Au sud, dans les salles 634 et 637, vous verrez des **Rembrandt**, et notamment un *Autoportrait* de 1660. Et ce n'est qu'un infime aperçu : on pourrait passer des heures entières à explorer tous ces trésors.

★ À savoir

- N'essayez pas de tout voir, mais concentrez-vous sur quelques collections.
- Louez un audioguide multilingue (adulte/enfant 7/5 $) ou utilisez l'application gratuite disponible sur smartphone.
- Des bénévoles proposent des visites guidées (gratuites sur présentation du billet d'entrée). Consultez le site Internet ou adressez-vous au guichet d'information.

Une petite faim ?

Le **Petrie Court Cafe** sert salades, soupes, pâtes et sandwichs chauds ainsi que vin et un bon choix de thés dans un cadre lumineux et décontracté offrant une jolie vue sur Central Park.

Ci-contre : buste d'un empereur romain, salle 544

Art des pays arabes

À l'angle sud-est du 1er étage (Second Floor), les galeries d'art islamique se composent de 15 salles remarquables, présentant la vaste collection consacrée au Moyen-Orient et à l'Asie centrale et du Sud. Outre des vêtements, des objets décoratifs profanes et des manuscrits, on trouve des objets en verre dorés et émaillés (salle 452), un magnifique **mihrab** du XIVe siècle (salle 455), ainsi que de superbes textiles ottomans (salle 459), une cour médiévale marocaine (salle 456) et une salle du XVIIIe siècle provenant de *Damas* (salle 461).

Aile américaine

À l'angle nord-ouest, les salles américaines sur deux étages dévoilent une grande variété d'objets d'arts décoratifs et d'œuvres d'art couvrant toute l'histoire des États-Unis, allant des portraits de l'époque coloniale aux chefs-d'œuvre de l'Hudson River School en passant par l'élégante **Madame X** de John Singer Sargent (galerie 771, photo ci-contre), sans oublier l'imposant **Washington Crossing the Delaware** d'Emanuel Leutze (galerie 760).

Art grec et romain

Les 27 salles consacrées à l'Antiquité classique sont incontournables. Depuis le grand hall, un couloir conduit à une salle voûtée bordée de bustes de figures grecques, avant de déboucher sur l'un des plus beaux espaces du musée : la cour des sculptures grecques et romaines (salle 162), où trônent des sculptures de dieux et de personnages historiques en marbre. La statue d'**Hercule** drapé dans une peau de lion, datée de 68-98, est impressionnante.

Art moderne et contemporain

Les salles à l'angle sud-ouest des 1er et 2e niveaux présentent des œuvres réalisées à partir du début du XXe siècle, notamment par les artistes espagnols Picasso (voyez sa **Nature morte avec bouteille de rhum** dans la salle 905), Dalí et Miró, et les peintres américains Georgia O'Keeffe et Edward Hopper. Les dix fresques qui constituent **America Today**, de Thomas Hart Benton, occupent l'intégralité de la salle 909.

Jardin sur le toit

L'un des plus beaux endroits du "Met" est son jardin sur le toit (ouvert d'avril à octobre), qui accueille des installations tournantes d'artistes du XXe siècle et contemporains (comme Jeff Koons, Andy Goldsworthy ou Imran Qureshi). Son principal atout reste pourtant la vue magnifique qu'il offre sur la ville et Central Park. On peut aussi prendre un verre au Cantor Roof Garden Bar (☎212-570-3711 ; 4e niveau ; 11h-16h30 dim-jeu, 11h-20h15 ven et sam mi-avr à oct), de préférence au coucher du soleil. Le lieu est ouvert d'avril à octobre.

Les incontournables

Guggenheim Museum

Véritable sculpture en lui-même, le bâtiment en spirale conçu par l'architecte Frank Lloyd Wright à la demande de Solomon R. Guggenheim éclipse presque la collection d'art du XXe siècle qu'il renferme. Avant même son inauguration, l'édifice fut moqué, puis encensé. Les élégantes spirales blanches, d'une modernité très contemporaine, devinrent rapidement un emblème architectural de la ville, apparaissant sur d'innombrables cartes postales, à la télévision et au cinéma.

PLAN P. 182, A1

212-423-3500

www.guggenheim.org

1071 Fifth Ave

adulte/enfant 25 $/gratuit, don libre 17h45-19h45 sam

10h-17h45 dim-mer et ven, 10h-19h45 sam, fermé jeu

S 4/5/6 jusqu'à 86th St

Des débuts difficiles

Solomon R. Guggenheim était un magnat new-yorkais de l'industrie minière qui commença à acquérir des œuvres abstraites sur les recommandations de sa conseillère artistique, l'excentrique baronne allemande Hilla Rebay. En 1939, celle-ci prit la tête d'un musée temporaire ouvert par Guggenheim dans 54th St. Quatre ans plus tard, les deux partenaires chargèrent Wright de bâtir un lieu pour abriter la collection. Comme souvent à New York, ce projet de construction mit longtemps à se concrétiser. Il fut retardé de près de treize ans, en raison de contraintes budgétaires, de la Seconde Guerre mondiale et de l'indignation des voisins à l'idée qu'un ovni architectural atterrisse près de chez eux. Les travaux furent achevés en 1959, après la mort de Wright et de Guggenheim.

Modernisation

Au début des années 1990, on ajouta sur le côté est du bâtiment une tour de huit niveaux offrant plus de 4 750 m² d'espace supplémentaire. Ces salles présentent des pièces de la collection permanente, le bâtiment principal étant consacré aux expositions temporaires.

Le musée possède notamment des œuvres de Kandinsky, Picasso et Pollock, des tableaux de Monet, Van Gogh et Degas, des sculptures de Constantin Brancusi, des photographies de Robert Mapplethorpe et des œuvres surréalistes offertes par la nièce de Guggenheim, Peggy.

Visite du musée

La rampe hélicoïdale du bâtiment principal accueille des expositions d'art moderne et contemporain, à découvrir de bas en haut. Le **Guggenheim Store** vend un excellent choix de livres, affiches, cadeaux et autres objets.

★ À savoir

- L'attente peut être extrêmement longue en toute saison. Pour gagner du temps, achetez votre billet en ligne.
- Si vous disposez d'un smartphone, téléchargez l'application gratuite du musée, qui propose des informations sur le bâtiment et les collections dans cinq langues.

Une petite faim ?

Sur place, deux options s'offrent à vous : **The Wright** (☎ 212-427-5690 ; plats 23-28 $; 11h30-15h30 lun-mer et ven, 11h-15h30 sam et dim), un restaurant futuriste au rez-de-chaussée où l'on sert des plats de saison et des cocktails, et le **Cafe 3** (☎ 212-427-5682 ; sandwichs 10 $; 10h30-17h15 ven-mer, jusqu'à 19h15 sam), au 3ᵉ niveau, qui offre une jolie vue sur Central Park et propose un excellent café et de légers en-cas.

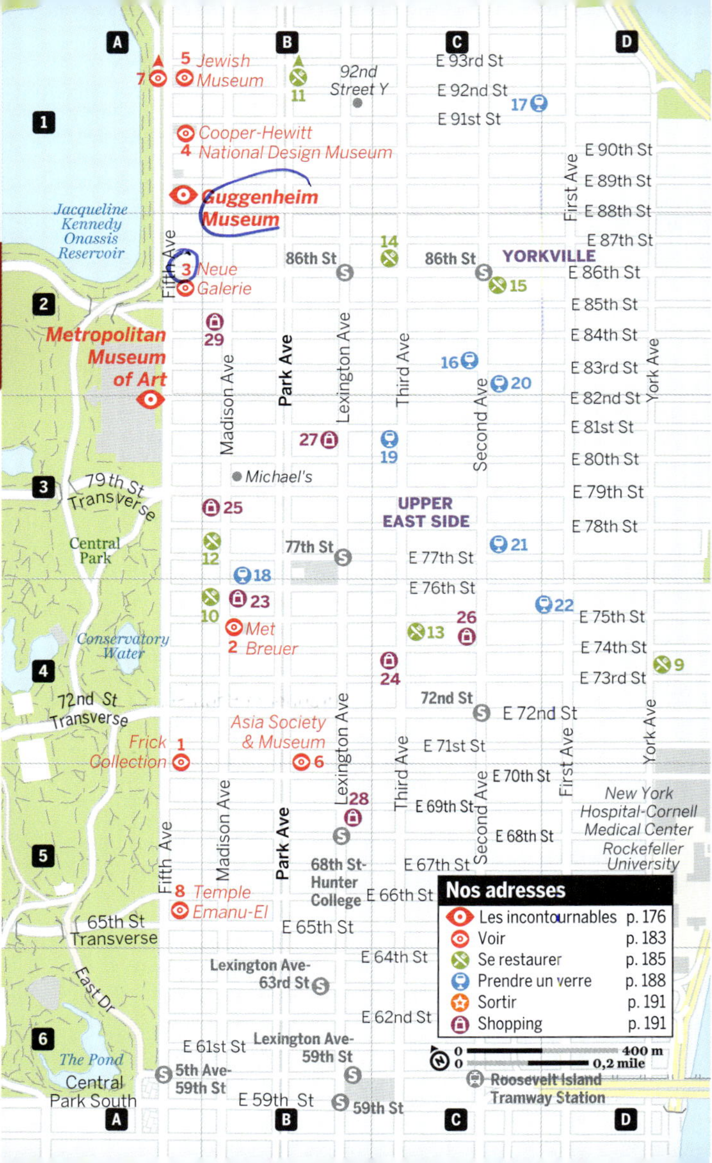
Jewish Museum
92nd Street Y
Cooper-Hewitt National Design Museum
Guggenheim Museum
Neue Galerie
Metropolitan Museum of Art
Jacqueline Kennedy Onassis Reservoir
YORKVILLE
UPPER EAST SIDE
Michael's
79th St Transverse
Central Park
Conservatory Water
72nd St Transverse
Frick Collection
Met Breuer
Asia Society & Museum
Temple Emanu-El
65th St Transverse
East Dr
The Pond
Central Park South
New York Hospital-Cornell Medical Center
Rockefeller University
86th St
77th St
72nd St
68th St-Hunter College
Lexington Ave-63rd St
Lexington Ave-59th St
5th Ave-59th St
59th St
Roosevelt Island Tramway Station
Fifth Ave
Madison Ave
Park Ave
Lexington Ave
Third Ave
Second Ave
First Ave
York Ave
Nos adresses
Les incontournables p. 176
Voir p. 183
Se restaurer p. 185
Prendre un verre p. 188
Sortir p. 191
Shopping p. 191
400 m
0,2 mile

Voir

Frick Collection

MUSÉE

1 PLAN P. 182, A4

Construite par le magnat de l'acier Henry Clay Frick, la demeure qui abrite cette spectaculaire collection d'art est l'une des nombreuses résidences qui jalonnent la partie de Fifth Ave surnommée l'"allée des millionnaires". Des chefs-d'œuvre de Titien, Vermeer, Gilbert Stuart, El Greco, Joshua Reynolds, Goya et Rembrandt, des sculptures, des céramiques, des meubles anciens et des horloges sont présentés dans une dizaine de salles splendides. Si vous aimez la musique classique, il y a souvent des concerts de piano et violon (p. 191) le dimanche soir. Intéressant audioguide en plusieurs langues inclus dans le prix d'entrée. (212-288-0700 ; www.frick.org ; 1 E 70th St, angle de 5th Ave ; tarif plein/réduit 22/12 $, don libre 14h-18h mer, gratuit 1er ven du mois sauf jan et sept ; 10h-18h mar-sam, 11h-17h dim ; S 6 jusqu'à 68th St-Hunter College)

Met Breuer

MUSÉE

2 PLAN P. 182, B4

Ouverte en 2016 dans l'ancien bâtiment du Whitney Museum (p. 110) dessiné par Marcel Breuer, cette annexe du Metropolitan Museum of Art (p. 176) , réunit des œuvres modernes et contemporaines (sculptures, photographies, vidéos, dessins et peintures) d'artistes américains et étrangers comme Edvard Munch, Yayoi Kusama, Claes Oldenburg, Ettore Sottsass, Dara Birnbaum, Robert Smithson et Mira Schendel. Le billet permet d'accéder pendant 3 jours au musée principal ainsi qu'aux trésors médiévaux du Cloisters (p. 22). (212-731-1675 ; www.metmuseum.org/visit/met-breuer ; 945 Madison Ave, angle E 75th St ; billet 3 jours adulte/sénior/enfant 25/17 $/gratuit ; 10h-17h30 mar-jeu et dim, 10h-21h ven et sam ; S 6 jusqu'à 77th St, Q jusqu'à 72nd St)

Neue Galerie

MUSÉE

3 PLAN P. 182, A2

Cette demeure rénovée de Carrère & Hastings datant de 1914 est une vitrine pour l'art allemand et autrichien, avec des œuvres de Paul Klee, Ernst Ludwig Kirchner et Egon Schiele. Au 1er étage, le portrait d'Adele Bloch-Bauer, réalisé en 1907 par Gustav Klimt (acquis pour le musée par le magnat des cosmétiques Ronald Lauder pour 135 millions de dollars), occupe la place d'honneur. Le film *La Femme au tableau* (2015) retrace l'histoire de cette toile. Évitez les week-ends et le premier vendredi du mois si vous n'aimez pas la cohue. (212-628-6200 ; www.neuegalerie.org ; 1048 5th Ave, à l'angle de E 86th St ; tarif plein/réduit 22/12 $, gratuit 18h-20h 1er ven du mois ; 11h-18h jeu-lun ; S 4/5/6 jusqu'à 86th St)

Cooper-Hewitt National Design Museum

MUSÉE

4 PLAN P. 182, A1

Unique musée du pays consacré au design ancien et contemporain, cette maison de la culture, appartenant à la Smithsonian Institution de Washington, est installée dans une demeure de 64 pièces, construite par le milliardaire Andrew Carnegie en 1901. Sa magnifique collection de 210 000 pièces est exposée sur quatre niveaux et couvre 3 000 ans de création. Un beau **jardin** public est accessible depuis le musée. **Visites guidées** à 13h30 en semaine et à 13h et 15h le week-end. (212-849-8400 ; www.cooperhewitt.org ; 2 E 91st St, au niveau de 5th Ave ; adulte/enfant 18 $/gratuit, don suggéré 18h-21h sam ; 10h-18h dim-ven, 10h-21h sam ; S 4/5/6 jusqu'à 86th St)

Jewish Museum

MUSÉE

5 PLAN P. 182, A1

Une demeure gothique de 1908 abrite 30 000 objets judaïques, des sculptures, des peintures et des objets d'arts décoratifs. Le musée propose d'excellentes expositions temporaires, des rétrospectives sur des figures influentes comme Art Spiegelman, ainsi que de grands noms tels que Marc Chagall, Édouard Vuillard, Modigliani ou Man Ray. (212-423-3200 ; www.thejewishmuseum.org ; 1109 5th Ave, entre E 92nd St et 93rd St ; adulte/enfant 15 $/gratuit, sam gratuit, don suggéré 17h-20h jeu ; 11h-17h45 sam-mar, 11h-20h jeu, 11h-16h ven ; ; S 6 jusqu'à 96th St)

Met Breuer (p. 183)

OSUGI/SHUTTERSTOCK ©

Asia Society & Museum MUSÉE

6 PLAN P. 182, B4

Fondée en 1956 par John D. Rockefeller (grand collectionneur d'art asiatique), cette institution renferme des collections passionnantes, des sculptures jaïns et des peintures bouddhiques népalaises. **Visites guidées** à 14h du mardi au dimanche toute l'année, et à 18h30 le vendredi, sauf en été. (212-288-6400 ; www.asiasociety.org ; 725 Park Ave, angle E 70th St ; adulte/enfant 12 $/gratuit, gratuit 18h-21h ven sept à juin ; 11h-18h mar-dim, jusqu'à 21h ven sept à juin ; S 6 jusqu'à 68th St-Hunter College, Q jusqu'à 72nd St)

Museum of the City of New York MUSÉE

7 PLAN P. 182, A1

Ce musée, installé dans une demeure coloniale géorgienne, s'intéresse à New York dans tous ses états. Au 2e niveau, ne manquez pas le documentaire intitulé *Timescapes*, qui retrace la croissance de la Grosse Pomme, passée d'un minuscule comptoir commercial pour les Amérindiens à la métropole d'aujourd'hui. (212-534-1672 ; www.mcny.org ; 1220 5th Ave, entre E 103rd St et 104th St ; adulte/enfant 18 $/gratuit ; 10h-18h ; S 6 jusqu'à 103rd St)

Temple Emanu-El SYNAGOGUE

8 PLAN P. 182, A5

Fondé en 1845 en tant que première synagogue réformée à New York et achevé en 1929, ce temple est aujourd'hui l'un des plus grands lieux de culte juif au monde. L'imposant édifice de style roman, de plus de 50 m de long et 30 m de haut, possède de superbes plafonds peints à la main, avec certains détails en or. (212-744-1400 ; www.emanuelnyc.org ; 1 E 65th St, à l'angle de 5th Ave ; entrée libre ; 10h-16h30 dim-jeu ; S 6 jusqu'à 68th St-Hunter College)

Musées (presque) gratuits

L'Upper East Side abrite certains des meilleurs musées de New York, mais les visiter tous peut vous revenir cher. La plupart ont cependant mis en place, une fois par semaine, un système qui vous permet de payer la somme que vous désirez : un bon moyen de faire des économies. Certains sont même accessibles gratuitement à certains moments, comme la Neue Galerie (p. 183) et l'Asia Society & Museum (p. 185).

Se restaurer

Tanoshi SUSHIS $$$

9 PLAN P. 182, D4

Difficile de décrocher l'un des 20 tabourets de ce petit restaurant de sushis très populaire. Le cadre est modeste, mais quelle cuisine ! On ne mange que des sushis, sélectionnés chaque jour par le chef (*omakase*) : pétoncles d'Hokkaido,

Le métro de Second Avenue

Prévue depuis près d'un siècle (et objet de moquerie locale depuis des décennies), la ligne de métro de Second Avenue a enfin ouvert le 1er janvier 2017... du moins son premier tronçon. Après 10 ans de travaux et un budget de 4,5 milliards de dollars, trois kilomètres de voies relient désormais la ligne Q à la ligne F via 63rd St-Lexington Ave, puis continuent le long de Second Ave avec trois nouvelles stations à 72nd St, 86th St et 96th St. Vastes et aérées, celles-ci sont décorées de mosaïques réalisées par les artistes Chuck Close, Jean Shin, Vik Muniz et Sarah Sze. Cette longue attente en valait la peine : la nouvelle ligne transporte 176 000 passagers par jour, réduisant de 40% la cohue matinale sur la ligne 4/5/6 de Lexington Ave, jusque-là saturée. Reste à savoir si les trois tronçons suivants, censés prolonger les voies au nord jusqu'à 125th St et au sud jusqu'au Financial District, seront construits un jour...

saumon ou délicieux *uni* (oursins). Réservez bien à l'avance. (☎ 917-265-8254 ; www.tanoshisushinyc.com ; 1372 York Ave, entre E 73rd St et 74th St ; sélection de sushis du chef environ 95-99 $; ⌚ services 18h, 19h30 et 21h lun-sam ; S Q jusqu'à 72nd St)

Café Boulud FRANÇAIS $$$

10 PLAN P. 182, B4

Ce bistro étoilé fait partie de l'empire gastronomique du chef Daniel Boulud, dont la cuisine française aux accents internationaux séduit une clientèle huppée. La carte variable selon la saison propose des classiques tels que le coq au vin et des plats plus inventifs comme le tartare de Saint-Jacques au miso blanc. Les petits budgets apprécieront la formule déjeuner (entrée-plat-dessert à 45 $, entrée-plat ou plat-dessert à 39 $). (☎ 212-772-2600 ; www.cafeboulud.com/nyc ; 20 E 76th St, entre 5th Ave et Madison Ave ; plats environ 45 $; ⌚ 7h-10h30, 12h-14h30 et 17h45-22h30 lun-ven, à partir de 8h sam et dim ; ; S 6 jusqu'à 77th St)

Café Sabarsky AUTRICHIEN $$

Attendez-vous à faire la queue pour entrer dans ce café (voir 3 Plan p. 182, A2) qui rappelle la Vienne opulente du début du XXe siècle. L'attente est longue, mais vous l'oublierez quand vous dégusterez les spécialités bien préparées d'Europe centrale : crêpes garnies de truite fumée, goulache, *bratwurst* (saucisse) rôtie, etc. La grande carte des desserts comprend une divine *sachertorte* (gâteau au chocolat garni d'une fine couche de confiture d'abricots). (☎ 212-288-0665 ; www.neuegalerie.org/cafes/sabarsky ; 1048 5th Ave, angle de E 86th St ; plats 18-30 $; ⌚ 9h-18h lun et mer, 9h-21h jeu-dim ; ; S 4/5/6 jusqu'à 86th St)

Earl's Beer & Cheese AMÉRICAIN $

11 PLAN P. 182, B1

Ambiance "chasse branchée" dans cette minuscule enseigne. Le *grilled cheese* (sandwich chaud au fromage fondu), omniprésent, est servi avec de la poitrine de porc ou du kimchi. Il y a aussi des macaronis au fromage et des tacos (notamment avec épaule de porc braisée et *queso fresco*). (212-289-1581 ; www.earlsny.com ; 1259 Park Ave, entre 97th St et 98th St ; sandwich 8 $; 11h-minuit dim-jeu, jusqu'à 2h ven et sam ; v; S 6 jusqu'à 96th St)

Sant Ambroeus ITALIEN $$$

12 PLAN P. 182, B3

Derrière une façade banale, ce bistro-café milanais chic au charme suranné possède un long comptoir en granit qui propose cappuccinos, pâtisseries et paninis, et une élégante salle à l'arrière servant des spécialités de l'Italie du Nord, comme l'escalope milanaise ou le risotto aux fruits de mer. Prenez une glace en dessert ! (212-570-2211 ; www.santambroeus.com ; 1000 Madison Ave, entre E 77th St et 78th St ; paninis 14-19 $, plats 26-69 $; 7h-23h lun-ven, 8h-23h sam et dim ; ; S 6 jusqu'à 77th St)

Candle Cafe VÉGAN $$

13 PLAN P. 182, C4

Les amateurs de yoga et de vie saine se retrouvent dans ce séduisant café végétalien qui propose une longue liste de sandwichs, des salades, des mets réconfortants et des plats

Papaya King (p. 188)

du jour (en fonction du marché). La spécialité de la maison est le *seitan*. Bar à jus et menu sans gluten. (212-472-0970 ; www.candlecafe.com ; 1307 3rd Ave, entre E 74th St et 75th St ; plats 15-22 $; 11h30-22h lun-ven, 11h-22h sam, 11h-21h30 dim ; ; S 6 jusqu'à 77th St-2nd Ave)

Papaya King HOT-DOGS $

14 PLAN P. 182, C2

Ouvert en 1932, ce restaurant aux néons éclatants est plébiscité pour ses hot-dogs savoureux et bon marché et son jus de papaye frais. Essayez le "Homerun", garni de choucroute et de confit d'oignons. (212-369-0648 ; www.papayaking.com ; 179 E 86th St, angle 3rd Ave ; hot-dogs 2,50-4,50 $; 8h-minuit dim-jeu, 8h-1h ven et sam ; S 4/5/6, Q jusqu'à 86th St)

Schaller & Weber TRAITEUR $

15 PLAN P. 182, C2

Vestige de l'époque où le quartier de Yorkville était une enclave allemande, cette charcuterie primée vend plus de 15 types de saucisses fabriquées dans son atelier du Queens – *bauernwurst*, *weisswurst*, saucisses au poulet, au cheddar, *bangers* irlandais, *kielbasa* polonaises – ainsi que des produits importés d'Europe : fromage, condiments, chocolat, vin et bière. (212-879-3047 ; www.schallerweber.com ; 1654 Second Ave, angle E 86th St ; saucisses à partir de 8 $ les 350 g ; 10h-19h lun-sam ; S Q, 4/5/6 jusqu'à 86th St)

Pause (assez) bon marché

L'Upper East Side est l'incarnation même de l'opulence, notamment la partie située entre 60th St et 86th St et entre Park Ave et Fifth Ave. Pour se restaurer et prendre un verre à moindre coût, dirigez-vous à l'est de Lexington Ave. Third Ave, Second Ave et First Ave sont jalonnées d'établissements moins onéreux.

Prendre un verre

Caledonia BAR

16 PLAN P. 182, C2

Un bar aux lumières tamisées et aux boiseries sombres, spécialisé dans les whiskys écossais : plus de 100 single malts (Highlands, Islands, Islay, Lowlands ou Speyside), mais aussi des blends et même quelques marques américaines, irlandaises et japonaises. Les barmen très compétents vous aideront à choisir. (212-734-4300 ; www.caledoniabar.com ; 1609 2nd Ave, entre E 83rd St et 84th St ; 17h-4h lun-jeu, 16h-4h ven-dim ; S Q, 4/5/6 jusqu'à 86th St)

Drunken Munkey BAR LOUNGE

17 PLAN P. 182, C1

Plongez dans le Bombay d'antan en prenant un verre dans cet établissement au charme désuet, doté de poignées de porte en forme de balle de cricket. Ne vous fiez pas aux lustres ornés de singes : les cocktails et les généreuses portions de curries (à partager) n'en sont pas moins sérieux ! Le gin est ici privilégié pour les cocktails : essayez le Bramble (gin Bombay, liqueur de mûre, jus de citron frais et mûres). (☎646-998-4600 ; www.drunkenmunkeynyc.com ; 338 E 92nd St, entre 1st Ave et 2nd Ave ; 🕓11h-2h lun-jeu, 11h-3h ven-sam, 11h-2h dim ; S 6 jusqu'à 96th St)

Bar Pleiades

BAR

Voisin du Café Boulud (p. 186), le Bar Pleiades (voir 10 Plan p. 182, B4) sert des cocktails de saison et une cuisine de pub raffinée (huîtres ou saucisse fenouil-canard, par exemple). Concerts de jazz le vendredi de 21h à minuit. (☎212-772-2600 ; www.barpleiades.com ; 20 E 76th St, entre 5th Ave et Madison Ave ; 🕓12h-minuit tlj ; S 6 jusqu'à 77th St)

Bemelmans Bar

BAR LOUNGE

18 PLAN P. 182, B3

Installez-vous sur une banquette en cuir et savourez l'élégance surannée de ce bar légendaire, avec ses serveurs en veste blanche, son musicien jouant sur un piano demi-queue et son plafond revêtu d'or 24 carats. Notez les peintures murales signées Ludwig Bemelman (de la série de livres illustrés *Madeline*). (☎212-744-1600 ; www.thecarlyle.com ; Carlyle Hotel, 35 E 76th St, angle de Madison Ave ; 🕓12h-1h ; S 6 jusqu'à 77th St)

Bemelmans Bar

ZUMA PRESS, INC/ALAMY STOCK PHOTO ©

Irving Farm Roasters

CAFÉ

19 PLAN P. 182, C3

Pionnier du café artisanal à New York – il torréfie lui-même ses grains dans une petite ville située à 156 km au nord – cet établissement sert de robustes expressos et des cafés filtres pure origine, ainsi que quelques plats savoureux. (646-861-2949 ; www.irvingfarm.com ; 1424 3rd Ave, angle E 81st St ; 7h-20h lun-ven, 8h-20h sam-dim ; S 6 jusqu'à 77th St, 4/5 jusqu'à 86th St)

Penrose

BAR

20 PLAN P. 182, C2

Célèbre pour ses martinis aux cornichons et ses cornichons frits, le Penrose apporte une touche de branchitude à l'Upper East Side : bières artisanales, briques apparentes, vieux miroirs, éléments en bois et service sympathique. Il y a foule le week-end mais on peut généralement s'asseoir le long des murs ou à l'arrière. (212-203-2751 ; www.penrosebar.com ; 1590 2nd Ave, entre E 82nd St et 83rd St ; 11h-4h lun-ven, 9h30-4h sam-dim ; S Q, 4/5/6 jusqu'à 86th St)

Uva

BAR À VINS

21 PLAN P. 182, C3

Murs en briques apparentes, lustres à l'éclairage tamisé et parquet usé donnent des airs de vieille taverne européenne à ce bar-restaurant animé. Plusieurs dizaines de vins sont proposés au verre (à partir de 9 $), ainsi qu'un assortiment de dégustation (avant 19h) qui permet de goûter diverses variétés. En été,

Le Henschel Quartet en concert à la Frick Collection

HIROYUKI ITO/CONTRIBUTOR/GETTY IMAGES ©

optez pour le joli patio, à l'arrière. (☎212-472-4552 ; www.uvanyc.com ; 1486 2nd Ave, entre E 77th St et 78th St ; ⏲16h-1h lun, 16h-2h mar-ven, 11h-2h sam, 11h-1h dim ; S 6 jusqu'à 77th St)

Seamstress

BAR

22 PLAN P. 182, D4

Ce petit bijou sert des cocktails raffinés et des plats de saison. Prenez place au comptoir ou arrivez tôt pour vous installer sur une banquette en cuir et déguster des huîtres ou un burger à l'agneau en sirotant des boissons subtiles à base de rye whisky, liqueur de grenade et autres spiritueux peu communs (☎212-288-8033 ; www.seamstressny.com ; 339 E 75th St, entre 1st Ave et 2nd Ave ; ⏲17h-1h dim-jeu, 17h-2h ven-sam ; S Q jusqu'à 72nd St, 6 jusqu'à 77th St)

Sortir

Frick Collection

MUSIQUE CLASSIQUE

Un dimanche par mois, à 17h, cette riche demeure-musée (p. 183) organise un concert (voir 1 Plan p. 182, A4) avec des artistes mondialement connus, comme la violoncelliste Yehuda Hanani et le violoniste Thomas Zehetmair. (☎212-288-0700 ; www.frick.org ; 1 E 70th St, angle de 5th Ave ; 45 $; ⏲17h dim ; S 6 jusqu'à 68th St-Hunter College, Q jusqu'à 72nd St)

Café Carlyle

JAZZ

Ce club huppé (voir 18 Plan p. 182, B3) de l'hôtel Carlyle attire des musiciens réputés. Judy Collins,

92nd Street Y

Outre un large éventail de spectacles, lectures et animations pour enfants, ce **centre culturel** (plan p. 182, B1 ; ☎212-415-5500 ; www.92y.org ; 1395 Lexington Ave, angle de E 92nd St ; 👪 ; S Q, 6 jusqu'à 96th St) à but non lucratif organise des séries de conférences et d'entretiens, animés par des personnalités comme le dramaturge Edward Albee, le violoncelliste Yo-Yo Ma, l'humoriste Steve Martin ou le romancier Salman Rushdie.

Sutton Foster et le pianiste de jazz Loston Harris se produisent régulièrement ici, tandis qu'Alan Cumming propose des spectacles de cabaret. Prévoyez un solide budget, l'entrée ne comprend ni plat ni boisson et une dépense minimale est exigée. Habillez-vous chic (veste pour les hommes). (☎212-744-1600 ; www.thecarlyle.com ; Carlyle Hotel, 35 E 76th St, angle de Madison Ave ; entrée 95-215 $, nourriture et boissons min 25-75 $; ⏲concerts à 20h45 et 22h45 ; S 6 to 77th St)

Shopping

Diptyque

PARFUMS

23 PLAN P. 182, B4

Une oasis olfactive dont vous sortirez en sentant la rose, la glycine, le jasmin, le cyprès ou le bois de santal. La maison parisienne Diptyque crée depuis

1961 des parfums mêlant plantes, fleurs et essences de bois. (212-879-3330 ; www.diptyqueparis.com ; 971 Madison Ave, angle E 76th St ; 10h-19h lun-sam, 11h-18h dim ; S 6 jusqu'à 77th St)

Flying Tiger Copenhagen

CADEAUX ET SOUVENIRS

24 PLAN P. 182, C4

Cette boutique danoise vend toute une gamme d'objets insolites, rarement facturés plus de 5 $: vaisselle, fournitures pour artistes, journaux intimes, jouets et jeux, accessoires, etc. Vous avez envie d'un robot qui dessine ? Vous le trouverez ici. (917-388-2812 ; www.flyingtiger.com ; 1282 3rd Ave, angle E 74th St ; 10h-20h lun-sam, 11h-18h dim ; S Q jusqu'à 72nd St, 6 jusqu'à 77th St)

Shopping à moindre coût

Madison Ave ne s'adresse pas à toutes les bourses. Entre 60th St et 72nd St se succèdent des boutiques de luxe comme Gucci, Prada et Cartier. Quelques dépôts-ventes proposent toutefois des articles peu portés à prix intéressants (Louboutin, Fendi, Dior) : voyez Encore (p. 193) ou **Michael's** (plan p. 182, B3 ; 212-737-7273 ; www.michaelsconsignment.com ; 1041 Madison Ave, entre E 79th St et 80th St, 2e niveau ; 10h-18h lun-sam, 10h-20h jeu ; S 6 jusqu'à 77th St).

La Maison du Chocolat

CHOCOLATS

25 PLAN P. 182, B3

La boutique du chocolatier parisien vous fera oublier vos bonnes résolutions. Truffes saupoudrées de cacao ou plaques de chocolat fabriquées à partir des meilleures fèves du monde, tout est délicieux. On peut s'asseoir dans le petit café pour croquer un macaron et prendre un chocolat chaud. (212-744-7118 ; www.lamaisonduchocolat.us ; 1018 Madison Ave, entre E 78th St et 79th St ; 10h-19h lun-sam, 11h-18h dim ; S 6 jusqu'à 77th St)

Ricky's NYC

PRODUITS DE BEAUTÉ

26 PLAN P. 182, C4

Cette chaîne new-yorkaise de produits de beauté possède de nombreuses adresses. Celle-ci vend du maquillage, des crèmes et shampoings importés, des accessoires et appareils de qualité professionnelle. Au moment d'Halloween, venez acheter des déguisements et du maquillage de théâtre. (212-988-2291 ; www.rickysnyc.com ; 1425 Second Ave, angle E 74th St ; 9h-21h lun-sam, 10h-20h dim ; S Q jusqu'à 72nd St)

Mary Arnold Toys

JOUETS

27 PLAN P. 182, B3

Depuis plusieurs générations, les gens du quartier passent une partie de leur enfance dans les rayons de ce magasin de jouets ouvert en 1931. Animations

RICHARD LEVINE/ALAMY STOCK PHOTO ©

Flying Tiger Copenhagen

gratuites tous les mois (chasses au trésor, ateliers Lego, etc.). (☎212-744-8510 ; www.maryarnoldtoys.com ; 1178 Lexington Ave, entre E 80th St et 81st St ; ⌚9h-18h lun-ven, 10h-18h sam, 10h-17h dim ; 👪; S 4/5/6 jusqu'à 86th St)

Shakespeare & Co — LIVRES

28 🔒 PLAN P. 182, B5

Sans rapport avec l'enseigne parisienne du même nom, cette boutique appréciée est l'une des meilleures librairies indépendantes de New York. Vaste choix d'ouvrages contemporains (fiction, essais, art et histoire locale) et petite mais excellente sélection de périodiques. Une imprimante permet d'imprimer des titres à la demande. Un petit café sert boissons chaudes et repas légers. (☎212-772-3400 ; www.shakeandco.com ; 939 Lexington Ave, angle E 69th St ; ⌚7h30-20h lun-ven, 8h-19h sam, 9h-18h dim ; 📶; S 6 jusqu'à 68th St)

Encore — MODE

29 🔒 PLAN P. 182, B2

Ce dépôt-vente chic allège les garde-robes de l'Upper East Side depuis 1954 (même Jacqueline Kennedy y vendait ses vêtements). Vous y trouverez des grandes marques comme Louboutin, Fendi et Dior. Les prix sont élevés mais restent beaucoup plus abordables que ceux des articles neufs. (☎212-879-2850 ; www.encoreresale.com ; 1132 Madison Ave, entre E 84th St et 85th St, 2e niveau ; ⌚10-18h30 lun-sam, 12h-18h dim ; S 4/5/6 jusqu'à 86th St)

Promenade à pied

Harlem, l'âme de New York

Ce quartier au nord de Manhattan voisine avec le Bronx. C'est ici que Cab Calloway chantait. Ralph Ellison y a rédigé son roman épique sur la vérité et l'intolérance, Homme invisible, pour qui chantes-tu ? *L'artiste Romare Bearden y assembla ses premiers collages. Vivant et chaleureux, rêveur et mélancolique, Harlem est le plus profond recoin de l'âme new-yorkaise.*

Itinéraire

Départ Tom's Restaurant ; S 1 jusqu'à 110th St

Arrivée Shrine ; S 2/3 jusqu'à 135th St

Distance et durée 7,8 km ; 4 ou 5 heures en fonction des arrêts

❶ Tom's Restaurant

Prenez un café au **Tom's Restaurant** (☎212-864-6137 ; www.tomsrestaurant.net ; 2880 Broadway, au niveau de 112th St ; plats 8-13 $; ⏲7h-1h mar-jeu, 24h/24 ven-lun ; S 1 jusqu'à 110th St), un établissement gréco-américain dont la façade et l'enseigne lumineuse rouge figurent dans la série *Seinfeld*.

❷ Cathedral Church of St John the Divine

Encore inachevée, cette immense **cathédrale** (☎visites 212-316-7540 ; www.stjohndivine.org ; 1047 Amsterdam Ave, au niveau de W 112th St ; 10 $, visite guidée 14 $, visite verticale 20 $; ⏲7h30-18h ; S B/C, 1 jusqu'à 110th St-Cathedral Pkwy) est le plus grand lieu de culte des États-Unis.

❸ Malcolm Shabazz Harlem Market

Ce modeste **marché** (52 W 116th St, entre Malcolm X Blvd et 5th Ave ; entrée libre ; ⏲9h-20h ; 👪 ; S 2/3 jusqu'à 116th St) géré par la mosquée où prêchait Malcolm X vend bijoux africains, tissus, tambours, articles en cuir et huiles.

❹ Flamekeepers Hat Club

L'âge d'or de Harlem survit dans cette agréable **boutique** (☎212-531-3542 ; 273 W 121st St, au niveau de St Nicholas Ave ; ⏲12h-19h mar et mer, 12h-20h jeu-sam, 12h-18h dim ; S A/C, B/D jusqu'à 125th St) où s'alignent d'élégants chapeaux. Le patron Marc Williamson vous trouvera le couvre-chef idéal pour la forme de votre visage.

❺ Strivers' Row

Depuis l'arrivée des premiers Afro-Américains à **Strivers' Row** (📶 138th St et 139th St, entre Frederick Douglass Blvd et Adam Clayton Powell Jr Blvd ; S B, C jusqu'à 135th St) dans les années 1920, ces maisons des années 1890 ont vu passer de grands noms de Harlem, dont le bluesman WC Handy et le chanteur/danseur Bill "Bojangles" Robinson.

❻ Red Rooster

Goûtez le "nouveau Harlem" au **Red Rooster** (☎212-792-9001 ; www.redroosterharlem.com ; 310 Lenox Ave, entre W 125th St et 126th St ; plats déj 18-32 $, dîner $24-38 ; ⏲11h30-22h30 lun-jeu, 11h30-23h30 ven, 10h-23h30 sam, 10h-22h dim ; S 2/3 jusqu'à 125th St), où le chef Marcus Samuelsson revisite des plats simples avec talent.

❼ Apollo Theater

L'une des meilleures adresses pour un concert est l'**Apollo Theater** (☎212-531-5300, visites 212-531-5337 ; www.apollotheater.org ; 253 W 125th St au niveau de Frederick Douglass Blvd et Adam Clayton Powell Jr Blvd ; à partir de 16 $; S A/C, B/D jusqu'à 125th St). La fameuse Amateur Night a lieu le mercredi.

❽ Shrine

Des groupes très variés jouent tous les soirs au **Shrine** (www.shrinenyc.com ; 2271 Adam Clayton Powell Jr Blvd, entre 133rd St et 134th St ; ⏲16h-4h ; S 2/3 jusqu'à 135th St), pilier de la vie nocturne du quartier.

NEW YORK CITY BALLET
ABT

Explorer

Upper West Side et Central Park

Avec ses rues tranquilles bordées de brownstones, l'Upper West Side évoque le décor d'une comédie romantique. Plusieurs institutions culturelles de premier plan sont installées dans ce quartier flanqué par deux parcs : le petit Riverside Park et l'immense étendue de verdure de Central Park.

Après un petit-déjeuner d'œufs, de bagels et de saumon fumé à Barney Greengrass (p. 207), explorez les sciences naturelles à l'American Museum of Natural History (p. 204) (ne manquez pas l'incontournable baleine géante dans le Milstein Ocean Hall) ou l'histoire locale à la New-York Historical Society (p. 205). Rejoignez Broadway pour acheter de quoi pique-niquer à Zabar's (p. 206), puis passez l'après-midi à lézarder à Central Park (p. 198) ou au Riverside Park (p. 208). Dînez à l'élégant Cafe Luxembourg (p. 206), avant d'aller voir un opéra, un ballet ou une pièce de théâtre au Lincoln Center. Enfin, faites-vous déposer en taxi au Cafe Lalo (p. 207) pour finir la soirée devant un dessert généreux et un verre.

Comment y aller

S Les lignes 1, 2 et 3 desservent la zone entre Broadway et l'Hudson, et les trains B et C permettent d'accéder aux musées et à Central Park. Les lignes A/C, B/D et 1 passent par Columbus Circle et 59th St.

Bus : Depuis 66th St, 72nd St, 79th St, 86th St et 96th St, les bus est-ouest rallient l'Upper East Side via Central Park en s'arrêtant à Central Park West et 5th Ave (pas à l'intérieur du parc).

Plan du quartier p. 202

Lincoln Center (p. 204) EILEEN_10/GETTY IMAGES ©

Les incontournables

Central Park

Avec ses quelque 340 ha de pelouses, de petits lacs, de mares et de bois, Central Park semble être le fruit de la nature. C'est faux ! Ce "parc du peuple" dessiné par Frederick Law Olmsted et Calvert Vaux résulte du travail de milliers d'ouvriers qui ont charrié 10 millions de tombereaux de terre pour assécher les marécages et niveler les affleurements rocheux. Plus de vingt ans furent nécessaires à la création de ce superbe refuge.

PLAN P. 202, E4

www.centralparknyc.org

de 59th St à 110th St, entre Central Park West et Fifth Ave

6h-1h

Strawberry Fields

Ce **jardin-mémorial** (www.centralparknyc.org ; Central Park, au niveau de 72nd St, côté ouest ; S A/C, B jusqu'à 72nd St) dessine une larme en souvenir de John Lennon, qui vivait juste en face, dans le Dakota Building (p. 205). Financé par sa veuve, Yoko Ono, il comprend un bosquet d'ormes et une mosaïque arborant simplement le mot "Imagine".

Bethesda Terrace et le Mall

Les galeries couvertes de **Bethesda Terrace** (www.centralparknyc.org ; de 66th St à 72nd St, Central Park ; S B, C jusqu'à 72nd St) et la magnifique **fontaine Bethesda** sont depuis longtemps le point de rendez-vous des New-Yorkais. Au sud, le **Mall** (que l'on voit dans plusieurs films) est une promenade recouverte de grands ormes d'Amérique. Sa partie sud, appelée **Literary Walk**, est jalonnée de statues d'écrivains.

Great Lawn et Ramble

Au centre, la **Great Lawn** (www.centralparknyc.org ; Central Park, entre 79th St et 86th St ; mi-avr à mi-nov ; S B, C jusqu'à 86th St) est un immense tapis vert bordé de terrains de base-ball et de platanes. Au sud-est se dressent le **Delacorte Theater** (www.publictheater.org ; Central Park, entrée dans W 81st St ; S B, C jusqu'à 81st St), qui accueille le festival annuel Shakespeare in the Park (p. 201), et le **Belvedere Castle** (212-772-0288 ; www.centralparknyc.org ; Central Park, au niveau de W 79th St ; entrée libre ; 10h-16h ; ; S 1/2/3, B, C jusqu'à 72nd St), idéal pour observer les oiseaux. Plus au sud, le verdoyant **Ramble** (Central Park, au milieu du parc, de 73rd à St 79th St ; S B C jusqu'à 81st St) attire les ornithologues. À l'extrémité sud-est, la **Loeb Boathouse** (212-517-2233 ; www.thecentralparkboathouse.com ; Central Park, entre 74th St et 75th St ; location barque 15 $/h ; 10h-crépuscule mars-avr à mi-nov ; ; S B, C jusqu'à 72nd St, 6 jusqu'à 77th St) offre un restaurant au

★ À savoir

- Bike & Roll (p. 205) loue des vélos et organise des sorties guidées.
- Évitez les balades en calèche. Elles sont très chères et les chevaux mènent une triste vie.

Une petite faim ?

Composez un pique-nique avec les produits gourmands de Zabar's (p. 206) ou **Whole Foods** (212-823-9600 ; www.wholefoodsmarket.com ; Time Warner Center, 10 Columbus Circle ; 7h-23h ; S A/C, B/D, 1 jusqu'à 59th St-Columbus Circle), tous deux à quelques mètres du parc.

Dans le parc, vous pouvez manger en plein air à la boulangerie-restaurant **Le Pain Quotidien** (646-233-3768 ; www.lepainquotidien.com ; Mineral Springs Pavilion, Central Park, près de West Dr ; plats 12-17,50 $, pâtisseries 4-5 $; 7h-19h ; ; S B, C jusqu'à 72nd St).

L'histoire de Central Park

Dans les années 1850, cette partie de Manhattan était occupée par des élevages porcins, une décharge, un site d'équarrissage et un village afro-américain. Il a fallu 20 ans à 20 000 ouvriers pour en faire un parc. Aujourd'hui, Central Park compte plus de 24 000 arbres, 55 ha de bois, 21 aires de jeux et 7 plans d'eau. Ce gigantesque poumon vert de la ville attire plus de 38 millions de visiteurs chaque année.

bord de l'eau, des barques à louer et des balades en gondole.

Réservoir Jacqueline Kennedy Onassis

Ce réservoir (au niveau de 90th St) occupe presque toute la largeur du parc. Il reflète la silhouette des gratte-ciel alentour pour le plus grand plaisir des joggeurs qui ont fait de son circuit périphérique (2,5 km) leur terrain d'entraînement favori. Tout près, au croisement de Fifth Ave et 90th St, se dresse la statue de Fred Lebow (fondateur du marathon de New York) observant sa montre.

Zoo de Central Park

Officiellement baptisé Central Park Wildlife Center, ce petit **zoo** (☎212-439-6500 ; www.centralparkzoo.com ; Central Park, 64th St, au niveau de 5th Ave ; adulte/enfant 14/9 $; ⏲10h-17h lun-ven, 10h-17h30 sam et dim ; 👪 ; Ⓢ N/Q/R jusqu'à 5th Ave-59th St) héberge des pingouins, des léopards des neiges, des grenouilles venimeuses et des pandas roux. L'ambiance bat son plein lors des repas des otaries et des pingouins.

Conservatory Garden

Vous cherchez un peu de calme ? Les 2,5 ha du **Conservatory Garden** (www.centralparknyc.org ; Central Park, 5th Ave au niveau de 105th St ; ⏲8h-17h nov-fév, 8h-18h mars et oct, 8h-19h avr et sept, 8h-19h30 ou 20h août, 8h-20h mai-juil ; Ⓢ 6 jusqu'à 103rd St) forment une des jolies oasis de tranquillité du parc, avec pommiers sauvages, buis et, au printemps, beaucoup de fleurs. Le calme règne partout dans le parc au petit matin et les chants des oiseaux révèlent toute sa richesse ornithologique.

L'été à Central Park

Pendant l'été, Central Park accueille d'innombrables événements culturels, la plupart gratuits. Les deux plus populaires sont **Shakespeare in the Park** (www.publictheater.org), organisé par le Public Theater, et **SummerStage** (www.cityparksfoundation.org/summerstage ; Rumsey Playfield, Central Park, accès à l'angle de 5th Ave et 69th St ; ⏲juin-sept ; 👪 ; Ⓢ 6 jusqu'à 68th St-Hunter College), qui propose toute une série de concerts gratuits.

Ci-contre : Jacqueline Kennedy Onassis Reservoir

A
B
C
D
E
F
1
2
3
4
Central Park
Jacqueline Kennedy Onassis Reservoir
UPPER EAST SIDE
UPPER WEST SIDE
86th St Transverse
97th St Transverse
East Dr
West Dr
E 86th St
E 96th St
E 102nd St
Madison Ave
Fifth Ave
East Meadow
North Meadow
The Pool
The Loch
Great Hill
Conservatory Garden
Central Park West
Manhattan Ave
Columbus Ave
Amsterdam Ave
Broadway
West End Ave
Riverside Dr
Riverside Park
West Side Hwy
86th St
96th St
103rd St
W 83rd St
W 84th St
W 85th St
W 86th St
W 87th St
W 88th St
W 89th St
W 90th St
W 91st St
W 92nd St
W 93rd St
W 94th St
W 95th St
W 96th St
W 97th St
W 98th St
W 99th St
W 100th St
W 101st St
W 102nd St
W 103rd St
W 104th St
W 105th St
W 106th St
(Duke Ellington Blvd)
5
7
9
10
11
16
17
18
21
24
28
29
33

Nos adresses
Les incontournables p. 198
Voir p. 204
Se restaurer p. 205
Prendre un verre p. 209
Sortir p. 210
Shopping p. 213
0 500 m
0 0,25 mile
A
B
C
D
E
F
5
6
7
8
Hudson
West Side Hwy
Freedom Pl
West End Ave
Amsterdam Ave
Broadway
Columbus Ave
Central Park West
West Dr
Center Dr
East Dr
Fifth Ave
Madison Ave
Central Park South
Columbus Circle
W 82nd St
W 81st St
W 80th St
W 79th St
W 78th St
W 77th St
W 76th St
W 75th St
W 74th St
W 73rd St
W 72nd St
W 71st St
W 70th St
W 69th St
W 68th St
W 67th St
W 66th St
W 65th St
W 64th St
W 63rd St
W 62nd St
W 61st St
W 60th St
W 59th St
E 79th St
E 72nd St
E 65th St
E 59th St
79th St Transverse
72nd St Transverse
65th St Transverse
Zabar's
79th St
72nd St
66th St-Lincoln Center
59th St-Columbus Circle
81st St-Museum of Natural History
5th Ave-59th St
Bike & Roll
Toga Bike Shop
American Museum of Natural History
New-York Historical Society
Dakota Building
Lincoln Center
Fordham University
Metropolitan Museum of Art
Delacorte Theatre
Great Lawn
Turtle Pond
The Ramble
The Lake
Bow Bridge
Conservatory Water
Sheep Meadow
The Mall
Literary Walk
The Pond
1
2
3
4
6
8
12
13
14
15
19
20
22
23
25
26
27
30
31
32

Voir

Lincoln Center — CENTRE ARTISTIQUE

1 PLAN P. 202, C8

Le Lincoln Center rassemble certaines des salles de spectacles les plus importantes de Manhattan : celles du New York Philharmonic (p. 212) et du New York City Ballet (p. 210), mais aussi l'emblématique Metropolitan Opera House (p. 210), dont les murs intérieurs sont couverts de peintures de Marc Chagall. Cet ensemble qui s'étend sur 6,5 ha comprend bien d'autres salles, dont un théâtre, deux cinémathèques et la célèbre Juilliard School. (☎ 212-875-5456, visites guidées 212-875-5350 ; www.lincolncenter.org ; Columbus Ave, entre W 62nd St et 66th St ; visites adulte/étudiant 25/20 $; ⏲ visites 11h30 et 13h30 lun-sam, 15h dim ; 👪 ; S 1 jusqu'à 66th St-Lincoln Center)

American Museum of Natural History — MUSÉE

2 PLAN P. 202, D5

Fondé en 1869, ce musée renferme de véritables trésors : plus de 30 millions d'objets, dont de nombreux squelettes de dinosaures, et le **Rose Center for Earth & Space**. D'octobre à mai, le musée accueille le **Butterfly Conservatory**, une verrière abritant plus de 500 papillons du monde entier qui volent de-ci de-là et se posent sur votre bras. (☎ 212-769-5100 ; www.amnh.org ; Central Park West, au niveau de W 79th St ; adulte/enfant 23/13 $; ⏲ 10h-17h45 ; 👪 ; S B, C

Lincoln Center

jusqu'à 81st St-Museum of Natural History, 1 jusqu'à 79th St)

Central Park à vélo

Louer un vélo est la meilleure façon d'explorer les 340 ha de Central Park. Voyez **Bike & Roll** (plan p. 202, D5 ; 212-260-0400 ; www.bikeandrollnyc.com ; 451 Columbus Ave, entre 81st St et 82nd St ; location vélo 2h/4h/journée adulte 28/39/44 $, enfant 16/20/25 $; 9h-18h ; ; S B, C jusqu'à 81st St-Museum of Natural History, 1 jusqu'à 79th St) ou **Toga Bike Shop** (plan p. 202, C7 ; 212-799-9625 ; www.togabikes.com ; 110 West End Ave, entre 64th St et 65th St ; location journée vélo hybride/route 35/150 $; 11h-19h lun-ven, 10h-18h sam, 11h-18h dim ; S 1 jusqu'à 66th St-Lincoln Center). Plus d'infos et plan des pistes cyclables sur www.centralparknyc.org.

New-York Historical Society — MUSÉE

3 PLAN P. 202, D5

Fondé en 1804 pour conserver les objets historiques et culturels de la ville, le musée le plus ancien de New York abrite une collection de plus de 60 000 objets décalés et curieux, allant de la chaise d'investiture de George Washington à une coupelle à glace Tiffany (dorée, évidemment) du XIXe siècle, ainsi qu'une remarquable collection de peintures de l'Hudson River School. Un lieu dynamique, dont la visite n'a rien d'ennuyeux. (212-873-3400 ; www.nyhistory.org ; 170 Central Park West, au niveau de W 77th St ; adulte/enfant 21/6 $, sur don 18h-20h ven, bibliothèque en accès libre ; 10h-18h mar-jeu et sam, 10h-20h ven, 11h-17h dim ; ; S B, C jusqu'à 81st St-Museum of Natural History)

Dakota Building — ÉDIFICE REMARQUABLE

4 PLAN P. 202, D6

En 1884, ce bâtiment couleur sable ponctué de tourelles et de gâbles était si éloigné du cœur de la ville qu'on disait qu'il se situait "dans le Dakota". Il a compté parmi ses résidents Boris Karloff, Rudolph Noureev, Lauren Bacall et John Lennon, qui fut assassiné juste devant l'entrée. (1 W 72nd St, au niveau de Central Park West ; S B, C jusqu'à 72nd St)

Se restaurer

Peacefood Café — VÉGAN $

5 PLAN P. 202, C3

Vaste et lumineux, le Peacefood Café ravit les végétaliens avec son panini au seitan frit (sur une foccacia maison et surmonté de noix de cajou, de roquette, de tomates et de pesto), ses pizzas, ses assiettes de légumes rôtis et sa salade quinoa-avocat-maïs-poivrons doux. Sont aussi proposés des plats du jour, des jus revigorants et de généreux

Un bagel sinon rien

Paradis des gourmets, la grande épicerie casher **Zabar's** (plan p. 202, C5 ; 212-787-2000 ; www.zabars.com ; 2245 Broadway, au niveau de W 80th St ; 8h-19h30 lun-ven, 8h-20h sam, 9h-18h dim ; S 1 jusqu'à 79th St) fait partie intégrante de la vie du quartier depuis les années 1930 : divins fromages, viande, olives, caviar, *lox* (saumon fumé), condiments marinés, fruits secs, noix et plats préparés, notamment des bagels de toutes sortes et de moelleux *knishes* (beignets de pommes de terre d'Europe de l'Est) fraîchement cuits.

desserts (cheescakes, brownies, banana bread et autres cookies). Sain et bon.(212-362-2266 ; www.peacefoodcafe.com ; 460 Amsterdam Ave ; au niveau de 82nd St ; plats 12-18 $ 10h-22h ; ; S 1 jusqu'à 79th St)

Épicerie Boulud TRAITEUR, FRANÇAIS $

6 PLAN P. 202, D8

Propriété du célèbre chef Daniel Boulud, ce traiteur sort de l'ordinaire : pas de banal sandwich ici, mais du cochon de lait confit, du pain ciabatta garni de jambon de Paris et de gruyère ou de la bavette au paprika, oignons caramélisés et moutarde aux trois graines. On peut aussi manger sur place : salades, soupes, légumes grillés, pâtisseries, glaces, café... et, le soir, huîtres et vin. (212-595-9606 ; www.epicerieboulud.com ; 1900 Broadway, au niveau de W 64th St ; sandwichs 9,50-14,50 $; 7h-22h lun, 7h-23h mar-sam, 8h-22h dim ; ; S 1 jusqu'à 66th St-Lincoln Center)

Candle Cafe West VÉGAN $$

7 PLAN P. 202, C3

Ce restaurant éclairé aux chandelles est apprécié pour ses plats 100% végans, 100% bio, 100% délicieux et copieux, notamment les spaghettis aux boulettes de blé, le seitan piccata, le steak de champignon au chimichurri et les lasagnes. On sert aussi de grosses salades, des jus frais, des smoothies et du ginger ale maison. (212-769-8900 ; www.candlecafe.com ; 2427 Broadway, entre 89th St et 90th St ; plats 17-23 $; 17h-22h30 lun, 11h30-22h30 mar-sam, 11h30-21h30 dim, fermé 16-17h ; ; S 1 jusqu'à 86th St)

Cafe Luxembourg BRASSERIE $$$

8 PLAN P. 202, C7

Cadre d'une sobre élégance, serveurs adorables et cuisine exceptionnelle : pas étonnant que cette brasserie française soit si prisée des gens du quartier. Les grands classiques (steak tartare, moules frites, poulet rôti) sont parfaitement exécutés et la proximité du Lincoln Center en fait le lieu idéal pour dîner avant un spectacle. (212-873-7411 ;

www.cafeluxembourg.com ; 200 W 70th St, entre Amsterdam Ave et West End Ave ; plats déj 19-38 $, dîner 26-40 $; 8h-22h lun-mar, 8h-23h mer-ven, 9h-23h sam, 9h-22h dim ; S 1/2/3 jusqu'à 72nd St)

Barney Greengrass TRAITEUR $$

9 PLAN P. 202, C4

Autoproclamé "roi de l'esturgeon", le Barney Greengrass sert les mêmes plats copieux d'œufs et de saumon fumé, de caviar, et de babkas au chocolat qui l'ont rendu célèbre il y a un siècle. Passez-y le matin ou pour un déjeuner rapide, à l'une des tables bancales installées au milieu des rayonnages croulant sous les produits. (212-724-4707 ; www.barneygreengrass.com ; 541 Amsterdam Ave, au niveau de 86th St ; plats 12-26 $; 8h30-16h mar-ven, jusqu'à 17h sam-dim ; S 1 jusqu'à 86th St)

Cafe Lalo DESSERTS $

10 PLAN P. 202, C4

Les affiches françaises vintage et les tables à plateau en marbre donnent un air parisien à ce café prisé pour les rendez-vous galants. Ici les desserts tiennent la vedette : comment choisir parmi les dizaines de gâteaux, cheesecakes, tourtes, tartes aux fruits, cookies, mais aussi le sabayon, la mousse au chocolat et bien d'autres gourmandises ? (212-496-6031 ; www.cafelalo.com ; 201 W 83rd St, entre Amsterdam Ave et Columbus Ave ; desserts environ 10 $; 9h-1h dim-jeu, 9h-3h ven et sam ; S 1 jusqu'à 79th St, B, C jusqu'à 81st St-Museum of Natural History)

Barney Greengrass

Jin Ramen

JAPONAIS **$**

11 PLAN P. 202, C4

Ce petit restaurant animé d'Amsterdam Ave sert de délicieux bols de ramen (nouilles au bouillon) brûlantes. Les tonkotsu (au bouillon de porc) remportent un franc succès, mais les végétariens disposent également de plusieurs options. Goûtez aussi les entrées : poivrons shishito, petits pains au porc et salade d'hijiki. Le mobilier en bois, les ampoules nues et les plafonniers rouges en métal donnent au lieu une ambiance cosy. (646-657-0755 ; www.jinramen.com ; 462 Amsterdam Ave, entre 82nd St et 83rd St ; plats 13-17 $; déj 11h30-15h30, dîner 17h-23h lun-jeu, 17h-minuit ven et sam, 17h-22h dim ; ; S 1 jusqu'à 79th St)

Le Riverside Park

S'il y a trop de monde pour vous à Central Park, filez au **Riverside Park** (plan p. 202, B1 ; 212-870-3070 ; www.riversideparknyc.org ; Riverside Dr, entre 68th St et 155th St ; 6h-1h ; ; S 1/2/3 jusqu'à n'importe quel arrêt entre 66th St et 157th St). Conçu par les créateurs de Central Park, Frederick Law Olmsted et Calvert Vaux, ce ruban de verdure s'étend le long de l'Hudson entre 59th St et 155th St. Pistes cyclables, jeux pour enfants et aires d'exercice pour chiens en font le rendez-vous des familles. On bénéficie d'une jolie vue sur le New Jersey, de l'autre côté du fleuve.

Kefi

GREC **$$**

12 PLAN P. 202, C5

Tenu par le chef Michael Psilakis, cet établissement blanchi à la chaux, chic et accueillant, sert une excellente cuisine grecque rustique, dont des classiques comme les saucisses d'agneau épicées, les boulettes au lait de brebis et le houmous onctueux aux tomates séchées. On peut aussi partager de délicieux mezze : calamars croustillants, boulettes de viande et tzatziki, poulpe grillé ou salade de haricots. (212-873-0200 ; www.michaelpsilakis.com/kefi ; 222 W 79th St ; petites assiettes à partager 8-17 $, plats 17-28 $; 12h-15h et 17h-22h tlj ; ; S B, C jusqu'à 86th St)

Hummus Place

MOYEN-ORIENTAL, VÉGÉTARIEN **$**

13 PLAN P. 202, C6

Le cadre n'a rien d'extraordinaire (8 tables en contrebas de la rue et une petite cuisine ouverte), mais le houmous, servi tiède avec diverses garnitures (pois chiches, ragoût de fèves aux œufs hachés, etc.), est divin, sans parler des salades, du couscous et des feuilles de vigne farcies. Tout est végétarien. Excellent rapport qualité/prix. (212-799-3335 ; www.hummusplace.com ; 305 Amsterdam Ave, entre 74th St et 75th St ; sandwichs 12-15 $;

ILYA S. SAVENOK/STRINGER/GETTY IMAGES ©

Jin Ramen

11h-22h30 lun-ven, 10h30-22h30 sam et dim ; ; S 1/2/3 jusqu'à 72nd St)

Prendre un verre

Manhattan Cricket Club

BAR LOUNGE

14 PLAN P. 202, C5

Au-dessus du bistro Burke & Wills (www.burkeandwillsny.com) par lequel on y accède, ce bar élégant s'inspire des clubs de cricket anglo-australiens du début du XXe siècle. Des photos sépia de joueurs ornent les murs dorés, tandis que les étagères en acajou garnies de livres et les banquettes chesterfield composent un cadre rêvé pour siroter des cocktails de qualité – et coûteux. Un lieu parfait pour les rendez-vous romantiques ! (646-823-9252 ; www.mccnewyork.com ; 226 W 79th St, entre Amsterdam Ave et Broadway ; 18h-tard ; S 1 jusqu'à 79th St)

Irving Farm Roasters

CAFÉ

Cette chaîne appréciée (voir 14 Plan p. 202, C5) possède ici une annexe en sous-sol moins petite qu'il n'y paraît : une salle ensoleillée s'étend à l'arrière, après le comptoir. Prenez un plat léger avec votre expresso. (212-874-7979 ; www.irvingfarm.com ; 224 W 79th St, entre Broadway et Amsterdam Ave ; 7h-21h lun-ven, 8h-2h sam et dim ; S 1 to 79th St)

Dead Poet

BAR

15 PLAN P. 202, C5

Ce pub étroit et lambrissé d'acajou est apprécié par tout le quartier. Ici on ne plaisante pas avec la

Guinness, et les cocktails portent le nom d'auteurs disparus, tel le Long Island Iced Tea de Walt Whitman (13 $). Si vous êtes d'humeur aventureuse, demandez le cocktail maison (15 $), mélange secret de 7 alcools – vous pourrez même garder le verre. (212-595-5670 ; www.thedeadpoet.com ; 450 Amsterdam Ave, entre 81st St et 82nd St ; 12h-4h ; S 1 jusqu'à 79th St)

Bob's Your Uncle

BAR

16 PLAN P. 202, D1

Le genre de petit bar sympa qu'on aimerait avoir près de chez soi. Bières artisanales, cocktails peu coûteux, briques apparentes, décor industriel, aucune télé branchée sur les chaînes sportives : on se croirait à Brooklyn plutôt que dans l'Upper West Side. (646-791-5942 ; www.bobsyouruncle.nyc ; 929 Columbus Ave, entre 105th St et 106th St ; 14h-2h dim-mer, 14h-3h jeu-sam ; S B, C, 1 jusqu'à 103rd St)

Earth Café

CAFÉ

17 PLAN P. 202, C2

Ce charmant café de quartier donne envie, avec sa salle lumineuse aux murs de brique blanchis à la chaux et l'odeur de café fraîchement torréfié qui embaume l'atmosphère. Commandez un café latte aux amandes, prenez place au comptoir devant les grandes fenêtres et observez la vie urbaine. (646-964-5192 ; 2578 Broadway, au niveau de 97th St ; 8h-22h tlj ; ; S 1/2/3 jusqu'à 96th St)

Prohibition

BAR

18 PLAN P. 202, D4

Des groupes se produisent tous les soirs dans ce bar animé, mais le niveau sonore reste raisonnable. Pour un peu plus de calme, préférez la salle à l'arrière, dotée d'un billard. (212-579-3100 ; www.prohibition.net ; 503 Columbus Ave, entre 84th St et 85th St ; 16h30-2h dim-jeu, 16h30-3h30 ven et sam ; S B, C jusqu'à 86th St)

Sortir

New York City Ballet

DANSE

19 PLAN P. 202, C8

Avec ses 90 danseurs, le prestigieux New York City Ballet, fondé dans les années 1930 par le chorégraphe russe George Balanchine, est la plus grande compagnie de danse du pays. Il se produit près de 23 semaines par an sur la scène du David H. Koch Theater du Lincoln Center. Son Casse-Noisette, présenté pour la première fois en 1954 et donné chaque année pendant la période de Noël, est devenu mythique. (212-496-0600 ; www.nycballet.com ; Lincoln Center, Columbus Ave, au niveau de W 63rd St ; ; S 1 jusqu'à 66th St-Lincoln Center)

Metropolitan Opera House

OPÉRA

La principale compagnie d'opéra de New York (voir 11 Plan p. 202, C8) présente des classiques comme Carmen, Madame Butterfly,

New York dans la littérature et au cinéma

New York a servi de cadre à d'innombrables romans, films et téléfilms. Peintures critiques des relations sociales et raciales ou bluettes à l'eau de rose, ces œuvres n'ont pas simplement valeur de divertissement mais forment une mosaïque à l'image de la ville.

Livres

Les Extraordinaires Aventures de Kavalier et Clay (Michael Chabon, 2000). Ce livre parle de Brooklyn, de l'envie de fuir la réalité et de la famille nucléaire.

Jazz (Toni Morrison, 1992, 10/18). La prix Nobel de littérature explore les années jazz de Harlem à travers trois destins croisés.

Homme invisible, pour qui chantes-tu ? (Ralph Ellison, 1952, Grasset). Une prose poignante, explorant la situation des Afro-Américains au début du XXe siècle.

L'Attrape-cœur (J. D. Salinger, 1951, Robert Laffont). Roman initiatique, racontant la fugue et les errances d'un jeune adolescent perturbé à travers New York.

Films

West Side Story (1961). Les Roméo et Juliette des temps modernes dans les rues new-yorkaises où sévissent les gangs.

Taxi Driver (1976). Martin Scorsese filme les tourments d'un chauffeur de taxi, vétéran de la guerre du Vietnam. Palme d'or au festival de Cannes.

Annie Hall (1977). Une comédie romantique de Woody Allen. Récompensée par quatre Oscars.

Gangs of New York (2002). Scorsese fait une incursion dans l'histoire de la ville en évoquant les origines multiethniques de NYC.

Precious (2009). L'histoire d'une adolescente obèse et maltraitée de Harlem, bien décidée à s'en sortir.

Macbeth et la tétralogie de Wagner, mais aussi des créations et des reprises d'œuvres plus contemporaines, telles que The Death of Klinghoffer de John Adams. La saison court de septembre à avril. (☎ billets 212-362-6000, visites guidées 212-769-7028 ; www.metopera.org ; Lincoln Center, W 64th St, au niveau de Columbus Ave ; S 1 jusqu'à 66th St-Lincoln Center)

Film Society of Lincoln Center CINÉMA

L'inestimable fonds cinématographique de la Film Society (voir 11 Plan p. 202, C8) réunit des joyaux du 7e art, documentaires, longs-métrages, cinéma indépendant, réalisations étrangères ou films d'avant-garde. Les projections du Lincoln Center se font dans deux multiplexes, l'**Elinor Bunin Munroe Film Center** (212-875-5232), plus expérimental et intimiste, et le **Walter Reade Theater** (212-875-5601), réputé pour le confort de ses fauteuils. (212-875-5367 ; www.filmlinc.com ; Lincoln Center ; S 1 jusqu'à 66th St-Lincoln Center)

New York Philharmonic MUSIQUE CLASSIQUE

20 PLAN P. 202, C7

Le plus ancien orchestre professionnel des États-Unis (datant de 1842) se produit tous les ans au David Geffen Hall sous la direction de Jaap van Zweden, qui a succédé à Alan Gilbert en 2017. L'orchestre joue un mélange de classiques (Tchaïkovski, Mahler, Haydn), quelques œuvres contemporaines, et des concerts destinés aux enfants. Les billets valent de 29 à 125 $. Renseignez-vous sur les répétitions publiques (22 $). (212-875-5656 ; nyphil.org ; Lincoln Center, Columbus Ave au niveau de W 65th St ; ; S 1 jusqu'à 66 St-Lincoln Center)

Symphony Space SPECTACLES

21 PLAN P. 202, C2

Le Symphony Space est un joyau pluridisciplinaire financé par la communauté locale. Sa programmation privilégie les musiques du monde, le théâtre, le cinéma, la danse et la littérature (avec le passage d'écrivains célèbres). (212-864-5400 ; www.symphonyspace.org ; 2537 Broadway, au niveau de 95th St ; S 1/2/3 jusqu'à 96th St)

Beacon Theatre CONCERTS

22 PLAN P. 202, C6

Avec ses 2 829 sièges, certes pas très confortables, cette salle historique (1929) accueille un flux continu d'artistes célèbres, de ZZ Top à Wilco ou Seinfeld. En 2009, une restauration a redonné tout leur éclat aux ors de son intérieur (mélange d'éléments grecs, romains, Renaissance et rococo). (212-465-6500 ; www.beacontheatre.com ; 2124 Broadway, entre 74th St et 75th St ; S 1/2/3 jusqu'à 72nd St)

Merkin Concert Hall MUSIQUE CLASSIQUE

23 PLAN P. 202, C7

Au nord du Lincoln Center, cette salle de 450 places qui fait partie du Kaufman Center est l'une des plus intimistes de la ville pour la musique classique, le jazz, les musiques du monde et la pop. Lors des matinées du mardi (20 $) jouent de jeunes solistes classiques. (☎212-501-3330 ; www.kaufman-center.org/mch ; 129 W 67th St, entre Amsterdam Ave et Broadway ; S 1 jusqu'à 66th St-Lincoln Center)

Smoke
JAZZ

24 PLAN P. 202, C1

Ce club chic et détendu, offrant une bonne vue sur la scène et des sofas moelleux, programme des musiciens confirmés, dont beaucoup d'artistes chéris des New-Yorkais, comme George Coleman et Wynton Marsalis. L'entrée coûte généralement 10 $ et la consommation minimale exigée (boissons et plats) est de 38 $ par personne. Tentez le brunch jazz du dimanche (11h-16h). (☎212-864-6662 ; www.smokejazz.com ; 2751 Broadway, entre 105th St et 106th St ; 17h30-3h lun-sam, 11h-3h sam-dim ; S 1 jusqu'à 103rd St)

Shopping

Book Culture
LIVRES, CADEAUX ET SOUVENIRS

25 PLAN P. 202, D5

Malgré sa taille et son immense sélection d'ouvrages, cette librairie de quartier baigne dans une ambiance chaleureuse et accueillante. Les passionnés de littérature y croisent des clients en quête d'un cadeau original, des écrivains venus acheter des carnets et des parents soucieux d'occuper leurs enfants (une grande salle leur est dédiée au sous-sol, avec des séances de contes en plusieurs langues). (☎212-595-1962 ; www.bookculture.com ;

Beacon Theatre

450 Columbus Ave, entre 81st St et 82nd St ; 9h-22h lun-sam, 9h-20h dim ; ; S B, C jusqu'à 81st St-Museum of Natural History)

Icon Style

VINTAGE, BIJOUX

26 PLAN P. 202, D7

Cette fabuleuse boutique nichée dans une petite rue vend des robes, gants, sacs, chapeaux et autres accessoires sélectionnés avec soin, ainsi que de beaux bijoux anciens, le tout exposé dans de vieux tiroirs d'apothicaire restaurés couvrant la moitié des murs. (212-799-0029 ; www.iconstyle.net ; 104 W 70th St, près de Columbus Ave ; 12h-20h mar-ven, 11h-19h sam, 12h-18h dim ; S 1/2/3 jusqu'à 72nd St)

T2

THÉS

27 PLAN P. 202, D7

Si vous aimez le thé, cette enseigne d'origine australienne en vend plus de 200 variétés ainsi que des tisanes. Pour choisir, inutile de renifler les boîtes, les vendeurs vous les feront goûter. (646-998-5010 ; www.t2tea.com ; 188 Columbus Ave, entre 68th St et 69th St ; 10h-20h lun-sam, 11h-19h dim ; S 1 jusqu'à 66th St-Lincoln Center, B, C jusqu'à 72nd St)

Magpie

ART ET ARTISANAT

28 PLAN P. 202, C4

Cette charmante petite boutique vend de nombreux objets respectueux de l'environnement : papeterie, mugs peints à la main, écharpes en coton biologique, colliers en résine recyclée, carnets

Grand Bazaar NYC

E.J.WESTMACOTT/ALAMY STOCK PHOTO

à couverture en feutre et puzzles en bois... La plupart des articles sont issus du commerce équitable, local, et à base de matières premières durables. (☎212-579-3003 ; magpienewyork.com ; 488 Amsterdam Ave, entre 83rd St et 84th St ; 11h-19h lun-sam, 11h-18h dim ; S 1 jusqu'à 86th St)

West Side Kids

JOUETS

29 PLAN P. 202, C4

Le paradis des petits : activités manuelles, jeux éducatifs, puzzles, instruments de musique, mallettes de magie, petits trains en bois et jeux de construction. (☎212-496-7282 ; www.westsidekidsnyc.com ; 498 Amsterdam Ave, au niveau de 84th St ; 10h-19h lun-sam, 11h-18h dim ; S 1 jusqu'à 86th St)

Barneys New York

GRAND MAGASIN

30 PLAN P. 202, C6

Véritable pilier de la mode à New York, Barneys présente une collection de vêtements et accessoires féminins haut de gamme (Alexander Wang, Stella McCartney, Band of Outsiders, entre autres). Prix élevés, venez pendant les soldes. (☎646-335-0978 ; www.barneys.com ; 2151 Broadway, entre 75th St et 76th St ; 10h-19h lun-sam, 11h-18h dim ; S 1/2/3 jusqu'à 72nd St)

Westsider Records

DISQUES

31 PLAN P. 202, C6

Avec plus de 30 000 disques, ce magasin a de quoi satisfaire tous les goûts. Ne manquez pas les bacs à 1 $, à l'avant. (☎212-874-1588 ; www.westsiderbooks.com ; 233 W 72nd St, entre Broadway et West End Ave ; 11h-19h lun-jeu, 11h-21h ven et sam, 12h-18h dim ; S 1/2/3 jusqu'à 72nd St)

Grand Bazaar NYC

MARCHÉ

32 PLAN P. 202, D5

Rien de plus agréable que de passer le dimanche matin à chiner dans ce marché aux puces, l'un des plus anciens de New York, qui vend un peu de tout, meubles anciens et contemporains, vieilles cartes, lunettes, foulards tissés main, etc. (☎212-239-3025 ; www.grandbazaarnyc.org ; 100 W 77th St, près de Columbus Ave ; 10h-17h30 dim ; S B, C jusqu'à 81st St-Museum of Natural History, 1 jusqu'à 79th St)

Shishi

MODE ET ACCESSOIRES

33 PLAN P. 202, C3

Nouvelle venue dans ce quartier délaissé par la mode, cette boutique pimpante renouvelle sans cesse son choix d'articles chics à prix abordable : pulls, petites robes droites, beaux bijoux, etc. Flânez dans les rayons et laissez les sympathiques vendeurs vous conseiller : vous aurez l'impression d'avoir votre styliste personnel ! (☎646-692-4510 ; shishiboutique.com ; 2488 Broadway, entre 92nd St et 93rd St ; 11h-20h lun-sam, 11h-19h dim ; S 1/2/3 jusqu'à 96th St)

Promenade à pied

Le Queens : Astoria

Le charmant quartier d'Astoria offre des boulevards jalonnés de restaurants, des rues bordées d'arbres, des petites boutiques et des cafés à deux pas de Midtown. Manger et prendre un verre ici fait partie du plaisir de la visite. Venez plutôt le week-end pour profiter de l'animation.

Itinéraire

Départ Socrates Sculpture Park ; NYC jusqu'à Astoria ; S N, W jusqu'à Broadway

Arrivée George's ; S M, R jusqu'à Steinway St

Distance et durée
2,5 km ; 2 à 3 heures en fonction des arrêts

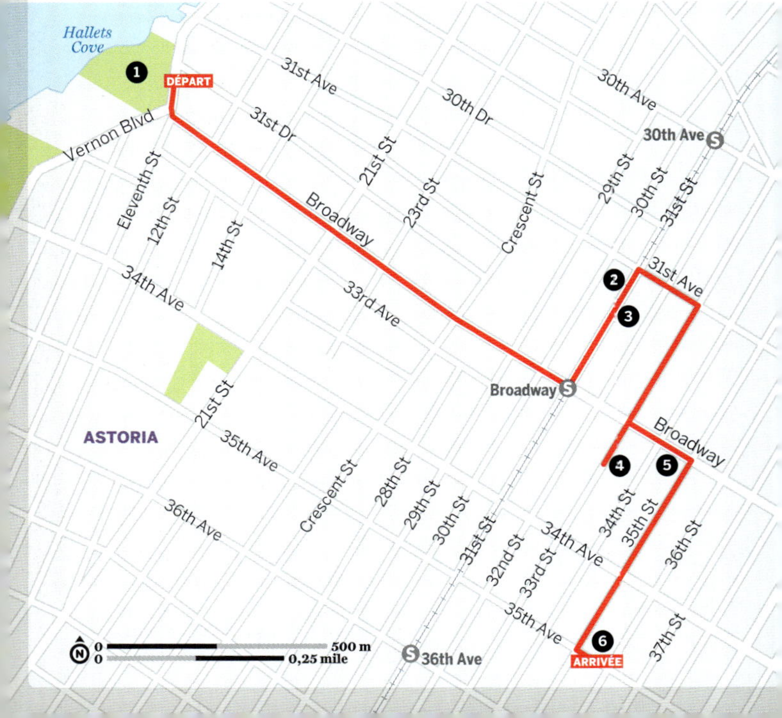

❶ Socrates Sculpture Park

Ponctué d'installations artistiques et de bouleaux, ce joli **parc** (www.socratessculpturepark.org ; 32-01 Vernon Blvd ; entrée libre ; 9h-crépuscule ; S N, W jusqu'à Broadway) au bord de l'eau procure une belle vue sur Manhattan. On a du mal à croire que c'était autrefois une décharge illegale. Les week-ends d'été, les activités ne manquent pas : yoga, tai chi, marchés ou encore kayak à Hallets Cove.

❷ King Souvlaki

Suivez les volutes de fumée flottant dans 31st St jusqu'à ce **food truck** (917-416-1189 ; www.facebook.com/KingSouvlaki ; 31st St, près de 31st Ave ; plats 6-10 $; 9h-23h lun, 9h-minuit mar-mer, 9h-5h jeu-sam, 11h-23h dim ; S N, W jusqu'à Broadway), l'un des meilleurs d'Astoria, et prenez un pain pita garni de délicieux morceaux de porc, de poulet ou de bœuf et accompagné de frites parsemées de feta.

❸ Astoria Bookshop

Cette **librairie** (718-278-2665 ; www.astoriabookshop.com ; 31-29 31st St ; 11h-19h ; S N, W jusqu'à Broadway) très appréciée fait la part belle aux auteurs locaux, avec par exemple des livres sur la cuisine ou la diversité ethnique du Queens, et organise des lectures, des débats et des ateliers d'écriture.

❹ Lockwood

Cette **boutique** (718-626-3040 ; lockwoodshop.com ; 32-15 33rd St ; 11h-20h ; S N, W jusqu'à Broadway) regorge d'idées cadeaux et d'objets originaux : tentures murales vintage, poupées en papier à habiller à l'effigie de femmes célèbres, bougies parfumées ou en forme de tête de mort, gourdes décorées, etc. Autre boutique spécialisée dans la papeterie à quelques mètres.

❺ Astoria Bier & Cheese

Véritable institution dans le quartier, ce **traiteur** (718-545-5588 ; www.astoriabierandcheese.com ; 34-14 Broadway ; 12h-23h lun-jeu, 12h-minuit ven et sam, 12h-22h dim ; S N, Q jusqu'à Broadway, M, R jusqu'à Steinway) vend toutes sortes de mets gourmands, dont des sandwichs grillés au fromage, des toasts à l'avocat et des sandwichs au *prosciutto*, mais aussi un choix régulièrement renouvelé de bières artisanales. Terrasse à l'arrière.

❻ George's

À l'intérieur des Kaufman Astoria Studios, **George's** (718-255-1947 ; www.georges.nyc ; 35-11 35th Ave ; plats 15-33 $; 17h-22h mer-jeu, 17h-23h ven-sam, 11h30-21h dim ; S M, R jusqu'à Steinway St) offre une ambiance intimiste et des lumières tamisées. Commandez un cocktail maison en écoutant des musiciens et en observant la déco de style années 1920. La carte remet au goût du jour les grands classiques de la cuisine américaine.

Vaut le détour

MoMA PS1

Petit cousin branché du Museum of Modern Art de Manhattan, le MoMA PS1 déniche les talents et expose leurs œuvres dans les bâtiments d'une ancienne école. Oubliez les mares aux nénuphars exposées dans un cadre doré. Ici, vous regarderez des vidéos à travers le plancher et débattrez du sens des structures non statiques en observant un trou dans le mur. Rien n'est prévisible. Cerise sur le gâteau : l'entrée est gratuite avec votre billet du MoMA.

718-784-2084

www.momaps1.org

22-25 Jackson Ave, Long Island City

don suggéré adulte/enfant 10 $/gratuit, compris dans l'entrée au MoMA

12h-18h jeu-lun, après-midi Warm Up 12h-21h sam juil-août

Origines et pièces maîtresses du PS1

Le PS1 fit ses débuts dans les années 1970, à l'époque de Dia, de l'Artists' Space et du New Museum, autant d'espaces innovants qui présentaient les mouvements artistiques multimédias alors en plein essor. En 1976, Alanna Heiss – partisane de l'art exposé dans des lieux alternatifs – prit possession de l'ancien bâtiment d'une école publique dans le Queens et invita des artistes tels que Richard Serra, James Turrell et Keith Sonnier à créer des œuvres exprès pour ce site. Le résultat fut l'exposition inaugurale du PS1, intitulée *Rooms*. Il reste de cette exposition les formes ovales de Richard Artschwager qui ponctuent les murs et *The Hole at P.S.1, Fifth Solar Chthonic Wall Temple*, d'Alan Saret, qui canalise la lumière au 3e niveau de l'aile nord.

Les "Warm Up" du samedi

Proposés les samedis après-midi de juillet à début septembre, les Warm Up comptent parmi les événements musicaux et culturels les plus tendance de la ville. Des hipsters patentés aux mélomanes pointus, on se presse dans la cour du MoMA PS1 pour manger, boire et écouter des groupes, des musiciens expérimentaux et des DJ de haute volée. On a déjà pu voir ici le dieu de l'acid-house, DJ Pierre, et le pionnier de la techno, Juan Atkins.

Les Sunday Sessions

Pour étancher votre soif de culture, participez à l'une des Sunday Sessions, organisées le dimanche de septembre à mai. Sous forme de conférences, de projections, de spectacles musicaux et même de projets architecturaux, la programmation a notamment abordé la comédie expérimentale, les jam-sessions de bruits postindustriels et les danses urbaines latines. Les séances à venir sont annoncées sur le site Internet.

★ À savoir

- Renseignez-vous sur les expositions en cours – le musée peut ne présenter qu'un nombre d'œuvres limité.
- Vous trouverez catalogues d'expositions, beaux-livres, magazines et autres à la librairie.

Une petite faim ?

Sur place, **M Wells Dinette** (☎ 718-786-1800 ; www.magasinwells.com ; 22-25 Jackson Ave, Long Island City ; plats 9-14 $; ⏲ 12h-18h jeu-lun ; S E, M jusqu'à 23rd St-Court Sq, G, 7 jusqu'à Court Sq) propose une cuisine franco-canadienne audacieuse à base de produits locaux.

Comment y aller

Le MoMA PS1 est à 5 km à l'est de Times Sq, dans le Queens.

S Prenez la ligne E ou M jusqu'à Court Sq-23rd St, ou la 7 jusqu'à Court Sq.

Explorer

Brooklyn : Park Slope, Gowanus et Green-Wood Cemetery

Connu pour ses rues arborées et ses brownstones, le quartier de Park Slope abrite des familles aisées et d'excellents restaurants et boutiques. Il jouxte le plus grand parc de Brooklyn, Prospect Park (236 ha). À l'ouest, magasins et bars émaillent l'ancienne zone industrielle de Gowanus. Au sud s'étend le magnifique Green-Wood Cemetery chargé d'histoire.

Partez de Grand Army Plaza (p. 225), petit-déjeunez d'un taco à King David (p. 227) et passez la matinée dans Prospect Park (p. 224). Continuez à l'ouest dans Park Slope en passant par Montgomery Place (p. 225) et faites une pause déjeuner à Luke's Lobster (p. 226). Descendez jusqu'à Green-Wood (p. 224) ou explorez quelques boutiques, comme No Relation Vintage (p. 230). Dînez à Sidecar (p. 226), puis prenez un cocktail à l'élégant Lavender Lake (p. 228) ou une bière à Freddy's (p. 229), avant d'aller écouter un groupe à Barbès (p. 229) ou à Bell House (p. 230).

Comment y aller

S Plusieurs lignes desservent Park Slope : les lignes 2/3 suivent Flatbush Ave, la R longe Fourth Ave (*via* Gowanus), et la F et la G marquent un arrêt à Fourth Ave et à Seventh Ave dans 9th St. Les lignes 4/5, B/D et N/Q rejoignent la grande station d'Atlantic Ave-Barclays Ctr, à l'extrémité nord-ouest de Park Slope.

Plan du quartier p. 222

Audubon Center Boathouse, Prospect Park (p. 224)

1 Prospect Park
3 Grand Army Plaza
4 Montgomery Place
Brooklyn Botanic Garden
Long Meadow
Eastern Pkwy-Brooklyn Museum
Eastern Pkwy
Grand Army Plaza
Flatbush Ave
Plaza St West
Prospect Park W
CROWN HEIGHTS
PROSPECT HEIGHTS
PARK SLOPE
GOWANUS
Gowanus Canal
Washington Ave
Underhill Ave
Vanderbilt Ave
Carlton Ave
Atlantic Ave
Pacific St
Dean St
Bergen St
St Marks Ave
Park Pl
Sterling Pl
St Johns Pl
7th Ave
Bergen St
St Marks Pl
5th Ave
6th Ave
Lincoln Pl
Berkeley Pl
Union St
President St
Carroll St
Garfield Pl
1st St
2nd St
3rd St
4th St
5th St
6th St
7th St
8th St
9th St
Fiske Pl
8th Ave
7th Ave
4th Ave
Warren St
Baltic St
Butler St
Douglass St
Degraw St
Sackett St
Union St
Denton Pl
3rd Ave
Nevins St
Bond St
Hoyt St
2nd Ave
4th Ave-9th St
A
B
C
D
E
F
1
2
3
4
7
8
10
11
12
13
14
17
18
19
20
21
22

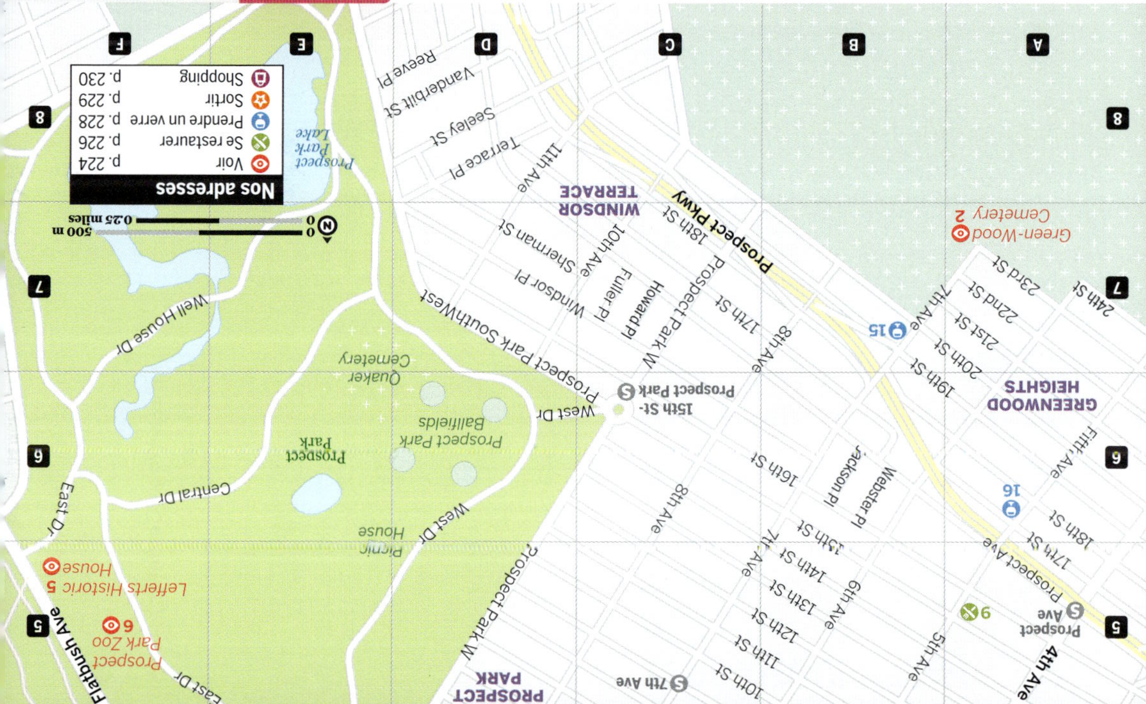
Nos adresses
Voir p. 224
Se restaurer p. 226
Prendre un verre p. 228
Sortir p. 229
Shopping p. 230
0 500 m
0 0.25 miles
A
B
C
D
E
F
5
6
7
8
Prospect Park
Prospect Park Lake
Prospect Park Ballfields
Quaker Cemetery
Picnic House
Prospect Park Zoo 6
Lefferts Historic House 5
Green-Wood Cemetery 2
PROSPECT PARK
WINDSOR TERRACE
GREENWOOD HEIGHTS
Flatbush Ave
East Dr
Central Dr
West Dr
Well House Dr
Prospect Park W
Prospect Park SouthWest
Prospect Pkwy
15th St-Prospect Park
7th Ave
Prospect Ave
4th Ave
5th Ave
6th Ave
7th Ave
8th Ave
10th Ave
11th Ave
Fifth Ave
Prospect Ave
10th St
11th St
12th St
13th St
14th St
15th St
16th St
17th St
18th St
19th St
20th St
21st St
22nd St
23rd St
24th St
Jackson Pl
Webster Pl
Windsor Pl
Sherman St
Fuller Pl
Howard Pl
Terrace Pl
Seeley St
Vanderbilt St
Reeve Pl
9
15
16

Voir

Prospect Park

PARC

1 PLAN P. 222, E4

Les créateurs de ce parc de 236 ha, Frederick Law Olmsted et Calvert Vaux, le considéraient comme plus abouti que leur autre projet new-yorkais, Central Park (p. 198). Créé en 1866, Prospect Park en partage ainsi de nombreux aspects. Il offre notamment un magnifique espace constitué de belles pelouses dans la partie ouest, ponctuées de terrains de football, de cricket et de baseball (et de barbecues), des collines boisées, un joli lac et un centre nautique du côté est. (718-965-8951 ; www.prospectpark.org ; Grand Army Plaza ; 5h-1h ; S 2/3 jusqu'à Grand Army Plaza, F jusqu'à 15th St-Prospect Park, B, Q jusqu'à Prospect Park)

Green-Wood Cemetery

CIMETIÈRE

2 PLAN P. 222, A7

Situé sur le point le plus haut de Brooklyn, ce cimetière calme et bucolique couvre près de 200 ha de collines plantées de plus de 7 000 arbres, dont beaucoup ont plus de 150 ans. Son réseau de routes et de sentiers reliant une myriade de tombes, de mausolées et de parcelles boisées en fait l'endroit idéal pour se balader. (www.green-wood.com ; 500 25th St, au niveau de 5th Ave, Greenwood Heights ; entrée libre ; 7h-19h avr-sep, 8h-17h oct-mars ; S R jusqu'à 25th St)

Soldiers' and Sailors' Memorial Arch, Grand Army Plaza

NATTYC/SHUTTERSTOCK ©

Grand Army Plaza

MONUMENT

3 PLAN P. 222, E3

À l'intersection de Flatbush Ave et d'Eastern Pkwy, cette vaste place circulaire où tournent les voitures marque l'extrémité nord de Prospect Park. Son bel arc de triomphe, le Soldiers' and Sailors' Memorial Arch, fut érigé dans les années 1890 en hommage aux soldats de l'Union pendant la guerre de Sécession. (Flatbush Ave et Eastern Pkwy, Prospect Park ; 6h-minuit ; S 2/3 jusqu'à Grand Army Plaza, B, Q jusqu'à 7th Ave)

Brooklyn pour les enfants

Si vous voyagez avec des enfants, Park Slope est un bon quartier à explorer, avec de nombreuses activités : le Prospect Park Zoo, les spectacles de marionnettes de Puppetworks (p. 230), les ateliers de confection de crèmes glacées à l'Ample Hills Creamery (p. 226) et les animations de la Lefferts Historic House.

Montgomery Place

ARCHITECTURE

4 PLAN P. 222, E3

Cette rue ombragée abrite des maisons de ville de style Beaux-Arts très convoitées, dessinées pour la plupart dans les années 1880 par Charles Pierrepont Henry Gilbert, qui avait étudié à Paris. (Montgomery Pl, entre Prospect Park W et 8th Ave, Park Slope ; S 2/3 jusqu'à Grand Army Plaza)

Lefferts Historic House

BÂTIMENT HISTORIQUE

5 PLAN P. 222, F5

Dans Prospect Park (p. 224), cette demeure bâtie au XVIIIe siècle par la famille hollandaise Lefferts regorge de jouets d'époque en accès libre et possède un jardin en activité. Située à l'origine dans Flatbush Ave, au cœur d'un quartier aujourd'hui baptisé **Prospect Lefferts Gardens**, elle fut déplacée ici au début du XXe siècle. Des animations pour enfants sont organisées régulièrement (voir le site Internet). Outre les horaires officiels, la maison est ouverte pendant toutes les vacances scolaires new-yorkaises. Gros travaux de restauration prévus en 2019. (718-789-2822 ; www.prospectpark.org/lefferts ; près de Flatbush Ave et Empire Blvd, Prospect Park ; don suggéré 3 $; 12h-17h jeu-dim avr-juin et sept-oct, 12h-18h juil-août, 12h-16h sam et dim nov-déc, fermé janv-mars ; ; S B, Q jusqu'à Prospect Park)

Prospect Park Zoo

ZOO

6 PLAN P. 222, F5

Ce petit zoo de 5 ha idéal pour les enfants héberge des chats de Pallas, des pandas roux, des otaries, des fennecs, des tamarins, des wallabys et une mini-ferme où caresser les animaux. Situé dans Prospect

Park (p. 224), il est accessible à partir de Flatbush Ave ou depuis l'intérieur du parc. (718-399-7339 ; www.prospectparkzoo.com ; 450 Flatbush Ave, Prospect Park ; adulte/enfant 10/7 $; 10h-17h lun-ven, 10h-17h30 sam et dim avr-oct, 10h-16h30 nov-mars ; ; S B, Q jusqu'à Prospect Park, 2/3 jusqu'à Grand Army Plaza)

Se restaurer

Ample Hills Creamery GLACES $

7 PLAN P. 222, B1

Amateurs de crèmes glacées, n'allez pas plus loin. Ce glacier de Gowanus propose de succulents parfums pleins d'inventivité : "snap mallow pop" (à base de Rice Krispies), chocolat chaud mexicain ou encore caramel aux biscuits croquants. Prenez un cornet et assistez à la fabrication de ces délices à travers la grande fenêtre de l'atelier. (347-725-4061 ; www.amplehills.com ; 305 Nevins St, au niveau de Union St, Gowanus ; cornet 4-7 $; 12h-23h lun-jeu, 12h-minuit ven-dim ; S R jusqu'à Union St, F, G jusqu'à Carroll St)

Smorgasburg

Tous les dimanches d'avril à octobre, le marché en plein air **Smorgasburg** (www.smorgasburg.com ; 11h-18h dim avr-oct) s'installe dans Prospect Park (au sud du centre nautique), avec des dizaines de stands vendant toutes sortes de délicieux produits : en-cas italiens, confit de canard, naans indiens garnis, hamburgers aux champignons, plats éthiopiens végans, glace au caramel salé, donuts aux fruits de la passion, bières artisanales, etc.

Luke's Lobster PRODUITS DE LA MER $$

8 PLAN P. 222, C2

Tous les restaurants de cette chaîne se targuent de servir des fruits de mer frais issus de pratiques durables à des prix raisonnables. Celui-ci, à Park Slope, ne fait pas exception, avec une carte formidable, une petite salle bien aménagée et une charmante terrasse à l'arrière. (347-457-6855 ; www.lukeslobster.com ; 237 5th Ave, Park Slope ; sandwich au homard 17 $, soupe de homard et de maïs 7-10 $; 11h-22h ven-dim, 12h-22h lun-jeu ; S R jusqu'à Union Ave)

Sidecar AMÉRICAIN $$

9 PLAN P. 222, A5

Difficile de faire mieux en matière de cuisine américaine haut de gamme. Ce charmant restaurant sert des classiques d'inspiration moderne, comme le poulet frit à la purée de légumes et le chou frisé sauté au bacon. Il est également spécialisé dans les cocktails, à commander avec le repas ou à consommer

ALLEN.G/SHUTTERSTOCK ©

Smorgasburg

au bar. (☎ 718-369-0077 ; www.sidecarbrooklyn.com ; 560 5th Ave, entre 15th St et 16th St, Park Slope ; plats 14-27 $; ⌚ 18h-1h lun-jeu, 15h-3h ven, 11h-3h sam, 11h-1h dim ; Ⓢ R jusqu'à Prospect Ave)

King David Tacos TACOS $

10 PLAN P. 222, E3

Née au Texas, Liz Solomon trouvait qu'il manquait quelque chose à New York : des tacos comme on en mange au petit-déjeuner à Austin. En 2016, elle a donc ouvert ce stand dans Grand Army Plaza qui vend tous les matins des tacos aux pommes de terre, œufs et fromage fraîchement préparés. Goûtez notamment le BPEC (bacon), le "queen bean" (purée de haricots rouges) et le "or'izo" (chorizo mexicain). (☎ 929-367-8226 ; www.kingdavidtacos.com ; Grand Army Plaza, Prospect Park ; tacos 4 $; ⌚ 7h-11h lun-ven, 7h-14h sam, 8h-13h dim ; ; Ⓢ 2/3 jusqu'à Grand Army Plaza)

Four & Twenty Blackbirds BOULANGERIE-PÂTISSERIE $

11 PLAN P. 222, A3

Les sœurs Emily et Melissa Elsen confectionnent des pâtes feuilletées riches en beurre qu'elles garnissent de fruits locaux de saison pour créer les meilleures tartes de New York. On vient à toute heure s'en régaler – le *streusel* prunes-fraises est à tomber – et boire un café Irving Farm. Avec un peu de crème fouettée, c'est le bonheur. (☎ 718-499-2917 ; www.birdsblack.com ;

Gowanus Canal

À l'est de la station de métro Smith St-9th St, le Gowanus Canal coule au milieu d'une ancienne zone industrielle. Cette ancienne crique qui doit son nom au chef amérindien Gouwane était utilisée par les navires pour décharger leurs marchandises. Au fil du temps, les usines du quartier y ont déversé divers déchets industriels qui ont laissé une boue épaisse au fond de l'eau et une nappe aux reflets pourpres à la surface (d'où le surnom de "Lavender Lake" donné au canal). Inscrit au programme de dépollution de l'Environmental Protection Agency (EPA) en 2009, le lieu fait l'objet de grands travaux de nettoyage qui devraient s'achever en 2027.

Malgré sa toxicité, le canal attire les explorateurs urbains en quête de photos empreintes d'atmosphère. Après un changement de zonage dans les années 2000, le quartier qui s'étend jusqu'à Baltic St au nord et Fourth Ave à l'est, baptisé Gowanus, a vu s'installer des ateliers d'artistes et des salles de concert dans les anciens entrepôts, puis des restaurants et des bars, et enfin de nouveaux immeubles résidentiels. C'est l'un des secteurs de Brooklyn qui se transforment le plus rapidement.

439 3rd Ave, angle 8th St, Gowanus ; part de tarte 5,75 $; 8h-20h lun-ven, 9h-20h sam, 10h-19h dim ; ; S R jusqu'à 9th St)

Prendre un verre

Union Hall

BAR

12 PLAN P. 222, C2

Pour une soirée 100% Brooklyn, ne cherchez plus. Ce bar installé dans un ancien entrepôt offre une cheminée, de vastes bibliothèques, des canapés en cuir et deux terrains de boules. Des musiciens ou des comédiens se produisent au sous-sol. (718-638-4400 ; www.unionhallny.com ; 702 Union St, près de Fifth Ave, Park Slope ; boissons à partir de 7 $; 16h-4h lun-ven, 13h-4h sam et dim ; S R jusqu'à Union St)

Lavender Lake

PUB

13 PLAN P. 222, A2

Ce merveilleux petit bar porte le surnom que le Gowanus Canal doit à la couleur de ses eaux polluées. Installé dans une ancienne écurie, il sert une sélection de bières artisanales de qualité et quelques cocktails de saison, à base notamment de tequila au piment jalapeño. Le jardin éclairé par des guirlandes lumineuses est agréable en été. Bonne cuisine (plats de 11 à 23 $). (347-799-2154 ; www.lavenderlake.com ; 383 Carroll St, entre Bond St et Gowanus Canal, Gowanus ;

16h-minuit lun-jeu, 12h-2h sam, 12h-22h dim ; S F, G jusqu'à Carroll St, R jusqu'à Union St)

Royal Palms

BAR

14 PLAN P. 222, B2

Si vous avez envie de faire du sport sans trop vous éloigner du bar, le Royal Palms est pour vous. Cet espace de 1 600 m² propose 10 terrains de *shuffleboard* (jeu de palets, 40 $/h), des jeux de société géants (Jenga, Puissance 4), des bières à la pression et des cocktails. Un *food truck* (différent d'une semaine à l'autre) fournit des en-cas copieux. (☎ 347-223-4410 ; www.royalpalmsshuffle.com ; 514 Union St, entre 3rd Ave et Nevins St, Gowanus ; 18h-minuit lun-jeu, 18h-2h ven, 12h-2h sam, 12h-22h dim ; S R jusqu'à Union St)

Greenwood Park

BAR À BIÈRES

15 PLAN P. 222, B7

À quelques pas du verdoyant Green-Wood Cemetery (p. 224), dans un cadre industriel ouvert, ce bar à bières mi-intérieur mi-extérieur de 1 200 m² a été astucieusement aménagé dans un ancien garage avec pompes à essence. (Notez l'immense mur extérieur fait de vieilles palettes.) Une vingtaine de bières à la pression, hamburgers, salades, ailes de poulet... (☎ 718-499-7999 ; www.greenwoodparkbk.com ; 555 7th Ave, entre 19th St et 20th St, Greenwood Heights ; 12h-2h dim-jeu, 12h-3h ven et sam, horaires réduits en hiver ; ; B67, B69 jusqu'à 18th St, S F, G jusqu'à Prospect Park)

Freddy's

BAR

16 PLAN P. 222, A6

Ce bar sans âge à l'histoire fascinante (voir le site Internet) se trouve à la lisière sud de Park Slope. Prenez un verre au comptoir en acajou en regardant les vidéos artistiques farfelues réalisées par Donald O'Finn, le copropriétaire. Concerts (ukulélé, musique country), soirées stand-up et projections de films bizarres. Un authentique bar new-yorkais ! (☎ 718-768-0131 ; www.freddysbar.com ; 627 5th Ave, entre 17th St et 18th St, Greenwood Heights ; 12h-4h tlj ; ; S R jusqu'à Prospect Ave)

Sortir

Barbès

CONCERTS, JAZZ

17 PLAN P. 222, C4

Ce petit bar/salle de spectacles appartient au musicien français Olivier Conan, installé de longue date à Brooklyn, qui monte parfois sur scène avec son groupe latino Las Rubias del Norte. Concerts tous les soirs, couvrant aussi bien les sons afro-péruviens que le funk ouest-africain ou le swing gitan. (☎ 718-965-9177 ; www.barbesbrooklyn.com ; 376 9th St, au niveau de 6th Ave, Park Slope ; don demandé pour les concerts 10 $; 17h-2h lun-jeu, 14h-4h ven et sam, 14h-2h dim ; S F, G jusqu'à 7th Ave, R jusqu'à 4th Ave-9th St)

Bell House

SPECTACLES

18 PLAN P. 222, A3

Dans un secteur de friche de Gowanus, cette grande salle offre une programmation de haut vol : rock indé, soirées avec DJ, stand-up, spectacles d'effeuillage. Aménagée dans un ancien entrepôt, elle est dotée d'un petit bar chaleureux (fauteuils en cuir et éclairage aux bougies) qui sert une dizaine de bières à la pression. (718-643-6510 ; www.thebellhouseny.com ; 149 7th St, entre 2nd Ave et 3rd Ave, Gowanus ; 17h-tard tlj ; ; S F, G, R jusqu'à 4th Ave-9th St)

Littlefield

ARTS DE LA SCÈNE

19 PLAN P. 222, C1

Dans un ancien entrepôt de produits textiles de 575 m², ce vaste espace propose entre autres des concerts, du stand-up, des contes, du théâtre, de la danse, des projections de films et des soirées quizz. Le lundi, Wyatt Cenac anime le spectacle d'humour *Night Train*. L'endroit organise aussi régulièrement un concours de jeux de mots, *Punderdome 3000*, et une soirée où les participants partagent des anecdotes embarrassantes, *Mortified*. Interdit aux moins de 21 ans. (www.littlefieldnyc.com ; 635 Sackett St, entre 3rd Ave et 4th Ave, Gowanus ; S R jusqu'à Union St)

Celebrate Brooklyn

Le sympathique **festival Celebrate Brooklyn!** (718-683-5600 ; www.bricartsmedia.org ; près de Prospect Park W et 11th St, Prospect Park Bandshell, Park Slope ; juin-août) qui se tient l'été dans le kiosque à musique de Prospect Park met à l'honneur la musique, le cinéma, la danse, etc. Les spectacles, souvent gratuits, restent à l'affiche une semaine entière.

Puppetworks

MARIONNETTES

20 PLAN P. 222, C4

Dans un petit théâtre de Park Slope, cette compagnie monte des spectacles de marionnettes très applaudis par les critiques en culottes courtes. Les adaptations de classiques comme *La Belle et la Bête*, *Boucle d'or* et *Pinocchio* sont généralement à découvrir le samedi et le dimanche à 12h30 et 14h30 (programme sur le site Internet). (718-965-3391 ; www.puppetworks.org ; 338 6th Ave, au niveau de 4th St, Park Slope ; adulte/enfant 11/10 $; 12h30 et 14h30 sam et dim ; ; S F, G jusqu'à 7th Ave)

Shopping

No Relation Vintage

VINTAGE

21 PLAN P. 222, C2

Vous cherchez un maillot de sport ? Un vêtement griffé rétro ? Les friperies ne manquent pas

Fermeture de la ligne L

En avril 2019, la ville prévoit de fermer le Canarsie Tunnel qui relie Manhattan à Williamsburg, sur la ligne de métro L, pour des travaux de réparation qui devraient durer 15 mois et donnent déjà des sueurs froides aux habitants du nord de Brooklyn. Durant le chantier, les rames circuleront de Bedford Ave à Canarsie, vers l'est, mais ne rejoindront ni ne traverseront Manhattan. Si vous prévoyez de visiter Williamsburg, renseignez-vous sur les solutions de rechange : prendre une autre ligne de métro (J/Z ou M depuis Manhattan, G depuis le Queens ou le sud de Brooklyn) et marcher ou prendre le bus, louer un vélo Citi Bike et traverser le Williamsburg Bridge, ou emprunter le NYC Ferry (p. 243). Pour vous tenir au courant, consultez le site www.mta.info.

à New York mais celle-ci dans le secteur de Gowanus, est gigantesque et possède un stock impressionnant (prévoyez du temps) ; les chasseurs de bonnes affaires seront à la fête. No Relation possède cinq adresses à Brooklyn et une dans l'East Village. (718-858-4906 ; 654 Sackett St, près de 4th Ave, Gowanus ; 12h-19h45 ; S R jusqu'à Union St)

Grand Army Plaza Greenmarket

MARCHÉ

(10) PLAN P. 222, E3

Installé le samedi à l'extrémité sud de Grand Army Plaza, ce marché fermier réunissant étals de produits locaux et sympathiques *food trucks* est idéal pour préparer un pique-nique avant de rejoindre Prospect Park (p. 224). (www.grownyc.org ; Prospect Park W et Flatbush Ave, Grand Army Plaza, Prospect Park ; 8h-16h sam tte l'année ; S 2/3 jusqu'à Grand Army Plaza)

Beacon's Closet

FRIPERIE

22 PLAN P. 222, D1

Excellente adresse pour les chaussures, bijoux et autres articles vintage. Il existe une boutique plus grande à Greenpoint et une autre à Bushwick. (718-230-1630 ; www.beaconscloset.com ; 92 5th Ave, angle Warren St, Park Slope ; 12h-21h lun-ven, 11h-20h sam et dim ; S 2/3 jusqu'à Bergen St, B, Q jusqu'à 7th Ave)

Promenade à pied

Brooklyn: Williamsburg

Ancien bastion de la classe ouvrière, Williamsburg est aujourd'hui un haut lieu de la vie nocturne au nord de Brooklyn. Ce quartier bohème a vu les artistes désargentés partir vers Bushwick, laissant les cadres et les jeunes familles investir appartements rutilants et brownstones restaurées. Vous y trouverez matière à explorer, des vieux bars à cocktails aux boutiques pittoresques vendant les créations uniques d'artisans locaux.

Itinéraire

Départ East River State Park

Arrivée Rough Trade

S L jusqu'à Bedford Ave

(La ligne L du métro sera fermée à partir d'avril 2019 ; voyez p. 231.)

Distance et durée 3,5 km ; 3 ou 4 heures

❶ East River State Park

Offrant une belle vue sur Manhattan, ce **parc** (☎718-782-2731 ; www.parks.ny.gov/parks/155 ; Kent Ave, entre 8th St et 9th St ; ⏰9h-crépuscule) permet de pique-niquer ou de voir des concerts en été.

❷ Brooklyn Brewery

Autrefois, Williamsburg était un centre de production de la bière. Cette **brasserie** (☎718-486-7422 ; www.brooklynbrewery.com ; 79 N 11th St, entre Berry St et Wythe Ave ; visites guidées 17h sam-dim gratuit, lun-jeu 15 $; ⏰visites guidées 17h lun-jeu, 13h-17h sam, 13h-16h dim, dégustation 18h-23h ven, 12h-20h sam, 12h-18h dim) qu'on peut visiter sert de savoureuses mousses artisanales.

❸ Buffalo Exchange

Pour vous habiller local, cette **boutique d'occasion** (☎718-384-6901 ; www.buffaloexchange.com ; 504 Driggs Ave, au niveau de N 9th St ; ⏰11h-20h lun-sam, 12h-19h dim) vend des vêtements en bon état pour hommes et femmes.

❹ City Reliquary

Ce charmant **musée** (☎718-782-4842 ; www.cityreliquary.org ; 370 Metropolitan Ave près de Havemeyer St ; 7 $; ⏰12h-18h jeu-dim ; Ⓢ G jusqu'à Metropolitan Ave) au bord de l'eau est rempli d'objets liés au passé de New York ; certains proviennent de l'Exposition universelle de 1939.

❺ Fuego 718

Cette petite **boutique** (☎718-302-2913 ; www.fuego718.business.site ; 249 Grand St, entre Roebling St et Driggs Ave ; ⏰12h-19h30 lun et mer-ven, 12h-20h sam, 12h-18h dim) vous emmène en Amérique du Sud, avec des boîtes évoquant la fête des Morts, des cadres, des miroirs colorés et de l'artisanat.

❻ Maison Premiere

Remontez le temps dans ce **bar** (☎347-335-0446 ; www.maisonpremiere.com ; 298 Bedford Ave, entre S 1st St et Grand St ; ⏰14h-2h lun-mer, 14h-4h jeu et ven, 11h-4h sam, 11h-2h dim) qui sert des cocktails maison, des huîtres et autres délices dans une ambiance rappelant le sud des États-Unis.

❼ Artists & Fleas

Le week-end, les dizaines d'étals de ce **marché** (www.artistsandfleas.com ; 70 N 7th St, entre Wythe Ave et Kent Ave ; ⏰10h-19h sam et dim) vendent bijoux, art, cosmétiques, articles pour la maison, disques et vêtements vintage.

❽ Rough Trade

Cette annexe américaine du légendaire **magasin de disques** (☎718-388-4111 ; www.roughtradenyc.com ; 64 N 9th St, entre Kent Ave et Wythe Ave ; ⏰11h-23h lun-sam, 11h-21h dim ; 📶) britannique est un bonheur pour les mélomanes, avec souvent des concerts de jeunes talents prometteurs. Son café est l'occasion de finir votre balade devant un *latte*.

Vaut le détour

Coney Island

À une heure de métro de Midtown, Coney Island était jadis le lieu de divertissement le plus populaire de New York. Après des décennies d'abandon, il voit revenir les estivants attirés par ses hot-dogs, ses montagnes russes et sa promenade au bord de l'eau. Les attractions sont concentrées sur sept pâtés de maisons entre la station de métro et la plage, l'endroit se prête donc facilement à une escapade d'une journée.

www.coneyisland.com

Surf Ave et Boardwalk, entre W 15th St et W 8th St

Loisirs populaires

Parc d'attractions et station balnéaire fréquentés par la classe ouvrière au début du XXe siècle, Coney Island est en train de renaître après des décennies de déclin. S'il n'est plus aussi réputé qu'autrefois, il attire encore les foules qui viennent pour ses montagnes russes, ses hot-dogs, la bière et sa promenade en bois.

Manèges

Luna Park (718-373-5862 ; www.lunaparknyc.com ; Surf Ave, au niveau de 10th St, Coney Island ; avr-oct ; S D/F, N/Q jusqu'à Coney Island-Stillwell Ave), un des parcs d'attractions les plus prisés de Coney Island, abrite le **Cyclone** (10 $), mythique circuit en bois qui atteint une vitesse de 95 km/h et chute presque à la verticale. La grande roue rose et verte **Deno's Wonder Wheel** (718-372-2592 ; www.denoswonderwheel.com ; 1025 Riegelmann Boardwalk, au niveau de W 12th St, Coney Island ; tour 8 $; à partir de 12h tlj juil et août, à partir de 12h sam et dim avr-juin et sept-oct ; ; S D/F, N/Q jusqu'à Coney Island-Stillwell Ave), qui fait les délices des New-Yorkais depuis 1920, offre une vue imprenable sur Coney Island.

Hot-dogs

Le hot-dog a été inventé à Coney Island en 1867. Pour en déguster, rien ne vaut **Nathan's Famous** (718-333-2202 ; www.nathansfamous.com ; 1310 Surf Ave, angle Stillwell Ave, Coney Island ; hot-dogs à partir de 4 $; 10h-23h lun-jeu, 10h-minuit ven, 9h-minuit sam, 9h-23h dim ; ; S D/F jusqu'à Coney Island-Stillwell Ave), fondé en 1916. Pour étancher votre soif, cap sur **Ruby's** (718-975-7829 ; www.rubysbar.com ; 1213 Riegelmann Boardwalk entre Stillwell Ave et 12th St, Coney Island ; 11h-19h lun-ven, 11h-21h sam-dim ; S D/F, N/Q jusqu'à Coney Island-Stillwell Ave), légendaire troquet de la promenade.

★ À savoir

- À Luna Park, plus les manèges donnent le frisson, plus ils sont chers. Pour faire des économies, prenez le forfait journée.
- Certaines attractions ne font pas partie de Luna Park et se paient donc séparément.
- Venez en journée pendant la semaine pour éviter les files d'attente.

Une petite faim ?

La pizzéria **Totonno's** (718-372-8606 ; www.totonnosconeyisland.com ; 1524 Neptune Ave, près de W 16th St, Coney Island ; pizzas 18-21 $, garnitures 2,50 $; 12h-19h30 jeu-dim ; ; S D/F, N/Q jusqu'à Coney Island-Stillwell Ave) est l'une des plus anciennes et authentiques de Brooklyn.

Comment y aller

Coney Island est à 22 km au sud-est de Times Sq.

S Lignes D/F ou N/Q jusqu'à Coney Island-Stillwell Ave (terminus).

Mobile
ONE WAY
3M30
3M30

Carnet pratique

Avant de partir

Hébergement

- Les prix sont élevés et les chambres petites. Les tarifs varient en fonction de la disponibilité plutôt que de la saison (même s'ils grimpent pendant les principales vacances).
- Tous les hébergements se remplissent vite.
- Pour des hôtels moins coûteux, des auberges de jeunesse et même des B&B, visez Brooklyn et le Queens.

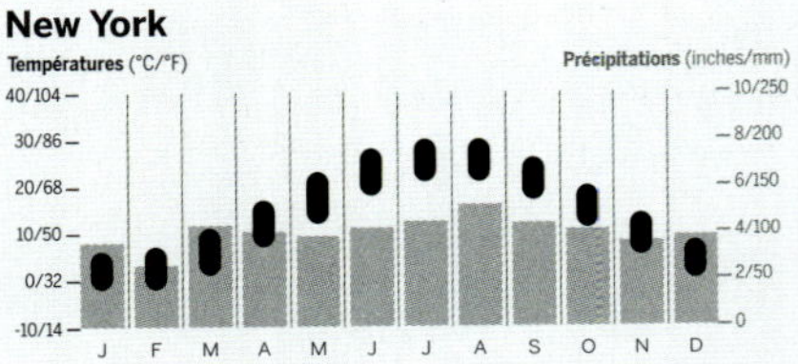

Quand partir

Hiver (décembre-février) Neige et températures inférieures à 0 (mais journées lumineuses).

Printemps (mars-mai) Les cafés sortent des tables en terrasse dès les premiers rayons du soleil. L'une des meilleures saisons pour venir.

Été (juin-août) Chaleur oppressante en plein été, mais multiples festivals, concerts gratuits et autres manifestations. Les habitants quittent souvent la ville le week-end.

Automne (septembre-novembre) Les parcs de la ville se parent de teintes rouges et or, avec des journées encore chaudes et des nuits fraîches.

Sites Internet

newyorkhotels.com (www.newyorkhotels.com). Site officiel autoproclamé des hôtels de New York.

NYC (www.nycgo.com/hotels). Listes d'hôtels du guide officiel de New York.

Lonely Planet (www.lonelyplanet.com/usa/new-york-city/hotels). Avis et réservations en ligne.

Petits budgets

Carlton Arms (www.carltonarms.com). Adresse pittoresque ornée de fresques à quelques rues à l'est du Madison Square Park.

Bubba & Bean Lodges (www.bblodges.com). Charmante *townhouse* de l'Upper East Side, cinq chambres.

Club Quarters World Trade Center (www.clubquartershotels.com/new-york/world-trade-center). Chambres propres à prix raisonnables dans le Financial District.

YMCA (www.ymcanyc.org). Chambres récemment refaites, avec piscine et sauna.

Catégorie moyenne

Citizen M (www.citizenm.com). Chambres high-tech à deux pas de Times Square.

Wall Street Inn (www.thewallstreetinn.com). Confortables chambres de style colonial dans le Financial District.

NYLO Hotel (www.nylo-nyc.com). Boutique-hôtel de l'Upper West Side, lits haut de gamme, grandes sdb.

Roxy Hotel Tribeca (www.roxyhotelnyc.com). Dans le sud de Manhattan, chambres contemporaines.

Yotel (www.yotel.com). Chambres futuristes petites mais astucieusement agencées et vue superbe sur Midtown West.

Catégorie supérieure

Knickerbocker (www.theknickerbocker.com). Luxueux établissement de Midtown, fabuleux bar sur le toit.

Hôtel Americano (www.hotel-americano.com). Merveilleux boutique-hôtel design, à Chelsea.

Greenwich Hotel (www.thegreenwichhotel.com). Dans le sud de Manhattan, chambres au décor personnalisé.

NoMad Hotel (www.thenomadhotel.com). Déco française et confort moderne, dans l'ouest de Midtown.

Mark (www.themarkhotel.com). Cadre luxueux et sdb en marbre, dans l'Upper East Side.

Arriver à New York

John F Kennedy International (JFK)

Destination	Moyen de transport
Brooklyn	S LIRR jusqu'à Atlantic Terminal
Lower East Side	S Ligne J/Z
Lower Manhattan	S Ligne A
Midtown	LIRR jusqu'à Penn Station
Greenwich Village	S Ligne A
Upper West Side	S Ligne A
Upper East Side	S E, puis lignes 4/5/6
Harlem	S E, puis lignes B ou C

LaGuardia Airport (LGA)

Destination	Moyen de transport
Harlem	🚌 M60
Upper East Side	🚌 M60 et S lignes 4/5/6
Midtown	🚌 Q70 et S lignes F, 7 ou E
Union Square	🚌 Q70 puis S ligne R
Greenwich Village	🚌 Q70 puis S ligne F
Brooklyn	Taxi

Newark Liberty International Airport (EWR)

- Situé à la même distance de Midtown que JFK (26 km), Newark reçoit les vols United Airlines.
- Prenez l'AirTrain jusqu'à la gare Newark Airport et montez dans un train à destination de Penn Station (13 $).
- Un taxi coûte de 60 à 80 $ (plus 15 $ de péage et le pourboire).

Depuis la France

- Air France, American Airlines, XL Airways, Delta Air Lines, United, Iberia, Finnair et British Airway proposent des vols directs Paris-New York (environ 8 heures). Comptez à partir de 400 € pour un vol direct.
- Norwegian, nouvelle compagnie *low cost*, propose 4 vols par semaine permettant de rejoindre New York depuis Paris pour moins de 400 €.
- Quelques adresses utiles :

Air France (www.airfrance.fr)

American Airlines (www.americanairlines.fr)

Delta Airlines (www.delta.com)

Numéros utiles

Annuaire local	✆ 411
Renseignements municipaux	✆ 311
Annuaire national	✆ 212-555-1212
Opérateur	✆ 0
Pompiers, police, ambulances	✆ 911

Norwegian (www.norwegian.com/fr/)

United (www.united.fr)

XL Airways (www.xlairways.fr)

- Au départ d'Orly, **Air France** a ouvert en 2016 une ligne quotidienne directe à destination de New York, et la compagnie **Open Skies** (www.flyopenskies.com) propose des tarifs très avantageux en classe affaires.

Depuis la Belgique

- American Airlines, Delta Air Lines, United Airlines, KLM, Air France, Lufthansa et Brussels Airlines proposent des vols directs Bruxelles-New York. À partir de 450 €, et 8 heures de vol.
- Quelques sites utiles :

Airstop (www.airstop.be)

American Airlines (www.americanairlines.fr)

Connections (www.connections.be)

Delta Air Lines (www.delta.com)

Éole (www.voyageseole.be)

United (www.united.com)

Depuis la Suisse

- Swiss, United, American Airlines et Delta Air Lines proposent des vols directs New York-Zurich à partir de 600 FS. Un vol direct Genève-New York coûte au minimum 600 FS (8 heures de vol).
- Quelques sites utiles :

Swiss (www.swiss.com)

Delta Air Lines (www.delta.com)

American Airlines (www.americanairlines.ch)

United (www.united.com)

STA Travel (www.statravel.ch)

Depuis le Canada

En avion

- Comptez 1h30 de vol et de 350 à 400 $C l'AR. Vols réguliers Montréal-New York au départ de l'aéroport international Pierre-Elliott Trudeau.
- Quelques sites utiles :

Air Canada (wwwaircanada.com)

American Airlines (www.aa.com)

Expedia (www.expedia.ca)

Comment circuler

Métro

- Le métro new-yorkais circule 24h/24, est bon marché (2,75 $ par trajet), généralement sûr et assez propre.
- Wi-Fi gratuit dans toutes les stations.
- Demandez un plan gratuit aux agents. Consultez www.mta.info ou téléchargez une application pour smartphone, comme Citymapper.
- Ne mettez pas d'écouteurs : vous pourriez rater une annonce concernant un changement de quai ou un arrêt non marqué.

Taxi

Taxis jaunes. Les tarifs sont fixes (il est possible de payer par carte bancaire) : 2,50 $ pour la prise en charge (0,2 mile, soit les 320 premiers mètres), puis 50 ¢ tous les 320 m et par minute à l'arrêt dans les embouteillages. Un supplément de 1 $ est appliqué pendant les heures de pointe (16h-20h en semaine) ; un autre de 50 ¢ la nuit (20h-6h) ; ainsi qu'un troisième de 50 ¢ par course, imposé par l'État de New York.

Un pourboire de 10% à 15% est attendu, mais n'hésitez pas à donner moins si le service n'est pas à la hauteur et demandez un reçu pour pouvoir noter le numéro de la plaque du chauffeur.

Boro Taxis. Ces taxis verts desservent le nord de Manhattan et les *boroughs* périphériques. Ils vous permettent de héler un taxi dans les quartiers où les *yellow cabs* circulent rarement. Ils pratiquent les mêmes tarifs et sont pratiques pour se déplacer dans ces *boroughs* (par exemple d'Astoria à Williamsburg ou de Park Slope à Red Hook). Les chauffeurs rechignent à conduire les passagers dans Manhattan (bien qu'ils y soient légalement tenus) car, au retour, ils n'ont pas le droit de charger des clients au sud de la 96th St.

Métro : mode d'emploi

Numéros, lettres, couleurs Chaque ligne de métro possède une couleur et une lettre ou un numéro. La plupart sont utilisées par deux à quatre trains différents, suivant généralement le même itinéraire dans Manhattan avant de bifurquer dans d'autres *boroughs*.

Lignes express et locales Sur chaque ligne de couleur (sauf la L et la G) circulent des trains locaux et des trains express (qui n'effectuent que certains arrêts à Manhattan signalés par un cercle blanc sur les plans du métro). Pour un long trajet, mieux vaut prendre un express (souvent sur le quai en face du train local), plus rapide.

Trouver la bonne station Certaines stations ont des entrées séparées selon la destination, nord (*uptown*) ou sud (*downtown*) ; lisez attentivement les indications. En cas d'erreur, soit vous montez dans la rame jusqu'à une prochaine station où vous pourrez changer gratuitement, soit vous perdez 2,75 $ en ressortant pour entrer dans la bonne station du bon côté (souvent de l'autre côté de la rue). Repérez les lumières en haut des escaliers de chaque bouche de métro ; vert signifie que la station est toujours ouverte, rouge signale que cette entrée sera fermée à certaines heures, généralement la nuit.

Week-ends Tout est chamboulé le week-end, certaines lignes fusionnent, d'autres sont supprimées, certains arrêts sont marqués et d'autres non. Sur les quais, habitants comme touristes sont déboussolés, parfois irrités. Consultez les horaires du week-end sur le www.mta.info, ou téléchargez l'application mobile MTA Weekender. Les affiches ne sont parfois visibles qu'une fois arrivé sur le quai.

Taxi : à savoir

- Guettez un *yellow cab* dont la lumière est allumée. Si elle est éteinte, il est pris.
- Placez-vous en évidence au bord de la chaussée et levez la main.
- Une fois monté, indiquez votre destination au chauffeur (il n'a pas le droit de refuser la course).
- Réglez à l'arrivée, en espèces ou par carte. N'oubliez pas les 10 à 15% de pourboire.
- Téléchargez l'application Curb pour commander un taxi qui viendra vous chercher là où vous êtes, comme un service de VTC.

Droits des passagers La Taxi & Limousine Commission (TLC) possède un règlement contenant les droits du passager, qui vous autorise à indiquer au chauffeur le chemin que vous souhaitez prendre, à lui demander de ne pas fumer ou d'éteindre la radio. Un chauffeur ne peut vous refuser une course en raison de l'endroit où vous vous rendez. Un conseil : montez à bord avant d'indiquer votre destination.

Voitures privées Elles sont une alternative courante aux taxis dans les *boroughs* périphériques. Le prix, qui dépend du quartier et de la distance, doit être fixé avant le départ (pas de compteur). Ces "black cars" sont assez répandues à Brooklyn et dans le Queens, mais n'ont pas le droit de s'arrêter à votre hauteur pour vous proposer leurs services. À Brooklyn, les compagnies comprennent **Northside** (northsidecarservice.com, ☎718-387-2222), dans le quartier de Williamsburg et **Arecibo** (☎718-783-6465), à Park Slope.

VTC Disponibles *via* une application mobile, ces voitures ont envahi les rues de New York. Parfois indispensables, elles contribuent aussi à aggraver les embouteillages. Laissez un pourboire.

Bus

- Les bus sont pratiques pour traverser la ville ou couvrir de courtes distances. Tarifs identiques au métro (2,75 $ le trajet), vous pouvez utiliser votre Metrocard ou payer en liquide (faites l'appoint).
- Le paiement par Metrocard comprend une correspondance gratuite avec un autre bus ou le métro. Si vous payez en liquide, demandez un billet *transfer* au chauffeur (valable uniquement sur un autre bus).
- Les itinéraires figurent sur un panneau fixé sur le poteau de l'arrêt du bus.

Vélo

- New York possède des centaines de kilomètres de pistes cyclables. L'excellent réseau de vélos en libre-service Citi Bike (www.citibikenyc.com) compte des stations dans Manhattan et dans certains secteurs de Brooklyn et du Queens.
- Les cartes valables 24 heures ou 3 jours (environ 12 $ ou 24 $) s'achètent à n'importe quelle borne. On peut emprunter un vélo pour un nombre illimité de périodes de 30 minutes.
- Le casque n'est pas obligatoire mais

vivement conseillé.

- Toutes les pistes cyclables sont indiquées sur NYC Bike Maps (www.nycbikemaps.com). La plupart des magasins de cycles fournissent un plan.
- Pour votre sécurité et celle d'autrui respectez le code de la route.

Bateau

NYC Ferry (www.ferry.nyc ; trajet 2,75 $). Circulant sur l'East River, ces bateaux relient Manhattan, Brooklyn, le Queens et le Bronx. Le trajet coûte 2,75 $ (supplément 1 $ pour un vélo).

NY Water Taxi (www.nywatertaxi.com). Bateaux rapides qui permettent de monter et descendre à volonté. Quelques arrêts à Manhattan (Pier 79 au niveau de W 39th St, World Financial Center et Pier 11 près de Wall St) et Brooklyn (Pier 1, à Dumbo).

Staten Island Ferry (www.siferry.com ; Whitehall Terminal, 4 South St, au niveau de Whitehall St ; 24h/24 ; S 1 jusqu'à South Ferry, R/W jusqu'à Whitehall St, 4/5 jusqu'à Bowling Green). Traversée gratuite entre Staten Island et le port de New York (parfait pour admirer la vue).

Infos pratiques

Argent

Les DAB sont omniprésents et la plupart des hôtels, boutiques et restaurants prennent les cartes bancaires. Les marchés, les *food trucks* et certains bars et restaurants n'acceptent que les espèces.

Distributeurs automatiques de billets (DAB)

- Vous trouverez des DAB partout. Vous pourrez retirer dans les banques ou au distributeur installé dans les épiceries, restaurants, bars et supérettes, qui appliquent une commission de 3 $ en moyenne, pouvant aller jusqu'à 5 $.
- La plupart des banques new-yorkaises appartiennent au réseau NYCE (New York Cash Exchange). Vous pouvez utiliser n'importe quelle carte bancaire dans un DAB, moyennant un supplément si votre banque ne fait pas partie de ce réseau.

Bureaux de change

Les banques et les bureaux de change établis partout en ville (et dans les trois principaux aéroports) délivrent des dollars au taux de change courant. **Travelex** (212-265-6063 ; www.travelex.com ; 1578 Broadway, entre 47th St et 48th St, Midtown West ; 9h-22h lun-sam, 9h-19h dim ; S N/Q/R jusqu'à 49th St) possède une agence à Times Square.

Cartes bancaires

- Les principales cartes bancaires sont acceptées dans la plupart des hôtels, restaurants et commerces. Il est même parfois difficile d'acheter une place de spectacle et de louer une voiture sans carte.
- Les cartes Visa, MasterCard ou American Express sont les plus communément acceptées.
- En cas de perte ou de vol, contactez immédiatement la société émettrice.

Taxes et détaxe

- Dans les restaurants et les boutiques, les prix affichés ne comprennent pas la *sales tax* de 8,875%. Attention à ne pas commander le menu à 4,99 $ si vous n'avez que 5 $!
- Certains "produits de luxe" (voitures de location, pressing) sont soumis à une taxe supplémentaire de 5% ; il faudra donc ajouter 13,875% au prix hors taxe affiché.
- Aucune taxe ne s'applique aux vêtements et chaussures de moins de 110 $; au-delà, vous paierez une *sales tax*.
- Les chambres d'hôtels sont soumises à une taxe de 14,75%, ainsi qu'à une taxe de séjour de 3,50 $ par nuit.
- Il n'y a pas de TVA aux États-Unis, le touriste étranger ne peut donc bénéficier d'aucune détaxe.

Pourboires

Les pourboires sont obligatoires, sauf en cas de service vraiment exécrable.

Serveur : 18-20%, sauf si la facture inclut déjà une gratification (pour les groupes de 5 personnes ou plus)

Barman : 15-20% par tournée, 1 $ minimum pour les boissons, 2 $ pour les cocktails

Chauffeur de taxi : 10-15%, arrondis au dollar supérieur

Bagagiste : 2 $ par bagage, 5 $ minimum par chariot

Femme de chambre : 2-4 $ par nuit, dans une enveloppe ou sous la carte prévue à cet effet

Faites des économies

- La MetroCard est valable dans le métro, les bus, les ferries et le tramway de Roosevelt Island. Pensez au forfait illimité 7 jours (32 $).
- Consultez notre liste d'activités gratuites (p. 27).
- De nombreux musées sont gratuits un jour par semaine.
- Économisez sur le prix des places de théâtre en les achetant aux kiosques TKTS de Times Square ou de Lower Manhattan.
- Préparez des pique-niques en visitant les divers marchés de la ville.

Cartes de réduction

New York CityPASS (www.citypass.com). Entrée dans six grands sites pour 122 $, soit une économie d'environ 40%.

The New York Pass (www.newyorkpass.com). Donne accès pendant un jour à quelque 90 sites pour 119 $. Il existe aussi des forfaits de 2 à 10 jours.

Downtown Culture Pass (www.downtownculturepass.org). Ce forfait 3 jours (25 $) donne accès gratuitement à quelques sites de Lower Manhattan, dont le Museum of American Finance et le Museum of Jewish Heritage (avec des réductions dans leurs boutiques).

Explorer Pass (www.smartdestinations.com). Réduction dans 3 à 10 attractions de votre choix parmi 63 options, notamment le MoMA, l'Intrepid Museum, les circuits en bateau et le Top of the Rock. De 84 $ (3 sites) à 199 $ (10 sites).

Électricité

Type A
120V/60Hz

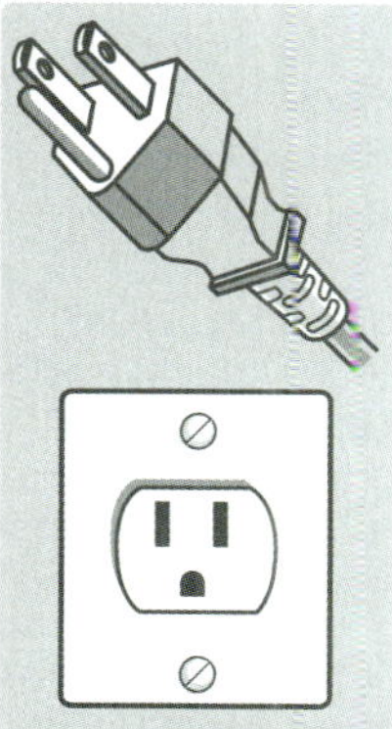

Type B
120V/60Hz

Formalités et visas

Le programme d'exemption de visa (VWP) permet aux ressortissants de 33 pays dont la France, la Belgique et la Suisse de séjourner aux États-Unis sans visa. Les conditions à remplir sont consultables sur le site Internet de l'**US Department of State** (ministère des Affaires étrangères ; travel.state.gov).

Les Canadiens n'ont pas besoin de visa mais doivent être en possession d'un passeport ou d'un document approuvé par la **Western Hemisphere Travel Initiative** (WHTI ; www.getyouhome.gov).

Les citoyens des pays du VWP doivent s'inscrire auprès de l'**US Department of Homeland Security** (Sécurité du territoire) et remplir une demande ESTA (www.cbp.gov/travel/international-visitors/esta) avant le départ (frais d'inscription de 14 $). L'inscription est valable deux ans ou jusqu'à l'expiration du passeport.

Si vous n'êtes pas ressortissant d'un pays du VWP, souhaitez séjourner plus de 90 jours, ou voulez travailler ou étudier à New York, vous devez faire une demande de visa auprès d'une ambassade ou d'un consulat américains dans votre pays.

Handicapés

- La majeure partie de la ville est adaptée aux fauteuils roulants, avec des trottoirs abaissés au niveau des passages piétons.
- Tous les grands sites (le Met, le Guggenheim et le Lincoln Center) sont accessibles.
- Certains théâtres de Broadway également.
- Sur les 468 stations de métro, seule une centaine est accessible en fauteuil roulant. Il s'agit des stations les plus importantes, comme West 4th St, 14th St-Union Sq, 34th St-Penn Station, 42nd St-Port Authority Terminal, 59th St-Columbus Circle et 66th St-Lincoln Center.
- Pour une liste complète des stations accessibles, voyez les sites web.mta.info/

Problèmes juridiques

- En cas d'arrestation, vous avez le droit de garder le silence. Rien ne vous oblige à parler à un officier de police, d'autant que tout ce que vous pourriez dire "peut être et sera retenu contre vous".
- Vous avez le droit à un appel téléphonique. Si vous n'avez ni avocat ni proche susceptible de vous aider, appelez votre consulat. La police vous fournira son numéro.

accessibility/stations.htm ou www.nycgo.com/accessibility.

- Tous les bus MTA de la ville sont accessibles en fauteuil roulant.
- Pour un taxi adapté, voyez l'application **Accessible Dispatch** (☎646-599-9999 ; accessibledispatch.org).
- Téléchargez nos guides Lonely Planet gratuits *Accessible Travel* sur lptravel.to/AccessibleTravel.

Heures d'ouverture

Banques 9h-18h lun-ven, parfois 9h-12h sam

Bars 17h-4h

Bureaux 9h-17h lun-ven

Clubs 22h-4h

Restaurants Petit-déjeuner 6h-11h, déjeuner 11h- environ 15h, dîner 17h-23h. Le brunch du week-end est servi de 11h à 16h.

Commerces 10h-19h lundi-vendredi, 11h-20h samedi. Variable le dimanche : certains magasins sont fermés, d'autres appliquent les horaires de semaine.

Internet (accès)

- La plupart des parcs publics offrent un accès Wi-Fi gratuit, notamment la High Line, Bryant Park, Battery Park, Central Park, City Hall Park, Madison Square Park, Tompkins Square Park et Union Square Park. Brooklyn et le Queens sont également bien couverts.
- Pour les autres points Wi-Fi, voyez le www.nycgovparks.org/facilities/wifi.
- Toutes les stations de métro ont un accès Wi-Fi, ainsi que de nombreux bus (certains disposent aussi de ports USB).
- LinkNYC (www.link.nyc) est en train d'installer des kiosques Internet gratuits dans toute la ville, avec bornes de recharge. À terme, il devrait y en avoir 7 500 au total.
- Les hébergements proposent le Wi-Fi, parfois payant.
- La plupart des cafés offrent le Wi-Fi à leurs clients.

Jours fériés

New Year's Day (Nouvel An) 1er janvier

Martin Luther King Day 3e lundi de janvier

Presidents' Day 3e lundi de février

Pâques mars/avril

Memorial Day fin mai

Gay Pride dernier dimanche de juin

Independence Day (fête nationale) 4 juillet

Labor Day (fête du travail) début septembre

Rosh Hashana et Yom Kippour de mi-septembre à mi-octobre

Halloween 31 octobre

Thanksgiving 4e jeudi de novembre

Christmas Day (Noël) 25 décembre

New Year's Eve (Saint-Sylvestre) 31 décembre

Offices du tourisme

NYC Information Center (☎212-484-1222 ; www.nycgo.com; Broadway Plaza, entre W 43rd St et 44th St ; ⌚9h-18h déc-avr, 8h-20h mai-nov ; S N/Q/R/W, S, 1/2/3, 7, A/C/E jusqu'à Times Sq-42nd St). Des bureaux dans toute la ville.

Explore Brooklyn (www.explorebk.com). Sorties et infos de toutes sortes.

Savoir-vivre

Politesse Saluez les employés quand vous entrez dans une boutique, un café ou un restaurant ou que vous en sortez.

Salutations Serrez la main des gens, hommes ou femmes, que vous rencontrez pour la première fois. On salue souvent ses amis d'un seul baiser sur la joue.

Sujets tabous Donald Trump est presque universellement détesté à New York, évitez aussi de parler politique ou religion.

Métro Laissez les passagers descendre, ne bloquez pas les portes.

Pourboire Obligatoire dans les restaurants et les bars. Ne l'oubliez pas !

Sécurité

New York est l'une des villes les plus sûres du pays, mais faites preuve de bon sens :

- Ne vous promenez pas seul la nuit dans des quartiers peu fréquentés que vous ne connaissez pas.
- Évitez de ranger votre argent dans un sac à main ou une poche arrière.
- Faites attention aux pickpockets, notamment dans les endroits bondés comme Times Square ou Penn Station aux heures de pointe.
- Bien que le métro soit généralement sûr, après minuit il peut être plus raisonnable de prendre un taxi, surtout si vous êtes seul.

Tabac

Fumer est interdit dans les lieux publics. Certains hôtels comportent des espaces fumeurs, mais la plupart interdisent totalement le tabac.

Toilettes

- On trouve des toilettes dans les grands nœuds de transport tels que Grand Central Terminal, Penn Station et Port Authority Bus Terminal, dans les parcs, dont Madison Sq Park, Battery Park, Tompkins Sq Park, Washington Sq Park et Columbus Park dans Chinatown, ainsi que dans divers endroits de Central Park. Sinon, attendez de passer devant un Starbucks, un grand magasin ou un parc de quartier.

Comme les New-Yorkais

- Parmi les piétons, comportez-vous comme un véhicule : ne vous arrêtez pas brusquement, marchez au même rythme que la foule et arrêtez-vous sur le côté. La plupart des New-Yorkais respectent l'espace personnel, mais ils vous percuteront sans s'excuser si vous gênez le passage.
- Dans le métro, attendez que les passagers descendent avant de monter, mais grimpez rapidement pour éviter de voir les portes se fermer devant vous.

Index

Voir aussi les index des rubriques :
Se restaurer p. 251
Prendre un verre p. 252
Sortir p. 253
Shopping p. 254

Référence des **sites**
Référence des **plans**

SE RESTAURER

En coulisses

Vos réactions ?

Vos commentaires nous sont très précieux pour améliorer nos guides. Notre équipe lit vos lettres avec la plus grande attention et transmet vos commentaires aux auteurs concernés. Pour nous faire part de vos réactions, prendre connaissance de notre catalogue et vous abonner à notre newsletter, consultez notre site Internet : **www.lonelyplanet.fr**

Nous reprenons parfois des extraits de notre courrier pour les publier dans nos produits, guides ou sites web. Si vous ne souhaitez pas que vos commentaires soient repris ou que votre nom apparaisse, merci de nous le préciser. Notre politique en matière de confidentialité est disponible sur notre site Internet.

Crédits photographiques

Photographie de couverture : vue de New York avec l'Empire State Building, Francesco Carovillano/4Corners©

Photographies p. 34-35 (dans le sens des aiguilles d'une montre à partir du haut à gauche) : Songquan Deng, Marcio Jose Bastos Silva, Photo Spirit, Jeff Whyte, Michael Urmann/Shutterstock ©

À propos de cet ouvrage

Cette 7e édition française de *New York en quelques jours* est une traduction-adaptation de la 7e édition de *Pocket New York City*, dirigée par Ali Lemer et écrite par Regis St Louis, Robert Balkovich, Ray Bartlett and Ali, avec la collaboration de Michael Grosberg. La précédente édition s'est faite sous la direction de Regis et Cristian Bonetto.

Traduction Hélène Demazure

Direction éditoriale Didier Férat

Coordination éditoriale Maëlle Sigonneau

Responsable prépresse Jean-Noël Doan

Maquette Caroline Donadieu

Cartographie cartes originales adaptées en français par Nicolas Chauveau

Couverture Laure Wilmot

Merci à Bernard Guérin.

Nos auteurs

Ali Lemer

Auteur et éditrice chez Lonely Planet depuis 2007, Ali a écrit des guides et des articles sur la Russie, New York, Los Angeles, Melbourne, Bali, Hawaï, le Japon et l'Écosse. Née à New York, elle réside aujourd'hui à Melbourne. Elle a beaucoup voyagé en Europe et en Amérique du Nord.

Regis St Louis

Regis a contribué à plus de 50 guides Lonely Planet couvrant des destinations sur tous les continents. Ses voyages l'ont conduit des montagnes du Kamchatka aux îles reculées de Mélanésie en passant par de grandes métropoles. Suivez-le sur Instagram @regisstlouis.

Robert Balkovich

Enfant, Robert visitait Mexico et sillonnait l'Europe de l'Est en train. Devenu un écrivain-voyageur passionné, il est sans cesse en quête d'expériences insolites à relater.
Suivez-le sur Instagram @oh_balky.

Ray Bartlett

Spécialisé dans les voyages depuis près de 20 ans, Roy a écrit sur le Japon, la Corée, le Mexique et de nombreuses régions des États-Unis. Suivez-le sur Facebook, Twitter et Instagram, ou contactez-le sur www.kaisora.com.

New York en quelques jours
7e édition
Traduit et adapté de l'ouvrage *Pocket 7 th edition, October 2018*

Dépôt légal Mars 2019
ISBN 978-2-81617-137-2
Imprimé par L.E.G.O. Spa (Legatoria Editoriale Giovanni Olivotto), Italie

En Voyage Éditions | un département édi8